C c   D d

G g   H h

K k   L l

O o   P p

S s   T t

X x   Y y   Z z

ABC-*Freunde*

Wörterbuch
für die Grundschule 1 – 4

Erarbeitet von
Stefan Nagel,
Gerhard Sennlaub,
Christine Szelenko,
Edmund Wendelmuth,
Ruth Wolt

Neu bearbeitet von
Christine M. Kaiser

Mit Bild-Wort-Lexikon Englisch

VOLK UND WISSEN

Inhaltsverzeichnis

Mit dem Wörterbuch arbeiten 4

Anfangswortschatz 6

Bildwortschatz (Lauttabelle) 8
Erstes Wörterverzeichnis:
100 Wörter für den Anfangsunterricht 10

Wortschatz für
das 2. Schuljahr 22

Mit dem Wörterverzeichnis arbeiten 24
Ordnen und Nachschlagen üben 26
Zweites Wörterverzeichnis 38

Wortschatz für
das 3. und 4. Schuljahr 74

Mit dem Wörterverzeichnis arbeiten 76
Ordnen und Nachschlagen üben 78
Drittes Wörterverzeichnis 86

Wortwissen **248**

→ Wortfelder 250
→ Wortfamilien 260

Sprachwissen **266**

- **SU** Sprache untersuchen 268
- **RS** Richtig schreiben 277

Englisch **286**

Bild-Wort-Lexikon 288
Wörterverzeichnis 312

Lösungen zu den Aufgaben 318

Mit dem Wörterbuch arbeiten

In diesem Wörterbuch findest du sechs Kapitel.
Du kannst sie leicht an ihrer Farbe erkennen.

Jedem Kapitel ist ein eigenes Inhaltsverzeichnis vorangestellt.
So kannst du dir schnell einen Überblick verschaffen.

Vor dem 2. und 3. Wörterverzeichnis findest du Hinweise zum Arbeiten mit dem Wörterverzeichnis und Übungen zum Ordnen und Nachschlagen.

Anfangswortschatz
Bildwortschatz (Lauttabelle) 8
Erstes Wörterverzeichnis:
100 Wörter für den Anfangsunterricht 10

Wortschatz für das 2. Schuljahr
Mit dem Wörterverzeichnis arbeiten 24
Ordnen und Nachschlagen üben 26
Zweites Wörterverzeichnis 38

Wortwissen
➡ Wortfelder 250
➡ Wortfamilien 260

Sprachwissen
➡ Sprache untersuchen 268
➡ Richtig schreiben 277

Wortschatz für das 3. und 4. Schuljahr
Mit dem Wörterverzeichnis arbeiten 76
Ordnen und Nachschlagen üben 78
Drittes Wörterverzeichnis 86

Englisch
Bild-Wort-Lexikon 288
My family 288
My body and my face 289
My clothes 290
Colours 291
Numbers 292
Opposites 293
At school ....

Achte beim Durchblättern auf die Kapitelfarben. Wo du dich im jeweiligen Kapitel genau befindest, erkennst du an den Überschriften, Buchstaben und Zeichen in der farbigen Kopfzeile bzw. am äußeren Seitenrand.

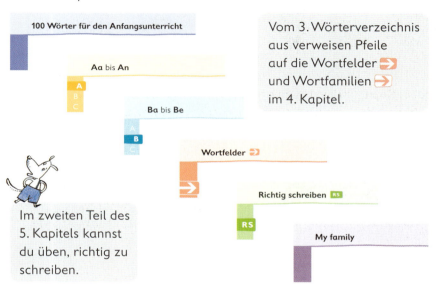

Im zweiten Teil des 5. Kapitels kannst du üben, richtig zu schreiben.

Das bedeuten die Zeichen im Wörterbuch:

✏️ etwas aufschreiben

★ Wahlaufgabe

🕐 die Aufgabe zu zweit bearbeiten

Ⓛ Lösung im Lösungsteil

Kl. 2 Aufgabe für die gekennzeichnete Klassenstufe

® Markenzeichen: Das Wort ist als Marke geschützt.

Anfangswortschatz

Bildwortschatz (Lauttabelle) 8
Erstes Wörterverzeichnis:
100 Wörter für den Anfangsunterricht 10

Bildwortschatz (Lauttabelle)

Bildwortschatz (Lauttabelle)

100 Wörter für den Anfangsunterricht

alle *alle*

am *am*

an *an*

auf *auf*

aus *aus*

das Auto *das Auto*

bauen *bauen*

der Baum *der Baum*

100 Wörter für den Anfangsunterricht

das — *das*

der — *der*

die — *die*

du — *du*

ein — *ein*

das Eis — *das Eis*

die Ente — *die Ente*

er — *er*

100 Wörter für den Anfangsunterricht

fahren — *fahren*

gehen — *gehen*

geht — *geht*

groß — *groß*

haben — *haben*

der Hase — *der Hase*

hat — *hat*

das Haus — *das Haus*

100 Wörter für den Anfangsunterricht

helfen   *helfen*

holen   *holen*

holt   *holt*

hören   *hören*

ich   *ich*

im   *im*

in   *in*

ist   *ist*

100 Wörter für den Anfangsunterricht

	ja	*ja*
der	Junge	*der Junge*
	kann	*kann*
	kaufen	*kaufen*
das	Kind	*das Kind*
die	Kinder	*die Kinder*
	klein	*klein*
	lachen	*lachen*
	laufen	*laufen*

100 Wörter für den Anfangsunterricht

laut — *laut*

leise — *leise*

lernen — *lernen*

lesen — *lesen*

machen — *machen*

das Mädchen — *das Mädchen*

malen — *malen*

malt — *malt*

die Mama — *die Mama*

100 Wörter für den Anfangsunterricht

mein   *mein*

mich   *mich*

mir   *mir*

mit   *mit*

möchten   *möchten*

die Mutter   *die Mutter*

100 Wörter für den Anfangsunterricht

nein — *nein*

nicht — *nicht*

noch — *noch*

nun — *nun*

die Oma — *die Oma*

der Opa — *der Opa*

der Papa — *der Papa*

die Puppe — *die Puppe*

100 Wörter für den Anfangsunterricht

rechnen

rennen

rot

rufen

ruft

sagen

sagt

schön

schreiben

100 Wörter für den Anfangsunterricht

die Schule   *die Schule*

sein   *sein*

sie   *sie*

sind   *sind*

spielen   *spielen*

spielt   *spielt*

teilen   *teilen*

teilt   *teilt*

das Tier   *das Tier*

100 Wörter für den Anfangsunterricht

und	*und*
der Vater	*der Vater*
viel	*viel*
der Vogel	*der Vogel*
von	*von*
vor	*vor*
was	*was*
das Wasser	*das Wasser*

100 Wörter für den Anfangsunterricht

weiß — *weiß*

wer — *wer*

will — *will*

wir — *wir*

wo — *wo*

wollen — *wollen*

wünschen — *wünschen*

zu — *zu*

zum — *zum*

zur — *zur*

Wortschatz für das 2. Schuljahr

Mit dem Wörterverzeichnis arbeiten 24
Ordnen und Nachschlagen üben 26
Zweites Wörterverzeichnis 38

Mit dem Wörterverzeichnis arbeiten

Den Beginn einer neuen Buchstabenstrecke kannst du leicht erkennen.

In der Buchstabenleiste am Seitenrand ist der Anfangsbuchstabe der Stichwörter auf dieser Seite markiert.

Die wichtigen Wortarten erkennst du an der Farbe:
Nomen (Namenwörter)
Verben (Tätigkeitswörter)
Adjektive (Eigenschaftswörter)

Ändert sich der Wortstamm, folgt auf die Grundstufe der **Adjektive** die Mehrstufe.

Die fett gedruckten Stichwörter sind nach dem Abc geordnet. Wörter mit Ä/ä, Ö/ö, Ü/ü und Äu/äu sind wie Wörter mit A/a, O/o, U/u und Au/au eingeordnet.

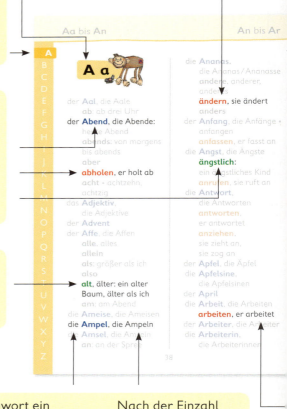

Ist das Stichwort ein **Nomen**, dann steht davor der bestimmte Artikel.

Nach der Einzahl ist auch die Mehrzahl angegeben.

Mit dem Wörterverzeichnis arbeiten

Anhand der Kopfbuchstaben erkennst du auf einen Blick, mit welchen Buchstaben jeweils das erste und das letzte fett gedruckte Stichwort in dieser Spalte beginnt.

Ar bis Ax   Ba bis Ba

der **Ärger** • ärgerlich
(sich) **ärgern**,
sie ärgert (sich)
arm, ärmer:
ein armer Mensch,
ärmer als er
der **Arm**, die Arme
der **Artikel**, die Artikel
der **Arzt**, die Ärzte
die **Ärztin**, die Ärztinnen
sie **aß** ↗ essen
der **Ast**, die Äste
auch
auf: auf dem Berg
die **Aufgabe**,
die Aufgaben
aufpassen,
er passt auf
das **Auge**, die Augen
der **August**
aus: aus Dresden
aussehen,
ich sehe aus,
sie sieht aus,
sie sah aus
außen,
außen und innen
das **Auto**, die Autos
die **Axt**, die Äxte

das **Baby**, die Babys
der **Bach**, die Bäche
backen, ich backe,
sie backt/bäckt,
sie backte/buk
der **Bäcker**, die Bäcker
die **Bäckerin**,
die Bäckerinnen
sie **bäckt** ↗ backen
das **Bad**, die Bäder
baden, er badet
der **Bagger**, die Bagger
die **Bahn**, die Bahnen •
der **Bahnhof**
bald: bald kommen
der **Ball**, die Bälle
die **Banane**, die Bananen
er **band** ↗ binden
die **Bank**, die Bänke
der **Bär**, die Bären
basteln, sie bastelt
er **bat** ↗ bitten
der **Bauch**, die Bäuche
bauen, er baut
der **Bauer**, die Bauern

39

Nebenstichwörter findest du nach einem dicken Punkt.

Zwischen mehreren Möglichkeiten steht ein Schrägstrich.

Wie das Wort verwendet werden kann, steht hinter einem Doppelpunkt.

Ein Pfeil weist dich darauf hin, auch an einer anderen Stelle nachzuschlagen.

Bei **Verben** ist außer der Grundform auch eine Personalform angegeben.

Ändert sich der Wortstamm, können auch mehrere Personalformen folgen.

25

Ordnen und Nachschlagen üben

Wenn du das Abc gut kennst, kannst du die Stichwörter in diesem Wörterverzeichnis schnell finden. Die Aufgaben helfen dir beim Üben.
Ⓛ Die Lösungen findest du auf Seite 318.

1 Lies das Abc. Übe es in diesen Buchstabengruppen, bis du es auswendig kannst:
A B C D E F G   H I J K L M N O P
Q R S T U V W   X Y Z

2 Sagt alle Buchstabengruppen abwechselnd auf.
Zuerst beginnt Kind 1, dann beginnt Kind 2:
Kind 1: *A B C D E F G*   Kind 2: *H I J*...
Kind 2: *A B C*...   Kind 1: …

3 In jeder Buchstabengruppe fehlt ein Buchstabe.
Schreibe die Abc-Gruppen vollständig auf:
A B C D E G   H I J L M N O P
Q S T U V W   Y Z

4 Lies das Lücken-Abc.
Ergänze beim Lesen die fehlenden Buchstaben:
A B C D ■ F G H ■ J K L M ■ O P Q R ■ T U V ■ X Y Z

5 Schreibt euch gegenseitig ein Lücken-Abc.

Ordnen und Nachschlagen üben

6 Welche zwei Buchstaben stehen danach, welche davor?
Schreibe die Dreiergruppen vollständig auf.

E ■ ■   B ■ ■   A ■ ■   D ■ ■
■ ■ C   ■ ■ G   ■ ■ E   ■ ■ F

7 Welche zwei Buchstaben stehen danach, welche davor?
Schreibe die Dreiergruppen vollständig auf.

K ■ ■   I ■ ■   N ■ ■   H ■ ■
■ ■ N   ■ ■ L   ■ ■ J   ■ ■ P

8 Welcher Buchstabe steht davor, welcher danach?
Schreibe die Dreiergruppen vollständig auf.

■ C ■   ■ N ■   ■ F ■   ■ J ■   ■ O ■

9 Stellt euch gegenseitig Abc-Rätsel wie in den Aufgaben 6 bis 8. Nehmt die Buchstabengruppen
Q R S T U V W und X Y Z mit dazu.

10 Sprich das Abc so schnell, wie du kannst.
Kontrolliere mit dem Sekundenzeiger einer Uhr.
Wie viel Zeit hast du benötigt?
- Mehr als 15 Sekunden: Du kannst noch nicht zufrieden sein. Übe jeden Tag weiter.
- 12 bis 15 Sekunden: Du bist schon recht gut. Herzlichen Glückwunsch!
- 8 bis 12 Sekunden: Jetzt bist du richtig gut.
- Unter 8 Sekunden: Sensationell!

Ordnen und Nachschlagen üben

11 Ordne die Mädchenname n nach dem Abc.
ⓛ Schreibe sie in der richtigen Reihenfolge auf: *Alina, B...*
Emma, Birsen, Alina, Femi, Galina, Claudia

12 Ordne auch diese Namen nach dem Abc.
ⓛ Schreibe sie in der richtigen Reihenfolge auf: *Irina, K...*
Leyla, Irina, Marie, Pia, Karin, Olga

13 Ordne die Jungennamen nach dem Abc.
ⓛ Schreibe sie in der richtigen Reihenfolge auf: *Richard, S...*
Tom, Richard, Vadim, Sandro, Yücel, Xaver, Uwe

14 Ordne nun die Familiennamen nach dem Abc.
ⓛ Schreibe sie in der richtigen Reihenfolge auf: *Dietrich, H...*
Huber, Neumann, Zimmermann, Dietrich, Jäger, Quinten

15 Zeichne eine Abc-Liste und ordne die Monatsnamen ein:
ⓛ *Januar, April, Oktober, Mai, September, Dezember*

A	April
B	
C	
D	Dezember
E	
F	

usw.

★ Schreibe auch die übrigen Monatsnamen, die du kennst, passend in die Abc-Liste.

Ordnen und Nachschlagen üben

Nachdem du das Abc geübt hast, kannst du nun mit dem zweiten Wörterverzeichnis arbeiten. Mithilfe der folgenden Übungen lernst du, schnell und erfolgreich nachzuschlagen. Lies aber zuerst die Hinweise auf den Seiten 24 und 25.

16 Nutze die Buchstabenleiste an den Seitenrändern!
Auf welcher Seite stehen die Wörter, die mit
C, J, U, Q, N, I, O, X anfangen?
Schreibe so: *C* ➜ *Seite 42, ...*

17 Nutze auch die Kopfbuchstaben!
Auf welcher Seite stehen die Wörter, die mit
Va, Be, Wu, Do, Zi, Kl, Schu, Yp anfangen?
Schreibe so: *Va* ➜ *S. 68, ...*   [S. = Seite]

18 Ⓛ Die folgenden Wörter sind nach dem Abc geordnet.
Zwei Wörter sind falsch eingeordnet.
*Auto, Bett, Fuß, Gespenst, Haus, Katze,
Zimmer, Luft, Mund, Name, Wind, Papa*
Schreibe die Wörter in der richtigen Reihenfolge auf:
Auto, Bett, ...

19 Ⓛ Zeichne eine Abc-Liste und ordne die Wörter ein:
*Puppe, Radio, Ball, Hand, Gemüse,
Zahn, Ferien, Mädchen, Dorf, Jahr*
Schreibe die Wörter anschließend so: *Ball, Dorf, ...*

Ordnen und Nachschlagen üben

20 Suche die Nomen für Tiere, die mit
Ga, *Fi*, *I*, *El*, *Po*, *Schm*, *Af*, *V*, *Mü* anfangen.
Schreibe so: *Gans* ➜ S. 47, ...

21 Suche diese Wörter:
Milch, *Heft*, *Dorf*, *Stein*, *Wald*, *Tasse*, *Flasche*, *Jahr*, *Topf*
Schreibe so: *Milch* ➜ S. 56, ...

22 Finde das Lösungswort!
(L) Ordne zuerst die Wörter nach dem Abc.
EIS, *LEHRERIN*, *KINO*, *ZUG*, *PAPA*, *NAMEN*, *ORT*
Nach dem Ordnen ergeben die letzten Buchstaben
der Wörter hintereinander das Lösungswort.

23 Wie heißt das erste Wort im Wörterverzeichnis,
das mit *El*, *Za*, *V*, *Ra*, *We*, *Ta*, *Sa*, *Qua*, *Li*, *Scho* anfängt?
Schreibt jeweils so: *Elefant, Zahl, ...*
Kontrolliert gegenseitig eure Ergebnisse.

24 Suche diese Wörter:
Angst, *Zwiebel*, *Wurst*, *Ball*, *Wolf*, *Blatt*, *Wasser*, *Satz*, *Schloss*
Schreibe so: *Angst* ➜ S. 38, ...

25 Wie heißt das letzte Wort im Wörterverzeichnis,
das mit *bl*, *zw*, *Bu*, *Zi*, *De*, *We*, *Am*, *Wa*, *Ei*, *vo*, *fl*, *un*, *Gl*, *Ri*, *Kr*, *na* anfängt?
Schreibt jeweils so: *bluten, zwölf, ...*
Kontrolliert gegenseitig eure Ergebnisse.

Ordnen und Nachschlagen üben

26 Kennt ihr diese Tiere? Ordnet die Nomen nach dem Abc.

Schreibt jeweils so: *Affe, Elefant, ...*
Habt ihr alle Nomen richtig geschrieben?
Kontrolliert eure Ergebnisse mithilfe des Wörterbuchs.

27 Suche die Nomen für Körperteile, die mit
Fi, *Ba*, *Ko*, *Be*, *Fu*, *Rü*, *Ze* anfangen.
Schreibe so: *Finger* ➔ *S. 46, ...*

28 Das alles gibt es an deinem Körper oberhalb der Schulter:
Au _ _ _, O _ _ _ _, Ha _ _, Ha _ _ _,
Mu _ _, Zu _ _ _, N _ _ _
Schreibe so: *Augen* ➔ *S. 39, ...*

29 Zeichne eine Abc-Liste und ordne alle Nomen für Körperteile aus den Aufgaben 27 und 28 ein.
Zu manchen Buchstaben können es auch mehrere sein.

★ Kennst du noch weitere Körperteile?
Ergänze deine Abc-Liste mit den Nomen.

Ordnen und Nachschlagen üben

30 Auch Wörter, die alle mit dem gleichen Buchstaben anfangen, kannst du nach dem Abc ordnen.
Du musst dabei auf den zweiten Buchstaben achten.
Zeichne eine Tabelle und ordne diese Wörter ein:

Ecke, Esel, Ente, Eule, Erde, Eltern, Eimer

E	a		
E	b		
E	c	k	e
E	d		
E	f		

usw.

31 Zeichne eine Tabelle und ordne diese Wörter ein:

Obst, Ofen, Onkel, Ostern, Ohr, Oma, Oktober, Opa

	a		
O	b	s	t
	c		
	d		
O	f	e	n
	g		

usw.

32 Ordnet die Wörter nach dem Abc.

Ampel, Abend, Affe, Ball, Blume, Berg, Brille, Ding, Dusche, Dezember

Schreibt jeweils so: *Abend, …*
Kontrolliert gegenseitig eure Ergebnisse.

Ordnen und Nachschlagen üben

33 Die folgenden Wörter sind nach dem Abc geordnet.
Ⓛ Zwei Wörter sind falsch eingeordnet.

*Rakete, Regal, Ring, Sandale, Seife, Stern, Sofa,
Wald, Wind, Wetter, Woche, Wunsch*

Schreibe die Wörter in der richtigen Reihenfolge auf.
Markiere jeweils den zweiten Buchstaben:
Rakete, Regal, ...

34 Welche Wortpaare stehen nicht auf einer Seite?
Ⓛ Schreibe die beiden Paare auf.

Amsel – Arbeit	Flügel – Foto	Vase – Versteck
Familie – Feder	Brille – Buch	Seife – Stift
Laden – Leben	Tier – Tuch	Minute – Montag
Hand – Huhn	Zelt – Zimmer	Eimer – Eltern

35 Welches Wort steht zuerst, welches zuletzt?

Buch – Bach – Bett   *Ferien – Flügel – Fahrrad*
Dusche – Decke – Drache   *Spiel – Stern – Seife*
Antwort – Abend – Apfel   *Urlaub – Uhr – Unfall*

Schreibt die Wörter nach dem Abc geordnet auf.
Markiert jeweils den zweiten Buchstaben:
Bach – Bett – Buch, ...
Kontrolliert gegenseitig eure Ergebnisse.

★ Könnt ihr auch diese Wörter nach dem Abc ordnen?
Kontrolliert gemeinsam mit dem Wörterbuch.

Bank – Baby – Bad   *Papier – Paket – parken*
lesen – Lehrerin – Lexikon *Torte – Tomate – Tochter*

Ordnen und Nachschlagen üben

36 Erinnert euch! Wörter mit *Ä/ä, Ö/ö, Ü/ü* und *Äu/äu* sind wie Wörter mit *A/a, O/o, U/u* und *Au/au* eingeordnet.
Welches fett gedruckte Stichwort steht jeweils darüber, welches darunter?
Ärger, Übung, Öl, ändern, über, böse, träumen, Wärme, Mütze, läuft, Brötchen
Schreibt so: *Arbeiterin – Ärger – arm, ...*
Kontrolliert gegenseitig eure Ergebnisse.

37 Hier fehlt der passende Begleiter.
Ergänze *der, die* oder *das.*
___ Kind, ___ Ampel, ___ Brief, ___ Wind, ___ Zahl, ___ Aufgabe, ___ Obst, ___ Quartett, ___ Schleife, ___ Clown, ___ Kerze, ___ Rucksack, ___ Essen
Schreibe so: *das Kind, ...*
Kontrolliere mit dem Wörterbuch.

38 Finde jeweils das Wort in der Einzahl.
Mäuse, Kühe, Töpfe, Flüsse, Ärzte, Gläser, Füchse, Knöpfe, Öfen, Zähne, Räume, Böden, Nägel
Schreibe so: *die Maus, die Mäuse* → *S. 55, ...*

39 Welche dieser Wörter werden großgeschrieben?
MUT, ANGST, WIND, ANTWORT, UNTER, FREITAG, STUNDE, LUFT, HUNGER, JUNI, OBWOHL
Schreibe so: *der Mut, ...*
Kontrolliere mit dem Wörterbuch.

Ordnen und Nachschlagen üben

40 Kennst du die Mehrzahl?

Bus, Freundin, Wind, Holz, Stadt, Baum, Lehrerin, Brief, Kuckuck, Taxi, Wurst, Gespenst

Schreibe mit Artikel: *der Bus – die Busse, …*
Kontrolliere mit dem Wörterbuch.

41 Diese zusammengesetzten Namenwörter stehen nicht im zweiten Wörterverzeichnis.

Sucht die Wörter, aus denen sie zusammengesetzt sind, einzeln.

Kofferraum, Amselnest, Ofentür, Telefonbuch, Geschenkpapier, Lehrerzimmer, Zahnlücke

Schreibt jeweils mit Seitenzahl: *der Kofferraum: der Koffer → S. 52, der Raum → S. 60, …*
Kontrolliert gegenseitig eure Ergebnisse.

42 Suche diese Wörter:

baden, wünschen, glauben, trösten, spielen, interessieren, schneien, sollen, kleben, regnen

Schreibe so: *baden, er badet → S. 39, …*

43 Suche die Wörter, die sagen, was jemand tut, jeweils ohne den Wortbaustein am Anfang.

ausprobieren, bepflanzen, mithelfen, abfliegen, verzaubern, vorlesen, durchkämmen, auftauchen

Schreibe so: *ausprobieren → probieren → S. 59, …*

Ordnen und Nachschlagen üben

44 Findet jeweils die Grundform.

Sie isst einen Apfel.   *Er sieht die Ampel nicht.*
Er wächst in die Höhe.   *Sie gibt mir ein Buch.*
Sie liest ein Buch.   *Sie mag seine Freunde.*
Sie rät das Lösungswort.   *Er tritt auf der Stelle.*
Sie spricht mit ihm.   *Er darf fernsehen.*

Schreibt so: *sie isst* ➔ *essen* ➔ S. 45, ...
Kontrolliert gegenseitig eure Ergebnisse.

45 Suche Wörter, die sagen, welche Farbe etwas hat.
Sie fangen mit *bl, ge, ro, ro, schw, gr, gr, we, br* an.
Schreibe so: *blau* ➔ S. 41, ...

46 Welche dieser Wörter stehen im zweiten Wörterverzeichnis?

still, leicht, gesund, böse, glücklich, trocken, ruhig, scheu, billig, ehrlich, notwendig

Schreibe so: *still* ➔ S. 65, ...

47 Du hörst *schp* oder *scht* am Wortanfang, doch du schreibst *Sp/sp* oder *St/st*.

Ergänze jeweils den passenden Wortanfang.

__ock, __ät, __ift, __erren, __imme, __aziergang,
__ringen, __agetti, __olz, __uhl, __inne

Kontrolliere mit dem Wörterbuch.
Schreibe so: *Stock* ➔ S. 65, ...

Ordnen und Nachschlagen üben

48 Schreibe diese Wörter vollständig auf.
Ergänze einen oder zwei Buchstaben.
*das Flugzeu__, hoffen__lich, die Sta__, kapu__,
jeman__, schwar__, trauri__, das Kal__, das Lie__*
Kontrolliere mit dem Wörterbuch.

49 Schreibe nur die neun Wörter auf, die am Wortanfang
mit *V/v* geschrieben werden.
__ogel, __ergessen, __ase, __inger, __ulkan, __ielleicht,
__ürfel, __ormittag, __ersteck, __orsichtig, __ater
Kontrolliere mit dem Wörterbuch.

50 Welche Gegenstände sind hier abgebildet?
Ordnet die Nomen nach dem Abc.

Schreibt jeweils so: *Sandale, ...*
Habt ihr alle Nomen richtig geschrieben?
Kontrolliert eure Ergebnisse mithilfe des Wörterbuchs.

A a

der **Aal**, die Aale
ab: ab drei Uhr
der **Abend**, die Abende: heute Abend
abends: von morgens bis abends
aber
abholen, er holt ab
acht • achtzehn, achtzig
das **Adjektiv**, die Adjektive
der **Advent**
der **Affe**, die Affen
alle, alles
allein
als: größer als ich
also
alt, älter: ein alter Baum, älter als ich
am: am Abend
die **Ameise**, die Ameisen
die **Ampel**, die Ampeln
die **Amsel**, die Amseln
an: an der Spree

die **Ananas**, die Ananas / Ananasse
andere, anderer, anderes
ändern, sie ändert
anders
der **Anfang**, die Anfänge • anfangen
anfassen, er fasst an
die **Angst**, die Ängste
ängstlich: ein ängstliches Kind
anrufen, sie ruft an
die **Antwort**, die Antworten
antworten, er antwortet
anziehen, sie zieht an, sie zog an
der **Apfel**, die Äpfel
die **Apfelsine**, die Apfelsinen
der **April**
die **Arbeit**, die Arbeiten
arbeiten, er arbeitet
der **Arbeiter**, die Arbeiter
die **Arbeiterin**, die Arbeiterinnen

Ar bis Ax   Ba bis Ba

der **Ärger** • ärgerlich
(sich) **ärgern**,
    sie ärgert (sich)
    arm, ärmer:
    ein armer Mensch,
    ärmer als er
der **Arm**, die Arme
der **Artikel**, die Artikel
der **Arzt**, die Ärzte
die **Ärztin**, die Ärztinnen
sie **aß** ↗ essen
der **Ast**, die Äste
    auch
    auf: auf dem Berg
die **Aufgabe**,
    die Aufgaben
    aufpassen,
    er passt auf
das **Auge**, die Augen
der **August**
    aus: aus Dresden
    aussehen,
    ich sehe aus,
    sie sieht aus,
    sie sah aus
    außen:
    außen und innen
das **Auto**, die Autos
die **Axt**, die Äxte

B b

das **Baby**, die Babys
der **Bach**, die Bäche
    backen, ich backe,
    sie backt/bäckt,
    sie backte/buk
der **Bäcker**, die Bäcker
die **Bäckerin**,
    die Bäckerinnen
sie **bäckt** ↗ backen
das **Bad**, die Bäder
    baden, er badet
der **Bagger**, die Bagger
die **Bahn**, die Bahnen •
    der Bahnhof
    bald: bald kommen
der **Ball**, die Bälle
die **Banane**, die Bananen
er **band** ↗ binden
die **Bank**, die Bänke
der **Bär**, die Bären
    basteln, sie bastelt
er **bat** ↗ bitten
der **Bauch**, die Bäuche
    bauen, er baut
der **Bauer**, die Bauern

Ba bis Be

die **Bäuerin**,
   die Bäuerinnen
der **Baum**, die Bäume
die **Beere**, die Beeren
 er **begann** ↗ beginnen
  beginnen, sie beginnt,
   sie begann
  bei: bei der Arbeit
  beide: diese beiden
  beim: beim Essen
das **Bein**, die Beine
das **Beispiel**, die Beispiele
  beißen, er beißt,
   er biss
 sie **bekam** ↗ bekommen
  bekommen,
   sie bekommt,
   sie bekam
der **Berg**, die Berge
der **Bericht**, die Berichte
  berichten,
   er berichtet
  berichtigen,
   sie berichtigt
die **Berichtigung**,
   die Berichtigungen
  beschreiben,
   er beschreibt,
   er beschrieb

Be bis Bi

 er **beschrieb**
  ↗ beschreiben
  besonders
  besser ↗ gut
der **Besuch**, die Besuche
  besuchen, sie besucht
  beten, er betet •
   das Gebet
das **Bett**, die Betten
der **Beutel**, die Beutel
(sich) **bewegen**,
   sie bewegt (sich)
  bezahlen, er bezahlt
die **Bibliothek**,
   die Bibliotheken
die **Biene**, die Bienen
das **Bild**, die Bilder
  billig: billige Autos
 ich **bin** ↗ sein: Ich bin da.
  binden, sie bindet,
   sie band
die **Birne**, die Birnen
  bis: bis morgen warten
 er **biss** ↗ beißen
  bisschen: ein bisschen
 du **bist** ↗ sein: Du bist da.
  bitte: Gib mir bitte
   das Buch!
die **Bitte**, die Bitten

Bi bis Br

bitten, er bittet,
er bat
das **Blatt**, die Blätter
blau: ein blaues Kleid
bleiben, sie bleibt,
sie blieb
der **Bleistift**, die Bleistifte
sie **blieb** ↗ bleiben
blitzen, es blitzt
blond: blondes Haar
blühen, es blüht
die **Blume**, die Blumen
das **Blut**
die **Blüte**, die Blüten
bluten, er blutet
der **Boden**, die Böden
die **Bohne**, die Bohnen
das/der **Bonbon**, die Bonbons
das **Boot**, die Boote
böse: ein böser Traum
er **brach** ↗ brechen
er **brachte** ↗ bringen
es **brannte** ↗ brennen
brauchen, sie braucht
braun: braunes Fell
brechen, ich breche,
er bricht, er brach
breit: ein breiter Fluss

Br bis Bu

bremsen, sie bremst
brennen, es brennt,
es brannte
er **bricht** ↗ brechen
der **Brief**, die Briefe •
die Briefmarken
die **Brille**, die Brillen
bringen, er bringt,
er brachte
das **Brot**, die Brote
das **Brötchen**,
die Brötchen
der **Bruder**, die Brüder
brummen, sie brummt
das **Buch**, die Bücher
der **Buchstabe**,
die Buchstaben
sie **buk** ↗ backen
bunt: bunte Tücher
der **Bus**, die Busse
der **Busch**, die Büsche
die **Butter**

Ce bis Co

C c

der **Cent**, die Cents
der **Chor**, die Chöre
der **Christbaum**,
   die Christbäume
das **Christkind**
der **Clown**, die Clowns
die **Clownin**,
   die Clowninnen
das/die **Cola**, die Colas
der **Computer**,
   die Computer

Da bis De

D d

da: hier und da
dabei: dabei sein
das **Dach**, die Dächer
er **dachte** ↗ denken
dafür
damit
danach
danke
danken, er dankt
dann
daran: daran denken
darauf: sich darauf freuen
er **darf** ↗ dürfen
darüber: darüber sprechen
darum: darum bitten
das
dass: Ich weiß, dass …
der **Daumen**, die Daumen
davon: davon träumen
dazu: dazu bereit sein
die **Decke**, die Decken
decken, sie deckt
dein, deine, deiner

De bis Do

dem: dem Opa helfen
den: den Ball holen
denen: Ich schaue denen zu.
denken, er denkt, er dachte
denn: Wo ist er denn?
der
des
deutsch: deutsch sprechen, *aber*: etwas auf Deutsch sagen
der **Dezember**
dich: Er ruft dich.
dick: ein dickes Buch
die
dienen, sie dient
der **Dienstag**, die Dienstage
dies, diese, dieser, dieses: dies und das
das **Diktat**, die Diktate
das **Ding**, die Dinge
der **Dinosaurier**, die Dinosaurier
dir: Sie helfen dir.
doch
das **Domino**, die Dominos • der Dominostein

Do bis Du

donnern, es donnert
der **Donnerstag**, die Donnerstage
das **Dorf**, die Dörfer
dort: Sie wartet dort.
der **Drache**, die Drachen
der **Drachen**, die Drachen • der Lenkdrachen
draußen: draußen spielen
drei • dreizehn, dreißig
drüben: dort drüben
drucken, er druckt • der Drucker
drücken, sie drückt
du
dumm: ein dummer Streich
dunkel: im dunklen Keller
dünn: ein dünner Stoff
durch: durch den Park gehen
dürfen, er darf, er durfte
er **durfte** ↗ dürfen
der **Durst** • durstig
die **Dusche**, die Duschen

E e

eben: eben noch
die **Ecke**, die Ecken
eckig: ein eckiger Tisch
ehrlich: eine ehrliche Antwort
das **Ei**, die Eier
die **Eiche**, die Eichen
die **Eichel**, die Eicheln
das **Eichhörnchen**, die Eichhörnchen
das **Eigenschaftswort**, die Eigenschaftswörter
eilen, er eilt
der **Eimer**, die Eimer
ein, eine, einem, einen, einer, eines
einfach: eine einfache Aufgabe
einige: einige Tage
die **Einladung**, die Einladungen
einmal: noch einmal schreiben
eins: Es ist halb eins.

einzeln: ein einzelnes Haus, in einzelnen Klassen
das **Eis**
der **Elefant**, die Elefanten
elektrisch: ein elektrischer Motor
elf
die **Eltern**
das **Ende**, die Enden
endlich
eng: eine enge Hose
der **Engel**, die Engel
die **Ente**, die Enten
er: Er freut sich.
die **Erde**
erklären, sie erklärt
er **erschrak** ↗ erschrecken
erschrecken, ich erschrecke, er erschrickt, er erschrak
er **erschrickt** ↗ erschrecken
erst: Sie kommt erst morgen.
erste, erster, erstes: der erste Schnee

Er bis Ew   Fa bis Fe

erzählen, sie erzählt
es: Heute regnet es.
der **Esel**, die Esel
essen, ich esse,
er isst, er aß:
Iss etwas!
das **Essen**, die Essen •
das Mittagessen
etwas: etwas essen
euch: Ich sehe euch.
euer, euere/eure:
euer Haus,
eure Wohnung
die **Eule**, die Eulen
eure ↗ euer
der **Euro**, die Euros
ewig: das ewige Eis

F f

die **Fahne**, die Fahnen
fahren, ich fahre,
sie fährt, sie fuhr
das **Fahrrad**,
die Fahrräder
sie **fährt** ↗ fahren
fallen, ich falle,
er fällt, er fiel
er **fällt** ↗ fallen
falsch: Das ist falsch.
die **Familie**, die Familien
er **fand** ↗ finden
fangen, ich fange,
sie fängt, sie fing
sie **fängt** ↗ fangen
die **Farbe**, die Farben
fassen, er fasst
fast: Es ist fast fertig.
faul: faules Obst
der **Februar**
die **Feder**, die Federn
die **Fee**, die Feen
fehlen, sie fehlt
der **Fehler**, die Fehler
die **Feier**, die Feiern

Fe bis Fl

feiern, er feiert
fein: feine Wolle,
feiner Sand
der **Feind**, die Feinde
das **Feld**, die Felder
das **Fell**, die Felle
das **Fenster**, die Fenster
die **Ferien**
fernsehen,
ich sehe fern,
sie sieht fern,
sie sah fern
der **Fernseher**,
die Fernseher
fertig: fertiges Essen
fest: feste Schuhe
das **Fest**, die Feste
das **Feuer**, die Feuer •
die Feuerwehr
die **Fibel**, die Fibeln
er **fiel** ↗ fallen
der **Film**, die Filme
finden, er findet,
er fand
sie **fing** ↗ fangen
der **Finger**, die Finger
der **Fisch**, die Fische •
fischen
die **Flasche**, die Flaschen

Fl bis Fr

das **Fleisch**
fleißig: fleißige Bienen
fliegen, sie fliegt,
sie flog
fließen, es fließt,
es floss
sie **flog** ↗ fliegen
es **floss** ↗ fließen
der **Flügel**, die Flügel
das **Flugzeug**,
die Flugzeuge
der **Fluss**, die Flüsse
flüssig:
flüssiger Honig
flüstern, er flüstert
folgen, sie folgt
fort: fort sein
das **Foto**, die Fotos
die **Frage**, die Fragen
fragen, er fragt
es **fraß** ↗ fressen
die **Frau**, die Frauen
frech: ein freches Kind
frei: freie Zeit
der **Freitag**
fremd: eine fremde
Frau • der/die Fremde
fressen, ich fresse,
es frisst, es fraß

Fr bis Fu

die **Freude**, die Freuden
sich **freuen**, sie freut sich
der **Freund**, die Freunde
die **Freundin**,
    die Freundinnen
    freundlich:
    ein freundliches
    Lächeln
der **Frieden** • friedlich
    frisch: frisches Brot
 es **frisst** ↗ fressen
    froh: ein frohes Fest
der **Frosch**, die Frösche
die **Frucht**, die Früchte
    früh: morgen früh
der **Frühling**
der **Fuchs**, die Füchse
    fühlen, er fühlt
 sie **fuhr** ↗ fahren
    füllen, sie füllt
der **Füller**, die Füller
    fünf • fünfzehn,
    fünfzig
    für
der **Fuß**, die Füße
das **Futter**, die Futter
    füttern, er füttert

Ga bis Ge

sie **gab** ↗ geben
die **Gabel**, die Gabeln
die **Gans**, die Gänse
    ganz: ein ganzes
    Leben lang
der **Garten**, die Gärten
    geben, ich gebe,
    sie gibt, sie gab
die **Geburt**, die Geburten
der **Geburtstag**,
    die Geburtstage
das **Gedicht**, die Gedichte
die **Gefahr**, die Gefahren
    gefährlich:
    der gefährliche Weg
    gegen
    gehen, er geht,
    er ging
die **Geige**, die Geigen
der **Geist**, die Geister
    gelb: gelbe Blumen
das **Geld**, die Gelder
das **Gemüse**
    genau: die genaue
    Uhrzeit

Ge bis Gl | Gl bis Gu

gerade: ein gerader Weg
gern/gerne: Er liest gern.
das **Geschäft**, die Geschäfte
das **Geschenk**, die Geschenke
die **Geschichte**, die Geschichten
die **Geschwister**
das **Gesicht**, die Gesichter
das **Gespenst**, die Gespenster
gestern: gestern Abend
gesund, gesünder: gesundes Essen
sie gewann ↗ gewinnen
gewinnen, sie gewinnt, sie gewann
das **Gewitter**, die Gewitter
geworden ↗ werden
sie gibt ↗ geben
gießen, es gießt, es goss
er ging ↗ gehen
die **Giraffe**, die Giraffen
das **Glas**, die Gläser

glatt: die glatte Fläche
glauben, er glaubt
gleich: Er kommt gleich wieder.
gleich: das gleiche Kleid
das **Glück**: Er hat Glück.
das **Gold** • golden
es goss ↗ gießen
der **Gott**, die Götter
die **Göttin**, die Göttinnen
das **Gras**, die Gräser
grau: graues Haar
greifen, sie greift, sie griff
die **Grenze**, die Grenzen
sie griff ↗ greifen
groß, größer: ein großes Haus
die **Großeltern** • die Großmutter, der Großvater
grün: ein grünes Auto
die **Gruppe**, die Gruppen
der **Gruß**, die Grüße
grüßen, er grüßt
die **Gurke**, die Gurken
gut, besser: ein guter Rat

H h

das **Haar**, die Haare
haben, ich habe,
du hast, sie hat,
ihr habt, sie hatte,
sie hätte
der **Hahn**, die Hähne
halb: halb voll,
ein halbes Brot
sie **half** ↗ helfen
der **Hals**, die Hälse
er **hält** ↗ halten
halten, ich halte,
er hält, er hielt
der **Hammer**, die Hämmer
die **Hand**, die Hände
hart, härter:
hartes Brot
der **Hase**, die Hasen
du **hast** ↗ haben
sie **hat** ↗ haben
sie **hatte** ↗ haben
sie **hätte** ↗ haben: Sie
hätte gerne ein Eis.
das **Haus**, die Häuser:
nach Hause, zu Hause

die **Haut**, die Häute
heben, sie hebt, sie hob
die **Hecke**, die Hecken
das **Heft**, die Hefte
heiß: heißes Wasser
heißen, er heißt,
er hieß
helfen, ich helfe,
sie hilft, sie half
hell: ein heller Tag
das **Hemd**, die Hemden
her: hin und her
herauf
heraus
der **Herbst**
herein
der **Herr**, die Herren
das **Herz**, die Herzen
heulen, er heult
heute: heute Abend
die **Hexe**, die Hexen
er **hielt** ↗ halten
hier: Ich warte hier.
er **hieß** ↗ heißen
die **Hilfe**, die Hilfen
sie **hilft** ↗ helfen
der **Himmel**
hin: hin und her
hinauf

Hi bis Hu   Ic bis Is

hinaus
hinein
hinten: Er wartet hinten im Hof.
hinter: Sie steht hinter der Tür.
sie **hob** ↗ heben
hoch, höher: ein hoher Turm
der **Hof**, die Höfe
hoffen, sie hofft
hoffentlich
holen, er holt
das **Holz**, die Hölzer
der **Honig**, die Honige
hören, sie hört
der **Hort**, die Horte
die **Hose**, die Hosen
das **Huhn**, die Hühner
der **Hund**, die Hunde
hundert
der **Hunger** • hungrig
hüpfen, er hüpft
husten, sie hustet
der **Hut**, die Hüte
die **Hütte**, die Hütten

I i

ich: du und ich
die **Idee**, die Ideen
der **Igel**, die Igel
ihm: Ich helfe ihm.
ihn: Ich sehe ihn.
ihnen: ihnen helfen
ihr, ihre: Lisa, ihr Vater und ihre Mutter
im: im Bad
immer: immer noch
in: in der Schule
der **Indianer**, die Indianer
die **Indianerin**, die Indianerinnen
innen: innen und außen
ins: ins Bett gehen
die **Insel**, die Inseln
interessieren, es interessiert
sich **irren**, er irrt sich
er **isst** ↗ essen
es **ist** ↗ sein: Es ist kalt.

Ja bis Ju   Ka bis Ka

J j

ja: ja oder nein
die **Jacke**, die Jacken
jagen, sie jagt
das **Jahr**, die Jahre •
   die Jahreszeit
der **Januar**
   jede, jeder, jedes:
   jeder Vater,
   jede Mutter,
   jedes Kind
   jemand
   jetzt: Er ist jetzt da.
   jubeln, er jubelt
der **Juli**
   jung, jünger:
   eine junge Frau
der **Junge**, die Jungen
der **Juni**

K k

der **Käfer**, die Käfer
der **Kaffee**, die Kaffees
der **Käfig**, die Käfige
das **Kalb**, die Kälber
der **Kalender**, die Kalender
   kalt, kälter:
   ein kalter Wind
die **Kälte**
 er **kam** ↗ kommen
der **Kamm**, die Kämme
   kämmen, er kämmt
das **Känguru**,
   die Kängurus
das **Kaninchen**,
   die Kaninchen
 sie **kann** ↗ können
die **Kanne**, die Kannen
 er **kannte** ↗ kennen
   kaputt: kaputtes
   Spielzeug
die **Karte**, die Karten
die **Kartoffel**,
   die Kartoffeln
der **Käse**, die Käse
die **Kasse**, die Kassen

Ka bis Kl — Kl bis Kr

die **Kastanie**,
   die Kastanien
der **Kasten**, die Kästen
das **Kätzchen**,
   die Kätzchen
die **Katze**, die Katzen
kaufen, sie kauft
der **Keim**, die Keime
kein, keine, keiner:
kein Geld, keine
Lust haben
der **Keller**, die Keller
kennen, er kennt,
er kannte
die **Kerze**, die Kerzen
die **Kette**, die Ketten
das **Kilo**, die Kilo / Kilos
das **Kind**, die Kinder
das **Kino**, die Kinos
die **Kirche**, die Kirchen •
   der Kirchturm
die **Kirsche**, die Kirschen •
   der Kirschsaft
klar: klares Wasser
die **Klasse**, die Klassen
kleben, sie klebt
das **Kleid**, die Kleider
klein: ein kleiner Baum
klingen, es klingt

klopfen, es klopft
der **Kloß**, die Klöße
klug, klüger:
ein kluges Kind
knallen, es knallt
das **Knie**, die Knie
der **Knopf**, die Knöpfe
knurren, er knurrt
kochen, sie kocht
der **Koffer**, die Koffer
kommen, er kommt,
er kam
der **König**, die Könige
die **Königin**,
   die Königinnen
können, sie kann,
sie konnte
sie **konnte** ↗ können
der **Kopf**, die Köpfe
der **Korb**, die Körbe
der **Körper**, die Körper
kosten, es kostet
der **Krach**, die Kräche
krachen, es kracht
krank, kränker:
ein krankes Tier
die **Krankheit**,
   die Krankheiten
das **Kraut**, die Kräuter

Kr bis Ku

der **Kreis**, die Kreise
kriegen, er kriegt
das **Krokodil**,
die Krokodile
die **Krone**, die Kronen
die **Küche**, die Küchen
der **Kuchen**, die Kuchen
der **Kuckuck**,
die Kuckucke
die **Kuh**, die Kühe
kühl: kühles Wetter
die **Kurve**, die Kurven
kurz, kürzer: eine
kurze Hose
der **Kuss**, die Küsse

La bis Le

L l

lachen, er lacht
der **Laden**, die Läden
sie **lag** ↗ liegen
die **Lampe**, die Lampen
das **Land**, die Länder
lang, länger:
eine lange Zeit
langsam:
langsame Autos
sie **las** ↗ lesen
lassen, ich lasse,
sie lässt, sie ließ
sie **lässt** ↗ lassen
die **Laterne**, die Laternen
das **Laub**
laufen, ich laufe,
er läuft, er lief
er **läuft** ↗ laufen
laut: ein lauter Knall
der **Laut**, die Laute
leben, sie lebt
das **Leben**, die Leben
lecken, es leckt
leer: ein leeres Glas
legen, er legt

Le bis Li — Li bis Lu

der **Lehrer**, die Lehrer
die **Lehrerin**,
    die Lehrerinnen
    leicht: leichte Arbeit
    leiden, sie leidet,
    sie litt
    leise: leise sein
die **Leiter**, die Leitern
    lernen, er lernt
    lesen, ich lese,
    sie liest, sie las
der **Leser**, die Leser
die **Leserin**,
    die Leserinnen
    letzte, letzter,
    letztes: im letzten Jahr
    leuchten, es leuchtet
die **Leute**
das **Lexikon**, die Lexika
das **Licht**, die Lichter
    lieb: ein liebes Kind
    lieben, er liebt
das **Lied**, die Lieder
er **lief** ↗ laufen
    liegen, sie liegt,
    sie lag
sie **ließ** ↗ lassen
sie **liest** ↗ lesen
das **Lineal**, die Lineale

linke, linker, linkes:
die linke Hand
links: von links nach
rechts gehen
die **Lippe**, die Lippen
sie **litt** ↗ leiden
das **Loch**, die Löcher
der **Löffel**, die Löffel
die **Lokomotive**,
    die Lokomotiven
los:
Achtung, fertig, los!
der **Löwe**, die Löwen
die **Lücke**, die Lücken
die **Luft**, die Lüfte
    lügen, er lügt
    lustig: eine lustige
Geschichte

M m

machen, sie macht
das **Mädchen**,
   die Mädchen
sie **mag** ↗ mögen
der **Mai**
   mal: noch mal
   malen, er malt
die **Mama**, die Mamas
   man: So macht man
   es richtig.
   manche: manche
   Kinder
   manchmal: Ich bin
   manchmal traurig.
die **Mandarine**,
   die Mandarinen
der **Mann**, die Männer
der **Mantel**, die Mäntel
das **Mäppchen**,
   die Mäppchen
das **Märchen**,
   die Märchen
die **Marke**, die Marken •
   die Briefmarke
der **Markt**, die Märkte

die **Marmelade**,
   die Marmeladen
der **März**
die **Maschine**,
   die Maschinen
   er **maß** ↗ messen
die **Maus**, die Mäuse
das **Meer**, die Meere
das **Meerschweinchen**,
   die Meerschweinchen
   mehr: Sie hat mehr
   Taschengeld als ich.
   mehrere:
   mehrere Kinder
   mein, meine, meiner:
   mein Bruder,
   meine Schwester
   meinen, sie meint
die **Meise**, die Meisen
(sich) melden,
   er meldet (sich)
die **Menge**,
   die Mengen
der **Mensch**,
   die Menschen
   merken, sie merkt
   messen, ich messe,
   er misst, er maß
das **Messer**, die Messer

Me bis Mo

der **Meter**, die Meter •
das **Metermaß**
mich: Sie kennt mich.
die **Milch**
die **Minute**, die Minuten
mir: Er schrieb mir.
er **misst** ↗ messen
mit: mit dem Zug fahren
der **Mittag**, die Mittage: jeden Mittag
mittags: mittags und abends
die **Mitte**: in der Mitte
der **Mittwoch**, die Mittwoche
sie **mochte** ↗ mögen: Früher mochte sie ihn sehr.
sie **möchte** ↗ mögen: Sie möchte gerne ins Kino gehen.
mögen, sie mag, sie mochte, sie möchte
möglich: ein mögliches Ende
die **Möhre**, die Möhren
die **Mohrrübe**, die Mohrrüben

Mo bis Mu

der **Monat**, die Monate
das **Monster**, die Monster
der **Montag**, die Montage
morgen: morgen früh, morgen Abend
der **Morgen**, die Morgen: heute Morgen
morgens: morgens und abends
der **Motor**, die Motoren
die **Mücke**, die Mücken
müde: ein müdes Kind
der **Müll** • die **Mülltonne**
der **Mund**, die Münder
die **Musik**
er **muss** ↗ müssen
müssen, er muss, er musste
er **musste** ↗ müssen
der **Mut**
mutig: ein mutiger Mensch
die **Mutter**, die Mütter
die **Mutti**, die Muttis
die **Mütze**, die Mützen

N n

nach
der **Nachbar**,
  die Nachbarn
die **Nachbarin**,
  die Nachbarinnen
der **Nachmittag**,
  die Nachmittage
nachmittags
nächste, nächster,
nächstes:
  am nächsten Tag
die **Nacht**, die Nächte:
  heute Nacht
nachts
der **Nagel**, die Nägel
nah/nahe, näher:
  am nahen Fluss
er nahm ↗ nehmen
der **Name**, die Namen •
  das Namenwort
nämlich
sie nannte ↗ nennen
die **Nase**, die Nasen
nass: nasses Gras
der **Nebel**, die Nebel

neben: neben mir
nehmen, ich nehme,
er nimmt, er nahm
nein: ja oder nein
nennen, sie nennt,
sie nannte
das **Nest**, die Nester
nett: ein nettes Kind
neu: ein neues Lied
neun • neunzehn,
neunzig
nicht: Er konnte
nicht kommen.
nichts: Der Hund
tut dir nichts.
nicken, er nickt
nie: nie wieder
niemand:
  Das weiß niemand.
er nimmt ↗ nehmen
noch: noch nicht
das **Nomen**, die Nomen
die **Not**, die Nöte
die **Note**, die Noten
der **November**
die **Nudel**, die Nudeln
nun
nur
die **Nuss**, die Nüsse

Ob bis Os — Pa bis Pi

O o

ob
oben: ganz oben
das Obst
obwohl
oder: Kopf oder Zahl?
der Ofen, die Öfen
offen: offene Türen
oft, öfter
ohne: ohne Mütze
das Ohr, die Ohren
der Oktober
das Öl, die Öle • ölen
die Oma, die Omas
der Onkel, die Onkel
der Opa, die Opas
die Orange, die Orangen
ordentlich: eine ordentliche Schülerin
ordnen, er ordnet
die Ordnung, die Ordnungen
der Ort, die Orte
Ostern

P p

paar: ein paar Cent
das Päckchen, die Päckchen
packen, sie packt
das Paket, die Pakete
der Pantoffel, die Pantoffeln
der Papa, die Papas
der Papagei, die Papageien
das Papier, die Papiere
die Pappe, die Pappen
der/die Paprika, die Paprika/Paprikas
parken, er parkt
passen, es passt
die Pause, die Pausen
die Person, die Personen
das Pferd, die Pferde
Pfingsten
die Pflanze, die Pflanzen
pflanzen, sie pflanzt
pflegen, er pflegt
pflücken, sie pflückt
der Pilz, die Pilze

Pi bis Pu

der **Pinguin**, die Pinguine
der **Pinsel**, die Pinsel
die **Pizza**,
    die Pizzen / Pizzas
der **Plan**, die Pläne
    planen, er plant
der **Platz**, die Plätze
    platzen, sie platzt
    plötzlich:
    die plötzliche Stille
die **Polizei**
der **Polizist**, die Polizisten
die **Polizistin**,
    die Polizistinnen
die **Pommes**
das **Pony**, die Ponys
die **Post** • das Postauto
das **Poster**, die Poster
der **Preis**, die Preise
der **Prinz**, die Prinzen
die **Prinzessin**,
    die Prinzessinnen
    probieren,
    er probiert
    prüfen, sie prüft
der **Pullover**, die Pullover
der **Punkt**, die Punkte
die **Puppe**, die Puppen
    putzen, er putzt

Qua bis Qui

Qu qu

das **Quadrat**,
    die Quadrate
    quaken:
    Der Frosch quakt.
    quälen: Sie quält
    keine Tiere.
die **Qualle**, die Quallen
der **Quark**
das **Quartett**,
    die Quartette
der **Quatsch**
    quatschen,
    er quatscht
die **Quelle**, die Quellen
    quer: quer über die
    Straße gehen
    quetschen,
    sie quetscht
    quieken:
    Das Ferkel quiekt.
    quietschen,
    es quietscht

Ra bis Re

R r

das **Rad**, die Räder:
Er fährt Rad.
radieren, sie radiert
der **Radiergummi**,
die Radiergummis
das **Radieschen**,
die Radieschen
das **Radio**, die Radios
die **Rakete**, die Raketen
der **Rand**, die Ränder
er **rannte** ↗ rennen
rasch: rasche Schritte
rascheln, es raschelt
rasen, er rast
sie **rät** ↗ raten
raten, ich rate,
sie rät, sie riet
das **Rätsel**, die Rätsel
rau: raue Hände
der **Rauch**
der **Raum**, die Räume
räumen, sie räumt
die **Raupe**, die Raupen
rechnen, er rechnet •
die Rechnung

Re bis Ri

rechte, rechter, rechtes:
die rechte Seite
rechts: von rechts
nach links laufen
reden, sie redet
das **Regal**, die Regale
der **Regen**
regnen, es regnet
das **Reh**, die Rehe
reich: ein reiches Land
reif: reifes Obst
die **Reihe**, die Reihen
der **Reim**, die Reime
der **Reis**
die **Reise**, die Reisen
reisen: Er reist
durch die Welt.
reißen: Der Stoff
reißt. Er riss.
reiten, sie reitet,
sie ritt
rennen, er rennt,
er rannte
der **Rest**, die Reste
retten, sie rettet
richtig: ein richtiges
Ergebnis
riechen, es riecht,
es roch

Ri bis Ru   Sa bis Sa

er **rief** ↗ rufen
der **Riese**, die Riesen
sie **riet** ↗ raten
der **Ring**, die Ringe
er **riss** ↗ reißen
sie **ritt** ↗ reiten
der **Ritter**, die Ritter
es **roch** ↗ riechen
der **Rock**, die Röcke
rollen, es rollt
der **Roller**, die Roller
rosa: ein rosa Kleid
rot: ein roter Ball
der **Rücken**, die Rücken
der **Rucksack**,
die Rucksäcke
rufen, er ruft, er rief
ruhig: ein ruhiger Tag
rund: ein runder Tisch
die **Rutsche**,
die Rutschen
rutschen, sie rutscht

S s

die **Sache**, die Sachen
der **Saft**, die Säfte
sagen, er sagt
er **sah** ↗ sehen
der **Salat**, die Salate
das **Salz**, die Salze
der **Samen**, die Samen
sammeln,
sie sammelt
der **Samstag**,
die Samstage
der **Sand**
die **Sandale**,
die Sandalen
sandig: sandige
Schuhe
sie **sandte** ↗ senden
er **sang** ↗ singen
es **sank** ↗ sinken
sie **saß** ↗ sitzen
satt: satte Babys
der **Satz**, die Sätze
sauber: ein sauberes
Zimmer
sauer: saure Milch

Scha bis Schl

die **Schachtel**,
die Schachteln
das **Schaf**, die Schafe
schaffen, er schafft,
er schaffte/schuf
scharf: scharfer Senf
der **Schatz**, die Schätze
schauen, sie schaut
schaukeln,
er schaukelt
scheinen, sie scheint,
sie schien
schenken, er schenkt
die **Schere**, die Scheren
schicken: Sie schickt
ihm ein Paket.
schieben, er schiebt,
er schob
schief: schiefe Türme
sie **schien** ↗ scheinen
das **Schiff**, die Schiffe
das **Schild**, die Schilder
schimpfen,
sie schimpft
schlafen, ich schlafe,
er schläft, er schlief
er **schläft** ↗ schlafen
schlagen, ich schlage,
sie schlägt, sie schlug

Schl bis Schn

sie **schlägt** ↗ schlagen
schlau: ein schlauer
Fuchs
schlecht: schlechtes
Essen
die **Schleife**, die Schleifen
er **schlief** ↗ schlafen
schließen, er schließt,
er schloss
schlimm: schlimme
Sachen
der **Schlitten**, die Schlitten
er **schloss** ↗ schließen
das **Schloss**, die Schlösser
sie **schlug** ↗ schlagen
der **Schluss**, die Schlüsse
der **Schlüssel**,
die Schlüssel
schmecken,
sie schmeckt
der **Schmetterling**,
die Schmetterlinge
der **Schmuck**
schmücken,
er schmückt
schmutzig:
schmutzige Wäsche
die **Schnecke**,
die Schnecken

Schn bis Schu

der **Schnee**
schneiden,
 sie schneidet,
 sie schnitt
schneien, es schneit
schnell: ein schnelles Pferd
sie **schnitt** ↗ schneiden
er **schob** ↗ schieben
die **Schokolade**,
 die Schokoladen
schon: Es ist schon dunkel.
schön:
 schönes Wetter
der **Schrank**,
 die Schränke
schrecklich:
 eine schreckliche Geschichte
schreiben,
 er schreibt, er schrieb
schreien, sie schreit, sie schrie
sie **schrie** ↗ schreien
er **schrieb** ↗ schreiben
die **Schrift**, die Schriften
der **Schritt**, die Schritte
er **schuf** ↗ schaffen

Schu bis Schw

der **Schuh**, die Schuhe
die **Schule**, die Schulen
der **Schüler**, die Schüler
die **Schülerin**,
 die Schülerinnen
die **Schüssel**,
 die Schüsseln
der **Schutz**
schützen,
 er schützt
schwach:
 ein schwacher Arm
sie **schwamm**
 ↗ schwimmen
der **Schwamm**,
 die Schwämme
der **Schwanz**,
 die Schwänze
schwarz, schwärzer:
 ein schwarzer Bär
das **Schwein**,
 die Schweine
schwer:
 ein schwerer Stein
die **Schwester**,
 die Schwestern
schwimmen,
 sie schwimmt,
 sie schwamm

Se bis Se — Si bis So

sechs • sechzehn, sechzig
der **See**, die Seen
die **See**: auf hoher See
sehen, ich sehe, er sieht, er sah: Sieh mal!
sehr: sehr gut
ihr **seid** ↗ sein: Ihr seid fleißig.
die **Seife**, die Seifen
das **Seil**, die Seile
sein, ich bin, du bist, es ist, wir sind, ihr seid, sie sind, er war, es wäre
sein, seine, seiner: seine Kinder
seit: seit gestern
die **Seite**, die Seiten
die **Sekunde**, die Sekunden
selber
selbst
selten: seltene Tiere
senden, sie sendet, sie sendete/sandte
der **September**
(sich) **setzen**, er setzt (sich)

sich: Er freut sich.
sicher: ein sicherer Weg
sie: sie und er, *aber*: Sieh mal! ↗ sehen
sieben • siebzehn, siebzig
siegen, sie siegt
er **sieht** ↗ sehen
die **Silbe**, die Silben
sie **sind** ↗ sein
singen: Er singt ein Lied. Er sang es.
sinken: Das Schiff sinkt. Es sank.
sitzen, sie sitzt, sie saß
so: so etwas
die **Socke**, die Socken
das **Sofa**, die Sofas
sofort: sofort antworten
sogar: Er arbeitet sogar nachts.
der **Sohn**, die Söhne
sollen, er soll
der **Sommer**, die Sommer
sondern

So bis Spr

der **Sonnabend**,
    die Sonnabende
die **Sonne**, die Sonnen
der **Sonntag**,
    die Sonntage
    sonst: sonst nichts
die **Spagetti**
    sparen, sie spart
der **Spaß**, die Späße
    spät: am späten Abend
der **Spaziergang**,
    die Spaziergänge
    sperren, er sperrt
der **Spiegel**, die Spiegel
das **Spiel**, die Spiele
    spielen, sie spielt
die **Spinne**, die Spinnen
    spitz: spitze Steine
    spitzen, er spitzt
der **Sport**
  sie **sprach** ↗ sprechen
die **Sprache**,
    die Sprachen
  er **sprang** ↗ springen
    sprechen,
    ich spreche, sie spricht, sie sprach
  sie **spricht** ↗ sprechen

Spr bis Sto

    springen, er springt, er sprang
die **Stadt**, die Städte
der **Stall**, die Ställe
der **Stamm**, die Stämme
  er **stand** ↗ stehen
die **Stange**, die Stangen
der **Stängel**, die Stängel
    stark, stärker: ein starker Regen
    stecken, sie steckt
der **Stecker**, die Stecker
    stehen, er steht, er stand
    steigen, sie steigt, sie stieg
der **Stein**, die Steine
    stellen, er stellt
der **Stern**, die Sterne
der **Stiefel**, die Stiefel
  sie **stieg** ↗ steigen
  sie **stieß** ↗ stoßen
der **Stift**, die Stifte
    still: ein stiller Ort
die **Stille**
die **Stimme**, die Stimmen
die **Stirn**, die Stirnen
der **Stock**, die Stöcke
der **Stoff**, die Stoffe

Sto bis Su — Ta bis Te

stolz: stolze Eltern
der Storch, die Störche
stoßen, ich stoße,
sie stößt, sie stieß
sie stößt ↗ stoßen
die Straße, die Straßen
der Strauch,
die Sträucher
der Strauß, die Sträuße
streicheln,
er streichelt
der Streit
streiten, sie streitet,
sie stritt
der Strich, die Striche
sie stritt ↗ streiten
der Strumpf, die Strümpfe
die Stube, die Stuben
das Stück, die Stücke
der Stuhl, die Stühle
die Stunde, die Stunden
das Substantiv,
die Substantive
suchen, er sucht
die Suppe, die Suppen
süß: süßer Tee

T t

die Tafel, die Tafeln
der Tag, die Tage
das Tal, die Täler
die Tanne, die Tannen
die Tante, die Tanten
tanzen, er tanzt
die Tasche, die Taschen
die Tasse, die Tassen
es tat ↗ tun
das Tätigkeitswort,
die Tätigkeitswörter
tauchen, sie taucht
tausend
das Taxi, die Taxis
der Teddy, die Teddys
der Tee, die Tees
der/das Teil, die Teile
teilen, er teilt
das Telefon, die Telefone
telefonieren,
sie telefoniert
der Teller, die Teller
die Temperatur,
die Temperaturen
teuer: teure Autos

Te bis Tr

der **Teufel**, die Teufel
der **Text**, die Texte
das **Thermometer**, die Thermometer
tief: ein tiefer Brunnen
das **Tier**, die Tiere
der **Tiger**, die Tiger
die **Tinte**, die Tinten
der **Tisch**, die Tische
toben, er tobt
die **Tochter**, die Töchter
der **Tod**
die **Toilette**, die Toiletten
toll: ein toller Tag
die **Tomate**, die Tomaten
der **Ton**, die Töne
der **Topf**, die Töpfe
das **Tor**, die Tore
die **Torte**, die Torten
tot: ein totes Tier
sie **traf** ↗ treffen
tragen, ich trage, sie trägt, sie trug
sie **trägt** ↗ tragen
die **Träne**, die Tränen
sie **trank** ↗ trinken
er **trat** ↗ treten
die **Traube**, die Trauben
der **Traum**, die Träume

Tr bis Tu

träumen, er träumt
traurig: eine traurige Geschichte
treffen, ich treffe, sie trifft, sie traf
treiben, er treibt, er trieb
trennen, sie trennt
die **Treppe**, die Treppen
treten, ich trete, er tritt, er trat
treu: ein treuer Hund
er **trieb** ↗ treiben
sie **trifft** ↗ treffen
trinken, sie trinkt, sie trank
er **tritt** ↗ treten
trocken: trockenes Haar
trösten, er tröstet
trotzdem
sie **trug** ↗ tragen
das **T-Shirt**, die T-Shirts
das **Tuch**, die Tücher
tun, es tut, es tat
die **Tür**, die Türen
der **Turm**, die Türme
turnen, sie turnt
die **Tüte**, die Tüten

Ub bis Ur — Va bis Vi

U u

üben, er übt
über: über den Wolken
überall
überraschen, sie überrascht
die **Überschrift**, die Überschriften
übrig: übrig haben
die **Übung**, die Übungen
die **Uhr**, die Uhren
um: um drei Uhr
der **Umzug**, die Umzüge
und: du und ich
der **Unfall**, die Unfälle
das **Ungeheuer**, die Ungeheuer
uns: mit uns
unser, unsere: in unserer Klasse
unten: weiter unten
unter: unter dem Tisch
der **Unterricht**
der **Urlaub**, die Urlaube

V v

der **Vampir**, die Vampire
die **Vase**, die Vasen
der **Vater**, die Väter
der **Vati**, die Vatis
das **Verb**, die Verben
sie **vergaß** ↗ vergessen
vergessen, ich vergesse, sie vergisst, sie vergaß
sie **vergisst** ↗ vergessen
der **Verkehr**
verlieren, er verliert, er verlor
er **verlor** ↗ verlieren
sie **verstand** ↗ verstehen
das **Versteck**, die Verstecke
verstehen, sie versteht, sie verstand
versuchen, er versucht
viel: viel Geld
vielleicht
vier • vierzehn, vierzig

Vo bis Vu   Wa bis Wa

der **Vogel**, die Vögel
voll: ein volles Glas
vom: vom Morgen bis zum Abend
von: von morgens bis abends
vor: vor der Tür
vorbei
vorher
der **Vormittag**, die Vormittage
vormittags
vorn / vorne: Wir sitzen vorn.
der **Vorname**, die Vornamen
vorsichtig: ein vorsichtiges Kind
(sich) **vorstellen**, sie stellt (sich) vor
der **Vulkan**, die Vulkane

W w

wach: schon früh wach werden
wachsen, ich wachse, er wächst, er wuchs
er **wächst** ↗ wachsen
der **Wagen**, die Wagen
wahr: eine wahre Geschichte
der **Wal**, die Wale
der **Wald**, die Wälder
die **Wand**, die Wände
wandern, sie wandert
wann: Wann kommst du zurück?
er **war** ↗ sein: Er war zu Hause.
es **wäre** ↗ sein: Es wäre schön.
er **warf** ↗ werfen
warm, wärmer: eine warme Stube
die **Wärme**
warten, sie wartet
warum: Warum weinst du?

Wa bis We

was: Was willst du?
waschen, ich wasche, er wäscht, er wusch
er **wäscht** ↗ waschen
das **Wasser**
weg: Sie ist weg.
der **Weg**, die Wege
wegen: wegen ihr
weglaufen, ich laufe weg, sie läuft weg, sie lief weg
wehtun, es tut weh, es tat weh
weich: weicher Stoff
Weihnachten •
der Weihnachtsbaum
weil: Ich esse, weil ich hungrig bin.
weinen, er weint
weiß: weißes Mehl
sie **weiß** ↗ wissen
weit: ein weiter Weg
weiter: und so weiter, nicht weiter schlimm sein
welche, welcher, welches: Welcher Tag ist heute?

We bis Wi

die **Welt**, die Welten
wem: Wem gibst du den Apfel?
wen: Wen hast du gesehen?
wenig: wenig Geld
wenn: Es freut mich, wenn du kommst.
wer: Wer ist da?
werden, ich werde, sie wird, sie wurde, sie ist geworden
werfen, ich werfe, er wirft, er warf
das **Wetter**
wichtig: ein wichtiger Brief
wie: weiß wie Schnee
wieder: hin und wieder, immer wieder
die **Wiege**, die Wiegen •
(sich) wiegen: Es wiegte (sich) hin und her.
wiegen, es wiegt, es wog: Es wog zwei Kilo.
die **Wiese**, die Wiesen
wild: ein wildes Tier

Wi bis Wu

sie **will** ↗ wollen
der **Wind**, die Winde
der **Winter**, die Winter
die **Wippe**, die Wippen
wir: wir sind,
wir beide
sie **wird** ↗ werden
er **wirft** ↗ werfen
wissen, sie weiß,
sie wusste
der **Witz**, die Witze •
witzig
wo: Wo bist du?
die **Woche**, die Wochen •
der Wochentag
sie **wog** ↗ wiegen
wohnen, er wohnt
die **Wohnung**,
die Wohnungen
der **Wolf**, die Wölfe
die **Wolke**, die Wolken
wollen, sie will,
sie wollte
das **Wort**, die Wörter/
Worte: die Wörter im
Heft/mit freundlichen
Worten
er **wuchs** ↗ wachsen
die **Wunde**, die Wunden

Wu bis Wu

der **Wunsch**,
die Wünsche
wünschen,
er wünscht
es **wurde** ↗ werden
der **Würfel**, die Würfel
der **Wurm**, die Würmer
die **Wurst**, die Würste
die **Wurzel**, die Wurzeln
er **wusch** ↗ waschen
sie **wusste** ↗ wissen
die **Wut**
wütend:
wütende Leute

X x

das **Xylofon**,
die Xylofone

Y y

der/das **Yak**, die Yaks
das **Ypsilon**, die Ypsilons

Za bis Ze

Ze bis Zw

Z z

die **Zahl**, die Zahlen
zahlen, sie zahlt
zählen, er zählt
der **Zahn**, die Zähne
die **Zange**, die Zangen
zart: zarte Haut
der **Zauberer**,
  die Zauberer
die **Zauberin**,
  die Zauberinnen
zaubern, sie zaubert
das **Zebra**, die Zebras
der **Zeh**/die Zehe,
  die Zehen
zehn: zehn Jahre
zeichnen,
  er zeichnet
zeigen, sie zeigt
die **Zeit**, die Zeiten
die **Zeitung**,
  die Zeitungen
das **Zelt**, die Zelte
der **Zentimeter**,
  die Zentimeter
der **Zettel**, die Zettel

das **Zeugnis**,
  die Zeugnisse
ziehen, er zieht,
  er zog
das **Zimmer**, die Zimmer
der **Zirkus**, die Zirkusse
die **Zitrone**, die Zitronen
er **zog** ↗ ziehen
der **Zoo**, die Zoos
zu: zu spät, zu viel
der **Zucker**
zuerst
der **Zug**, die Züge
zuletzt
zum: zum Beispiel
die **Zunge**, die Zungen
zur: zur Schule gehen
zurück
zusammen
zwanzig
zwei: zwei Birnen
der **Zweig**, die Zweige
der **Zwerg**, die Zwerge
die **Zwergin**,
  die Zwerginnen
die **Zwiebel**, die Zwiebeln
zwischen: zwischen
  ihnen
zwölf

Wortschatz
für das 3. und 4. Schuljahr

Mit dem Wörterverzeichnis arbeiten 76
Ordnen und Nachschlagen üben 78
Drittes Wörterverzeichnis 86

Mit dem Wörterverzeichnis arbeiten

Den Beginn einer neuen Buchstabenstrecke kannst du leicht erkennen.

In der Buchstabenleiste am Seitenrand ist der Anfangsbuchstabe der Stichwörter auf dieser Seite markiert.

In den blauen Sprechblasen und Kästen findest du Hinweise zum Nachschlagen.

Der Pfeil rät dir, auch an einer anderen Stelle nachzuschlagen.

Die senkrechten Striche zeigen dir, wo du das Wort trennen kannst.

Ist das Stichwort ein Nomen, dann steht davor der bestimmte Artikel.

Nach der Einzahl ist auch die Mehrzahl angegeben.

Die fett gedruckten Stichwörter sind nach dem Abc geordnet.
Wörter mit Ä/ä, Ö/ö, Ü/ü und Äu/äu sind wie Wörter mit A/a, O/o, U/u und Au/au eingeordnet.

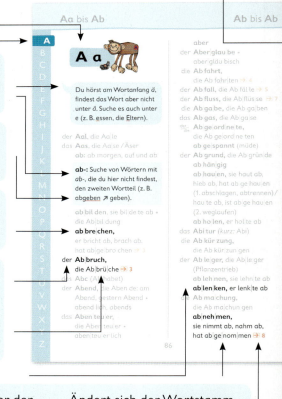

Bei Verben ist außer der Grundform auch eine Personalform angegeben.

Ändert sich der Wortstamm, können auch mehrere Personalformen folgen.

Mit dem Wörterverzeichnis arbeiten

Anhand der Kopfbuchstaben erkennst du auf einen Blick, mit welchen Buchstaben jeweils das erste und das letzte fett gedruckte Stichwort in dieser Spalte beginnt.

Manche Wörter kannst du unterschiedlich schreiben. Nach *auch:* findest du eine andere mögliche Schreibweise.

In anderen Fällen steht zwischen mehreren Möglichkeiten ein Schrägstrich.

Nebenstichwörter findest du nach einem dicken Punkt.

Was das Wort bedeutet, steht in runden Klammern.

Wie das Wort verwendet werden kann, steht hinter einem Doppelpunkt.

Nach *aber:* stehen z. B. gleich klingende Wörter mit anderer Bedeutung und Schreibweise.

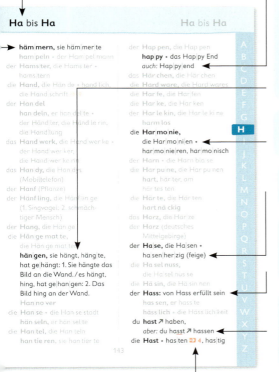

Folgst du diesem Pfeil ins 4. Kapitel, dann findest du weitere Wörter der Wortfamilie.

Folgst du diesem Pfeil ins 4. Kapitel, dann führt er dich zu dem passenden Wortfeld.

Ordnen und Nachschlagen üben

Wenn du das Abc gut kennst, kannst du auch in diesem Wörterverzeichnis alle Stichwörter leicht finden. Die Aufgaben helfen dir beim Üben.
Ⓛ Die Lösungen findest du auf Seite 319.

1 Ⓛ Das kannst du schon: Bei Wörtern mit gleichen Anfangsbuchstaben achtest du beim Ordnen jeweils auf den zweiten Buchstaben. Ist auch dieser bei allen Wörtern gleich, ordnest du sie nach dem dritten Buchstaben – und so weiter. Zeichne eine Tabelle und ordne diese Wörter ein:

da*b*ei, da*r*um, da*f*ür, da*d*urch, da*n*eben, da*v*on, da*m*it, da*h*eim

    a
da *b* ei
    c
da *d* urch
    e
    usw.

2 Ⓛ Achte nun selbst auf den dritten Buchstaben!
Zeichne eine Tabelle und ordne diese Wörter ein:
Backe, Bagger, Bahn, baden, Barren, bald, Bast
Bayern, Banane, Bauer

3 Zeichnet jeweils eine Tabelle und ordnet diese Wörter ein:
Latte, Laden, lachen, lahm, Lack, Lappen, Lager, lang, lassen
Kontrolliert gegenseitig eure Ergebnisse.

4 Ⓛ Welches Wort ist falsch eingeordnet? Schreibe es auf.
Kahn, Kamel, Kanne, Kasse, Kopf, Kupfer, krank, Kreis, Krokus

Ordnen und Nachschlagen üben

5 Ⓛ Welche beiden Wörter sind falsch eingeordnet? Schreibe sie auf.
Quark, quer, passen, Rübe, Rücken, rudern, rufen, rund, ruhig, Rummel, schwarz, schwer

6 Ⓛ Ordne diese Wörter nach dem Abc. Schreibe so: *Bank, ...*
Bank, Batterie, Barsch, Christ, Dame, Deich, Dieb, Dialekt, Fessel, Feuer, Fett, Dynamo

7 Ordnet diese Wörter nach dem Abc. Schreibt so: *Spalt, ...*
Spalt, Weile, Stein, Splitter, Stall, Ware, Wrack, Sprudel, Wiesel, Specht, Streich, Wolle, Stunde
Kontrolliert gegenseitig eure Ergebnisse.

★ Könnt ihr auch diese Wörter nach dem Abc ordnen? Beratet euch und schreibt dann so: *Pflanze, ...*
Pflanze, Schwanz, vorher, pflücken, schwarz, Vorsicht, schwach, Pflaume, schwänzen, voran, Pflicht, Schwall, Vorschlag, Pflock

8 Quizspiel: Wählt gemeinsam einen Buchstaben. Jeder füllt so schnell wie möglich seine Tabelle aus. Wer fertig ist, legt den Stift aus der Hand. Nun darf keiner mehr weiterschreiben. Überprüft eure Ergebnisse. Für jedes richtige Wort gibt es einen Punkt. Spielt mit einem anderen Buchstaben weiter.

Buchstabe	Name	Tier	Land	Pflanze	Punkte
A	Anna	Affe	Argentinien	Ahorn	4

★ Ordnet die Wörter jeder Reihe nach dem Abc: *Affe, ...*

Ordnen und Nachschlagen üben

Arbeite nun mit dem dritten Wörterverzeichnis. Mithilfe der folgenden Übungen lernst du, schnell und erfolgreich nachzuschlagen. Lies aber zuerst die Hinweise auf den Seiten 76 und 77.

9 Ⓛ Nutze die Buchstabenleiste an den Seitenrändern!
Auf welcher Seite stehen die Wörter, die mit *D, Y, E, M, I, T, L, U* anfangen?
Schreibe so: *D* ➔ *Seite 110, …*

10 Ⓛ Nutze auch die Kopfbuchstaben!
Auf welcher Seite steht das erste Wort, das mit *We, Br, Vo, Di, Kl, He, Schw, Ro, Es* anfängt?
Schreibe so: *We* ➔ *S. 236, …*

11 Wie heißt das erste Wort im Wörterverzeichnis, das mit *do, Pr, At, se, Li, Et, oh, Ze, Ch, fl* anfängt?
Schreibt jeweils so: *doch* ➔ *S. 113, …*
Kontrolliert gegenseitig eure Ergebnisse.

12 Sucht gemeinsam! Auf welcher Seite findet ihr diese Wörter?
Verdacht, gegeneinander, berühren, überzeugen, verletzen, Gelände, verzehren, überraschen, Geburt, Behälter, überall
Schreibt so: *Verdacht* ➔ *S. 229, …*

13 Welches fett gedruckte Stichwort steht im Wörterverzeichnis jeweils darüber, welches darunter?
ähnlich, Käufer, Zügel, Flöte, Strähne, Müll, drängen, schnäuzen
Schreibt so: *ahnen – ähnlich – Ahorn, …*
Kontrolliert gegenseitig eure Ergebnisse.

Ordnen und Nachschlagen üben

14 Schlage diese Wörter im Wörterverzeichnis nach:
Bäche, Symbole, Fabriken, Turbinen, Substantive, Eulen, Quellen, Vorräte, Matratzen, Zeugnisse, Termine, Einsätze
Schreibe so: *der Bach, die Bäche* ➜ S. 96, …

15 Zu fünf dieser Nomen gibt es jeweils zwei Mehrzahlformen.
Journalistin, Atlas, Schloss, Etui, Architekt, Pizza, Expedition, Dirigent, Bumerang, Schürze, Paprika, Rosine, Zentrum, Karussell
Schreibe so: *der Atlas, die Atlasse/Atlanten,* …
Kontrolliere mit dem Wörterbuch.

★ Bei welchen drei Nomen sind Einzahl und Mehrzahl gleich? Das Wörterbuch hilft dir!
Sensation, Leiden, Grimasse, Protest, Deckel, Brezel, Ungeheuer

16 Schreibe die Nomen mit den richtigen Artikeln auf:
Zeppelin, Reling, Hockey, Lorbeer, Zylinder, Asphalt, Liter, Watt, Rhabarber, Karamell
Achtung: Bei zwei Nomen gibt es zwei Möglichkeiten!
Kontrolliere mit dem Wörterbuch.

17 Ⓛ Nicht alle Verben mit Wortbausteinen können in diesem Wörterbuch stehen. Suche sie ohne ihre Wortbausteine:
auszählen, wegschmeißen, ankämpfen, einreiben, ausbrüten, einfangen, losrennen, dranbleiben
Schreibe so: *auszählen* ➜ *zählen* ➜ S. 243, …

18 Ⓛ Schlage jeweils die Grundform der Verben nach:
schnitt, kann, ging, empfohlen, aß, wusch, brachte, gesessen, schwieg, gezwungen
Schreibe so: *schnitt* ➜ *schneiden* ➜ S. 202, …

Ordnen und Nachschlagen üben

19 Schlage jeweils die Grundform der Verben nach:
(L) *ausgeritten, entschied, verglich, besprach, maß,
durchlief, erschrocken, vergisst, gekannt, weggeworfen*
Achtung: Drei Verben findest du nur ohne ihre Wortbausteine!
Schreibe so: *ausgeritten* ➔ *reiten* ➔ S. 193, ...

20 Wie heißt die Vergangenheitsform (das Präteritum)
mit „er", „sie" oder „es"?
*liegen, stehlen, winken, gehen, nennen, schimpfen,
wissen, fließen, essen, stehen, schlagen, gießen*
Schreibe so: *liegen – sie lag, ...*
Kontrolliere mit dem Wörterbuch.

21 Wenn man Adjektive steigert, kann sich der Wortstamm ändern.
Diese Formen findet ihr im Wörterbuch bei der Grundstufe.
Sucht jeweils die Grundstufe von:
*größer, am dümmsten, klüger, am schwächsten,
am nächsten, kürzer, gröber, am rötesten, ärmer*
Schreibt so: *größer* ➔ *groß* ➔ S. 141, ...
Kontrolliert gegenseitig eure Ergebnisse.

22 Nicht alle Wörter können fett gedruckte Hauptstichwörter sein.
(L) Wenn du beim Nachschlagen der folgenden Wörter auf ein
ähnlich klingendes Hauptstichwort stößt, beachte auch die
Nebenstichwörter hinter dem dicken Punkt.
*ausnahmsweise, nervös, das Motorrad, eckig,
die Zentrale, pumpen, leidenschaftlich,
die Buchecker, leeren, vergnüglich, salzig*
Schreibe jeweils nur das Hauptstichwort auf: *die Ausnahme, ...*

Ordnen und Nachschlagen üben

23 Schlage diese Nomen nach:

Kratzer, Einbrecherin, Quetschung, Schlagfertigkeit, Bohrung, Lügner, Zwanzigstel, Lotion, Klimawandel

Achtung: Nur eines der Nomen ist ein Hauptstichwort.
Schreibe so: *der Kratzer* ➔ *kratzen* ➔ *S. 161, …*

24 Diese Wörter stehen nicht im Wörterbuch.
Schlagt die Nomen und Adjektive nach, aus denen sie zusammengesetzt sind.

steinhart, Bierglas, Autobatterie, feuerrot, Baggersee, honiggelb, Sahnepudding, Hohlraum, wasserdicht, mausgrau, Flussbett

Schreibt so: *steinhart: der Stein* ➔ *S. 214, hart* ➔ *S. 143, …*
Kontrolliert gegenseitig eure Ergebnisse.

25 Jeweils ein Teil dieser Zusammensetzungen stammt von einem Verb ab. Schlagt die Nomen und Verben jeweils getrennt nach:

Stützpunkt, Bohrmaschine, Haartrockner, Gewichtheber, Messlatte, Dachdecker, Türöffner, Kochrezept, Spardose, Papierflieger

Schreibt so: *Stützpunkt: stützen* ➔ *S. …, der Punkt* ➔ *S. …, …*
Kontrolliert gegenseitig eure Ergebnisse.

26 Schlage diese Verben nach.
Suche dann jeweils ein Verb mit einer ähnlichen Bedeutung.
Folge dabei diesen Pfeilen ➔.

flüstern, vermasseln, sich zanken, schuften, jauchzen, quasseln, gucken, jammern, hasten, schlemmen

Schreibe so: *flüstern – tuscheln, …*

Ordnen und Nachschlagen üben

27 Wo kannst du diese Wörter am Zeilenende trennen?
Petersilie, trainierte, beobachten, Omnibusse, schmackhaft, Gymnastik, Häuptling, natürlich, zusammengesetzt, glitzerte
Schreibe so: *Pe - ter - si - lie, ...*
Kontrolliere mit dem Wörterbuch.

28 Der lange i-Laut wird meist *ie* geschrieben, aber nicht immer. Wie schreibt man den langen i-Laut in diesen Wörtern?
die Industr_, die Masch_ne, die Apfels_ne, das Krokod_l, der Term_n, die Batter_, der Sk_, das Foss_l, die Mus_k
Kontrolliere mit dem Wörterbuch.

29 Wie schreibt man den s-Laut in diesen Wörtern?
Ergänze *s, ss* oder *ß*.
das Gra_, das Verzeichni_, der Spa_, der Bu_, blo_, na_, der Fu_ball, wi_en, rau_, der Kroku_, das Fa_, au_en
Kontrolliere mit dem Wörterbuch.

30 Was stimmt? Überprüft die Aussagen mithilfe des Wörterbuchs. Schreibt die richtigen Sätze auf.
Der Meißel ist ein Werkzeug.
Die Lärche ist ein Vogel.
Eine Ballerina spielt besonders gerne Ball.
Zum Ellenbogen kann man auch Ellbogen sagen.
Die Kiefer ist ein Schädelknochen.
"Emsig" ist ein anderes Wort für "fleißig".
In einem Kuvert kannst du Briefe verschicken.
Ein Weiher ist ein großer, tiefer See.

★ Denkt euch selbst mithilfe des Wörterbuchs weitere Fragen aus und stellt sie euch gegenseitig.

Ordnen und Nachschlagen üben

Manche Wörter sind nicht so leicht zu finden wie andere. Das kann daran liegen, dass sie anders geschrieben werden, als du zunächst meinst.
Diese Wörter musst du an verschiedenen Stellen im Wörterverzeichnis suchen.

31 V oder W? Schlage die Wörter nach und schreibe sie auf.
_erb, _espe, _ideo, _ioline, _urm, _aage,
_itamin, _eizen, _ulkan, _okal, _aggon

32 V oder F? Schlage die Wörter nach und schreibe sie auf.
_ogel, _ieh, _inale, _antasie, _iertel,
_iereck, _olie, _undament, _etter, _ossil

33 C, Ch oder K? Schreibe zuerst die vollständigen Wörter auf.
_lown, _ouch, _andis, _ristin, _apitel,
_arakter, _ritik, _onferenz, _owboy, _omic
Überprüfe anschließend deine Entscheidung
mithilfe des Wörterbuchs.

34 Ch, Sh oder Sch? Schlage die Wörter nach und schreibe sie auf.
_effin, _ikane, _ance, _aschlik, _eriff,
_ock, _ampignon, _ablone, _ow

35 Welche Buchstaben musst du ergänzen? e oder ä? eu oder äu?
ich l_te, es d_mmert, d_tlich, das M_dchen, es f_llt hin,
der H_ngst, das F_ld, die L_te, der H_ld, du h_ngst,
die W_spe, sie h_lt fest
Überprüfe anschließend deine Entscheidung
mithilfe des Wörterbuchs.

Aa bis Ab

A a

Du hörst am Wortanfang ä, findest das Wort aber nicht unter ä. Suche es auch unter e (z. B. essen, die Eltern).

der **Aal**, die Aa|le
das **Aas**, die Aa|se / Äser
ab: ab morgen, auf und ab

ab-: Suche von Wörtern mit *ab-*, die du hier nicht findest, den zweiten Wortteil (z. B. abgeben ↗ geben).

ab|bil|den, sie bil|de|te ab •
die Ab|bil|dung
ab|bre|chen,
er bricht ab, brach ab,
hat ab|ge|bro|chen ➔ 3
der **Ab|bruch,**
die Ab|brü|che ➔ 3
das **Abc** (Alphabet)
der **Abend,** die Aben|de: am Abend, gestern Abend •
abend|lich, abends
das **Aben|teu|er,**
die Aben|teu|er •
aben|teu|er|lich

Ab bis Ab

aber
der **Aber|glau|be** •
aber|gläu|bisch
die **Ab|fahrt,**
die Ab|fahr|ten ➔ 4
der **Ab|fall,** die Ab|fäl|le ➔ 5
der **Ab|fluss,** die Ab|flüs|se ➔ 7
die **Ab|ga|be,** die Ab|ga|ben
das **Ab|gas,** die Ab|ga|se
der/die **Ab|ge|ord|ne|te,**
die Ab|ge|ord|ne|ten
ab|ge|spannt (müde)
der **Ab|grund,** die Ab|grün|de
ab|hän|gig
ab|hau|en, sie haut ab,
hieb ab, hat ab|ge|hau|en
(1. abschlagen, abtrennen) /
hau|te ab, ist ab|ge|hau|en
(2. weglaufen)
ab|ho|len, er hol|te ab
das **Abi|tur** (*kurz:* Abi)
die **Ab|kür|zung,**
die Ab|kür|zun|gen
der **Ab|le|ger,** die Ab|le|ger
(Pflanzentrieb)
ab|leh|nen, sie lehn|te ab
ab|len|ken, er lenk|te ab
die **Ab|ma|chung,**
die Ab|ma|chun|gen
ab|neh|men,
sie nimmt ab, nahm ab,
hat ab|ge|nom|men ➔ 8

Ab bis Ab   Ab bis Ac

das **Abon|ne|ment** (*kurz:* Abo), die Abon|ne|ments • abon|nie|ren
ab|rei|ßen, er reißt ab, riss ab, hat ab|ge|ris|sen ➔ 10
der **Ab|satz,** die Ab|sät|ze ➔ 11
ab|scheu|lich
der **Ab|schied,** die Ab|schie|de
ab|schlie|ßen, sie schließt ab, schloss ab, hat ab|ge|schlos|sen
der **Ab|schluss,** die Ab|schlüs|se
ab|schnei|den, er schnei|det ab, schnitt ab, hat ab|ge|schnit|ten
der **Ab|schnitt,** die Ab|schnit|te
ab|schrei|ben, sie schreibt ab, schrieb ab, hat ab|ge|schrie|ben ➔ 9
die **Ab|schrift,** die Ab|schrif|ten ➔ 9
ab|seits: abseits stehen, *aber:* im Abseits stehen
ab|set|zen, er setz|te ab ➔ 11
die **Ab|sicht,** die Ab|sich|ten • **ab|sicht|lich** ➔ 10
ab|so|lut
ab|stam|men, sie stamm|te ab • die Ab|stam|mung
der **Ab|stand,** die Ab|stän|de ➔ 13
ab|stim|men, er stimm|te ab • die Ab|stim|mung

das **Ab|teil,** die Ab|tei|le
ab|wärts (hinunter)
der **Ab|wasch**
ab|wech|selnd
die **Ab|wehr**
ab|we|send
das **Ab|zei|chen,** die Ab|zei|chen
ab|zie|hen, es zieht ab, zog ab, hat ab|ge|zo|gen ➔ 15
der **Ab|zug,** die Ab|zü|ge ➔ 15
ach!: Ach, wie traurig!
die **Ach|se,** die Ach|sen
die **Ach|sel,** die Ach|seln
acht: um halb acht, acht mal fünf, *aber:* ↗ achtmal treffen
die **Acht,** die Ach|ten (Ziffer 8): eine Acht schreiben
die **Acht:** Acht geben *auch:* ↗ achtgeben; sich in Acht nehmen
ach|ten, sie ach|te|te • acht|sam, die Ach|tung
acht|ge|ben *auch:* ↗ Acht geben, er gibt acht, gab acht, hat acht|ge|ge|ben
acht|mal: achtmal treffen, *aber:* ↗ acht mal fünf
acht|zehn
acht|zig
der **Acker,** die Äcker • der Acker|bau ➔ 1, ackern ➔ 1

Ad bis Ak

ad|die|ren, sie ad|dier|te •
die Ad|di|ti|on
die **Ader**, die Adern
das **Ad|jek|tiv**, die Ad|jek|ti|ve
(Eigenschaftswort, Wiewort)
der **Ad|ler**, die Ad|ler
(Greifvogel)
adop|tie|ren: Er adoptierte
ein Kind. • die Adop|ti|on
die **Ad|res|se**, die Ad|res|sen •
ad|res|sier|en
der **Ad|vent** • der Ad|vents|kranz
der **Af|fe**, die Af|fen
Af|ri|ka • der Af|ri|ka|ner, die
Af|ri|ka|ne|rin, af|ri|ka|nisch
ag|gres|siv (angriffslustig)
ah|nen, sie ahn|te •
die Ah|nung, ah|nungs|los
ähn|lich • die Ähn|lich|keit
der **Ahorn**, die Ahor|ne
(Laubbaum)
die **Äh|re**, die Äh|ren,
aber: die ↗ Ehre
das **Aids** • aids|krank
der **Air|bag**, die Air|bags
das **Ak|kor|de|on**,
die Ak|kor|de|ons
der **Ak|ku** (*kurz für:* Akkumulator), die Ak|kus:
Der Akku ist leer.
der **Ak|ku|sa|tiv** (Wenfall oder
Wasfall – 4. Fall)

Ak bis Al

die **Ak|ne** (Hautkrankheit)
der **Ak|ro|bat**, die Ak|ro|ba|ten
die **Ak|ro|ba|tin**,
die Ak|ro|ba|tin|nen
die **Ak|te**, die Ak|ten
die **Ak|ti|on**, die Ak|ti|o|nen
ak|tiv • die Ak|ti|vi|tät
ak|tu|ell: aktuelle Themen
akus|tisch: Ein Klingelton ist
ein akustisches Signal.
akut: eine akute Erkrankung
ak|zep|tie|ren: Er akzeptierte ihre Entschuldigung.
der **Alarm**, die Alar|me •
alar|mie|ren
Al|ba|ni|en • al|ba|nisch
al|bern
der **Alb|traum** *auch:* ↗ Alptraum, die Alb|träu|me
das **Al|bum**, die Al|ben
(Fotoalbum, Stickeralbum)
die **Al|ge**, die Al|gen
(blütenlose Wasserpflanze)
das **Ali|bi**, die Ali|bis
der **Al|ko|hol**, die Al|ko|ho|le •
al|ko|hol|frei
das **All** (Weltraum)
Al|lah: zu Allah beten
al|le, al|les: alle beide,
alles Gute wünschen
die **Al|lee**, die Al|le|en
(Baumreihe)

Al bis Am

al|lein
der/die Al|lein|er|zie|hen|de,
die Al|lein|er|zie|hen|den ➔ 15
al|ler|bes|te: etwas am
allerbesten können
al|ler|dings
die Al|ler|gie, die Al|ler|gi|en •
al|ler|gisch (überempfindlich)
al|ler|hand
Al|ler|hei|li|gen
al|ler|lei
all|ge|mein
all|mäh|lich
der All|tag, die All|ta|ge •
all|täg|lich
all|zu: allzu sehr
die Al|pen (Hochgebirge)
das Al|pha|bet, die Al|pha|be|te •
al|pha|be|tisch
der Alp|traum auch: ↗ Alb-
traum, die Alp|träu|me
als
al|so
alt, äl|ter, am äl|tes|ten •
der/die Al|te, das Al|ter
der Alt • die Alt|flö|te,
die Alt|stim|me
der Al|tar, die Al|tä|re
al|ter|na|tiv •
die Al|ter|na|ti|ve
die Alu|fo|lie, die Alu|fo|li|en •
am (an dem): am Fenster

Am bis An

der Ama|teur, die Ama|teu|re
die Ama|teu|rin,
die Ama|teu|rin|nen
die Amei|se, die Amei|sen
Ame|ri|ka •
der Ame|ri|ka|ner,
die Ame|ri|ka|ne|rin,
ame|ri|ka|nisch
die Am|pel, die Am|peln
die Am|sel, die Am|seln
das Amt, die Äm|ter
(sich) amü|sie|ren,
sie amü|sier|te (sich)
an: an der Leine

an-: Suche von Wörtern mit
an-, die du hier nicht findest,
den zweiten Wortteil (z. B.
anleiten ↗ leiten).

die Ana|nas, die Ana|nas /
Ana|nas|se
der An|bau, die An|bau|ten ➔ 1
an|bau|en, er bau|te an ➔ 1
an|bie|ten, sie bie|tet an,
bot an, hat an|ge|bo|ten
die An|dacht, die An|dach|ten •
an|däch|tig
das An|den|ken, die An|den|ken
an|de|re, an|de|rer,
an|de|res: kein anderer
än|dern, es än|der|te •
die Än|de|rung

An bis An

an|ders: ganz anders sein
an|dert|halb
An|dor|ra • an|dor|ra|nisch
der An|drang
an|ei|nan|der
an|ei|nan|der|ge|ra|ten: Sie gerieten aneinander. ➡ 8
die An|er|ken|nung, die An|er|ken|nun|gen
der An|fall, die An|fäl|le ➡ 5
der An|fang, die An|fän|ge
an|fan|gen, er fängt an, fing an, hat an|ge|fan|gen • der An|fän|ger, die An|fän|ge|rin
an|fangs
an|fas|sen, sie fass|te an
an|feu|ern, er feu|er|te an
das An|füh|rungs|zei|chen, die An|füh|rungs|zei|chen
an|ge|ben, es gibt an, gab an, hat an|ge|ge|ben • der An|ge|ber, die An|ge|be|rin, an|ge|be|risch, an|geb|lich
das An|ge|bot, die An|ge|bo|te
der/die An|ge|hö|ri|ge, die An|ge|hö|ri|gen
die An|gel, die An|geln • an|geln, der Ang|ler, die Ang|le|rin
an|ge|nehm ➡ 8
der/die An|ge|stell|te, die An|ge|stell|ten

an|ge|wöh|nen, sie ge|wöhn|te an
die An|ge|wohn|heit, die An|ge|wohn|hei|ten
die An|gi|na (Krankheit)
an|grei|fen, er greift an, griff an, hat an|ge|grif|fen
der An|griff, die An|grif|fe
die Angst, die Ängs|te: Ich habe Angst.
ängst|lich
an|hal|ten, sie hält an, hielt an, hat an|ge|hal|ten
der An|hän|ger, die An|hän|ger
an|häng|lich: Der Hund ist sehr anhänglich.
der An|ker, die An|ker
an|kli|cken: Er klickte mit der rechten Maustaste das Bild an.
an|kom|men, es kommt an, kam an, ist an|ge|kom|men • die ↗ Ankunft
an|kreu|zen, sie kreuz|te an
die An|kunft, die An|künf|te
der An|lass, die An|läs|se • an|läss|lich
der An|lauf, die An|läu|fe
an|leh|nen, er lehn|te an • die An|leh|nung
die An|mel|dung, die An|mel|dun|gen

an|neh|men,
sie nimmt an, nahm an,
hat an|ge|nom|men ➜ 8
die An|non|ce, die An|non|cen
(Zeitungsanzeige) •
an|non|cie|ren
der Ano|rak, die Ano|raks
an|pa|cken, er pack|te an
an|ru|fen, sie ruft an, rief an,
hat an|ge|ru|fen
ans (an das): ans Meer fahren
an|schau|en, er schau|te
an ➜ 7 • die An|schau|ung
an|schei|nend
an|schlie|ßend (danach)
an|schnal|len,
sie schnall|te an
die An|schrift, die An|schrif|ten
(Adresse) ➜ 9
die An|sicht, die An|sich|ten ➜ 10
die An|spra|che,
die An|spra|chen ➜ 12
an|spre|chen, er spricht
an, sprach an, hat
an|ge|spro|chen ➜ 12
der An|spruch, die An|sprü|che •
an|spruchs|voll ➜ 12
der An|stand • an|stän|dig ➜ 13
an|statt
an|ste|cken, sie steck|te an
an|ste|ckend, der An|ste|cker
(Button), die An|ste|ckung

(sich) an|stel|len, er stell|te
(sich) an • die An|stel|lung
der An|stoß, die An|stö|ße:
an etwas Anstoß nehmen
(sich) an|stren|gen, sie streng|te
(sich) an • an|stren|gend,
die An|stren|gung
die Ant|ark|tis (Gebiet rings
um den Südpol)
der An|teil, die An|tei|le
die An|ten|ne, die An|ten|nen
an|tik • die An|ti|ke
der An|trag, die An|trä|ge ➜ 14
die Ant|wort, die Ant|wor|ten •
ant|wor|ten ➜ 6
der An|walt, die An|wäl|te
die An|wäl|tin,
die An|wäl|tin|nen
an|we|send
die An|zahl
die An|zei|ge, die An|zei|gen:
eine Anzeige aufgeben
an|zie|hen, er zieht an, zog
an, hat an|ge|zo|gen ➜ 15
der An|zug, die An|zü|ge ➜ 15
an|zün|den, sie zün|de|te an
der Ap|fel, die Äp|fel
die Ap|fel|si|ne, die Ap|fel|si|nen
die Apo|the|ke, die Apo|the|ken
die/das App (kurz für: Applikation),
die Apps: eine App herunter-
laden

Ap bis Ar — Ar bis As

der **Ap|pa|rat,** die Ap|pa|ra|te
der **Ap|pe|tit** • ap|pe|tit|lich
ap|plau|die|ren,
er ap|plau|dier|te
der **Ap|plaus** (Beifall)
die **Ap|ri|ko|se,** die Ap|ri|ko|sen
der **Ap|ril** • der Ap|ril|scherz
das **Aqua|ri|um,** die Aqua|ri|en
der **Äqua|tor** (gedachte Linie, die die Erde in Nord- und Südhalbkugel teilt)
die **Ar|beit,** die Ar|bei|ten • ar|bei|ten ➡ 1, der Ar|bei|ter, die Ar|bei|te|rin, ar|beits|los
der **Ar|chi|tekt,** die Ar|chi|tek|ten
die **Ar|chi|tek|tin,** die Ar|chi|tek|tin|nen
das **Ar|chiv,** die Ar|chi|ve
arg, är|ger, am ärgs|ten • arg|los, der Arg|wohn
der **Är|ger** • är|ger|lich
(sich) **är|gern,** sie är|ger|te (sich)
das **Ar|gu|ment,** die Ar|gu|men|te • ar|gu|men|tie|ren
die **Ark|tis** (Gebiet rings um den Nordpol)
arm, är|mer, am ärms|ten • die Ar|mut
der **Arm,** die Ar|me
die **Ar|mee,** die Ar|me|en
der **Är|mel,** die Är|mel

das **Aro|ma,** die Aro|men • aro|ma|tisch
ar|ro|gant (herablassend)
die **Art,** die Ar|ten: die Art und Weise • art|ge|recht
ar|tig (brav)
der **Ar|ti|kel,** die Ar|ti|kel
der **Ar|tist,** die Ar|tis|ten
die **Ar|tis|tin,** die Ar|tis|tin|nen
die **Arz|nei,** die Arz|nei|en
der **Arzt,** die Ärz|te
die **Ärz|tin,** die Ärz|tin|nen
die **Asche,** die Aschen • der Ascher|mitt|woch
der **Asi|at,** die Asi|a|ten
die **Asi|a|tin,** die Asi|a|tin|nen
asi|a|tisch
Asi|en
der **As|phalt,** die As|phal|te (Straßenbelag) • as|phal|tie|ren
sie **aß** ↗ essen
das **Ass,** die As|se (1. Spielkarte; 2. Beste(r) im Sport; 3. Schlag beim Tennis)
der **As|sis|tent,** die As|sis|ten|ten
die **As|sis|ten|tin,** die As|sis|ten|tin|nen
der **Ast,** die Äs|te
die **As|ter,** die As|tern (Blume)
das **Asth|ma** (Atemnot)

As bis Au

der **As|tro|naut,**
  die As|tro|nau|ten
die **As|tro|nau|tin,**
  die As|tro|nau|tin|nen
das **Asyl** • asyl|be|rech|tigt
der **Atem** • atem|los
der **Ath|let,** die Ath|le|ten
die **Ath|le|tin,** die Ath|le|tin|nen
der **At|lan|tik** (Ozean)
der **At|las,** die At|las|se / At|lan|ten
  at|men, er at|me|te
die **At|mo|sphä|re,**
  die At|mo|sphä|ren
das **Atom,** die Ato|me
ätsch!
das **At|test,** die At|tes|te
die **At|trak|ti|on,**
  die At|trak|ti|o|nen •
  at|trak|tiv (verlockend)
ät|zend
die **Au|ber|gi|ne,**
  die Au|ber|gi|nen (Gemüse)
auch
auf: auf dem Berg, auf
einmal, auf und ab gehen,
aber: das Auf und Ab

auf-: Suche von Wörtern mit
auf-, die du hier nicht findest,
den zweiten Wortteil (z. B.
aufdrehen ↗ drehen).

auf|ei|nan|der

Au bis Au

der **Auf|ent|halt,**
  die Auf|ent|hal|te
auf|fal|len, sie fällt auf, fiel
auf, ist auf|ge|fal|len •
auf|fal|lend, auf|fäl|lig ➡ 5
auf|fas|sen, er fass|te auf •
die Auf|fas|sung
auf|for|dern, sie for|der|te
auf ↗ 6 • die Auf|for|de|rung
die **Auf|ga|be,** die Auf|ga|ben
auf|ge|regt
auf|grund *auch:*
auf ↗ Grund
auf|hän|gen, er häng|te auf •
der Auf|hän|ger
auf|hö|ren, sie hör|te auf
auf|klä|ren, er klär|te auf •
die Auf|klä|rung
der **Auf|kle|ber,** die Auf|kle|ber
auf|merk|sam •
die Auf|merk|sam|keit
die **Auf|nah|me,**
  die Auf|nah|men ➡ 8
auf|pas|sen, sie pass|te auf
der **Auf|prall,** die Auf|pral|le
auf|pral|len, er prall|te auf
auf|räu|men, sie räum|te auf
auf|recht
(sich) **auf|re|gen,** er reg|te
(sich) auf • auf|re|gend,
die Auf|re|gung
auf|rich|tig (ehrlich)

Au bis Au

der **Auf|satz,**
  die Auf|sät|ze ➔ 11
der **Auf|schnitt**
die **Auf|sicht,**
  die Auf|sich|ten ➔ 10
auf|ste|hen,
  es steht auf, stand auf,
  ist auf|ge|stan|den ➔ 13
auf|stel|len, sie stell|te auf
der **Auf|trag,**
  die Auf|trä|ge ➔ 14
auf|tre|ten, er tritt auf, trat
  auf, hat/ist auf|ge|tre|ten
der **Auf|tritt,** die Auf|trit|te
auf|wa|chen, sie wach|te auf
der **Auf|wand** • auf|wän|dig
  auch: ↗ aufwendig
auf|wärts
auf|we|cken, es weck|te auf
auf|wen|den, er wen|det
  auf, wen|de|te/wand|te auf,
  hat auf|ge|wen|det/
  auf|ge|wandt • auf|wen|dig
  auch: ↗ aufwändig
der **Auf|zug,** die Auf|zü|ge ➔ 15
das **Au|ge,** die Au|gen
der **Au|gen|blick,**
  die Au|gen|bli|cke
die **Au|gen|braue,**
  die Au|gen|brau|en
das **Au|gen|lid,** die Au|gen|li|der
der **Au|gust**

die **Au|la,** die Au|len/Au|las
  (Festsaal)
aus: aus Schwerin kommen

aus-: Suche von Wörtern
mit *aus-*, die du hier nicht
findest, den zweiten Wortteil
(z. B. die Aus|hilfe ↗ Hilfe).

aus|bes|sern,
  sie bes|ser|te aus
aus|bil|den, er bil|de|te
  aus • die Aus|bil|dung
aus|brei|ten, sie brei|te|te
  aus • die Aus|brei|tung
die **Aus|dau|er** • aus|dau|ernd
aus|deh|nen, er dehn|te
  aus • die Aus|deh|nung
der **Aus|druck,** die Aus|dru|cke •
  aus|dru|cken: Er druckte
  den Text aus.
der **Aus|druck,** die Aus|drü|cke •
  (sich) aus|drü|cken,
  aus|drück|lich
aus|ei|nan|der
(sich) **aus|ei|nan|der|set|zen:**
  Sie hat ihm ihren Plan
  auseinandergesetzt.
aus|flip|pen, es flipp|te aus
der **Aus|flug,** die Aus|flü|ge
aus|führ|lich
die **Aus|ga|be,** die Aus|ga|ben
der **Aus|gang,** die Aus|gän|ge

Au bis Au

aus|ge|ben, er gibt aus,
gab aus, hat aus|ge|ge|ben
aus|ge|hen, sie geht aus,
ging aus, ist aus|ge|gan|gen
aus|ge|rech|net
aus|ge|spro|chen ➔ 12
aus|ge|zeich|net
aus|gie|big
der Aus|gleich, die Aus|glei|che
aus|hän|di|gen,
er hän|dig|te aus ➔ 3
aus|he|cken, sie heck|te aus
die Aus|kunft, die Aus|künf|te
aus|la|chen,
er lach|te aus ➔ 5
das Aus|land • der Aus|län|der,
die Aus|län|de|rin,
aus|län|disch
sich aus|log|gen,
sie logg|te sich aus
die Aus|nah|me,
die Aus|nah|men •
aus|nahms|wei|se ➔ 8
der Aus|puff, die Aus|puf|fe
die Aus|re|de, die Aus|re|den
aus|rei|chend
aus|rei|ßen, er reißt aus,
riss aus, hat aus|ge|ris|sen
(1. entfernen) / ist
aus|ge|ris|sen (2. weglaufen)
das Aus|ru|fe|zei|chen,
die Aus|ru|fe|zei|chen

die Aus|sa|ge, die Aus|sa|gen
aus|schließ|lich (nur)
aus|se|hen,
sie sieht aus, sah aus,
hat aus|ge|se|hen ➔ 10
au|ßen: nach außen hin
au|ßer
au|ßer|dem
au|ßer|halb
äu|ßer|lich
(sich) äu|ßern, er äu|ßer|te
(sich) ➔ 6 • die Äu|ße|rung
au|ßer|or|dent|lich
äu|ßerst
die Aus|sicht, die Aus|sich|ten •
aus|sichts|los ➔ 10
die Aus|spra|che,
die Aus|spra|chen ➔ 12
(sich) aus|spre|chen,
sie spricht (sich) aus,
sprach (sich) aus, hat (sich)
aus|ge|spro|chen ➔ 6 ➔ 12
aus|stel|len, er stell|te aus •
die Aus|stel|lung
Aus|tra|li|en •
der Aus|tra|li|er, die
Aus|tra|li|e|rin, aus|tra|lisch
die Aus|wahl
aus|wäh|len, sie wähl|te aus
aus|wärts
der Aus|weg, die Aus|we|ge
der Aus|weis, die Aus|wei|se

(sich) **aus|wei|sen,** er weist (sich)
aus, wies (sich) aus,
hat (sich) aus|ge|wie|sen
aus|wen|dig
aus|zeich|nen,
sie zeich|ne|te aus •
die Aus|zeich|nung
der/die **Aus|zu|bil|den|de,**
die Aus|zu|bil|den|den
das **Au|to,** die Au|tos:
Er fährt gerne Auto. •
die Au|to|bahn
das **Au|to|gramm,**
die Au|to|gram|me
der **Au|to|mat,**
die Au|to|ma|ten •
au|to|ma|tisch
der **Au|tor,** die Au|to|ren
die **Au|to|rin,** die Au|to|rin|nen
autsch!
die **Avo|ca|do,** die Avo|ca|dos
(Frucht)
die **Axt,** die Äx|te
der/die **Azu|bi** (*kurz für:* Auszubildende), die Azu|bis

B b

das **Ba|by,** die Ba|bys •
der Ba|by|sit|ter,
die Ba|by|sit|te|rin
der **Bach,** die Bä|che
die **Ba|cke,** die Ba|cken
ba|cken, er bäckt/backt,
back|te/buk, hat ge|ba|cken
der **Bä|cker,** die Bä|cker
die **Bä|cke|rei,** Bä|cke|rei|en
die **Bä|cke|rin,** die Bä|cke|rin|nen
er **bäckt** ↗ backen
das **Bad,** die Bä|der
ba|den, sie ba|de|te
Ba|den-Würt|tem|berg •
ba|den-würt|tem|ber|gisch
der **Bag|ger,** die Bag|ger •
bag|gern
das **Ba|guette,** die Ba|guettes
(Stangenweißbrot)
bäh!
die **Bahn,** die Bah|nen •
der Bahn|hof, der Bahn|steig
die **Bak|te|rie,** die Bak|te|ri|en
(einzelliges Lebewesen)
die **Ba|lan|ce** (Gleichgewicht) •
ba|lan|cie|ren
bald

Ba bis Ba

sich **bal|gen**, er balg|te sich
➡ 8 • die Bal|ge|rei
der **Bal|ken**, die Bal|ken
der **Bal|kon**, die Bal|kons /
Bal|ko|ne
der **Ball**, die Bäl|le
(1. Spielzeug; 2. Fest)
die **Bal|la|de**, die Bal|la|den
(1. Gedicht; 2. Lied)
die **Bal|le|ri|na**, die Bal|le|ri|nen
(Balletttänzerin)
das **Bal|lett**, die Bal|let|te
der **Bal|lon**, die Bal|lons /
Bal|lo|ne
der **Bam|bus**, die Bam|bus|se
die **Ba|na|ne**, die Ba|na|nen
er **band** ↗ binden
das **Band**, die Bän|der ➡ 2
der **Band**, die Bän|de (Buch) ➡ 2
die **Band**, die Bands
(Musikgruppe)
die **Ban|da|ge**, die Ban|da|gen
(fester Verband) •
ban|da|gie|ren ➡ 2
die **Ban|de**, die Ban|den ➡ 2
bän|di|gen, sie bän|dig|te ➡ 2
ban|ge (ängstlich)
die **Bank**, die Bän|ke (Sitzbank)
die **Bank**, die Ban|ken •
der Bank|au|to|mat
(kurz: Bankomat)
bar • das Bar|geld

die **Bar**, die Bars
der **Bär**, die Bä|ren
die **Ba|ra|cke**, die Ba|ra|cken
bar|fuß
sie **barg** ↗ bergen
barm|her|zig •
die Barm|her|zig|keit
die **Bar-Miz|wa**
das **Ba|ro|me|ter**,
die Ba|ro|me|ter
(Luftdruckmesser)
der **Bar|ren**, die Bar|ren
die **Bar|ri|e|re**, die Bar|ri|e|ren •
bar|ri|e|re|frei
der **Barsch**, die Bar|sche (Fisch)
der **Bart**, die Bär|te
der **Ba|sar**, die Ba|sa|re (Markt)
das **Ba|si|li|kum**
der **Bas|ket|ball**,
die Bas|ket|bäl|le
der **Bass**, die Bäs|se •
die Bass|gi|tar|re,
die Bass|stim|me
der **Bast**, die Bas|te
bas|teln, er bas|tel|te
sie **bat** ↗ bitten
die **Bat|te|rie**, die Bat|te|ri|en
der **Bau**, die Bau|ten
(1. Gebäude) / Baue
(2. Höhle, Stollen) ➡ 1
der **Bauch**, die Bäu|che
bau|en, sie bau|te ➡ 1

Ba bis Be

der/das **Bau|er,** die Bau|er
(Vogelkäfig) ➔ 1
der **Bau|er,** die Bau|ern ➔ 1
die **Bäu|e|rin,**
die Bäu|e|rin|nen ➔ 1
bau|fäl|lig ➔ 1, 5
der **Baum,** die Bäu|me
bau|meln, er bau|mel|te
bay|e|risch / **bay|risch**
Bay|ern
der **Ba|zil|lus,** die Ba|zil|len
(Bakterienart, die oft
Krankheiten auslöst)

be-: Suche von Wörtern mit *be-*, die du hier nicht findest, den zweiten Wortteil (z. B. beschimpfen ➚ schimpfen).

be|ach|ten, sie be|ach|te|te •
be|acht|lich, die Be|ach|tung
der **Bea|mer,** die Bea|mer
der **Be|am|te,** die Be|am|ten
die **Be|am|tin,** die Be|am|tin|nen
be|an|tra|gen,
er be|an|trag|te ➔ 14
be|ben: Die Erde bebte. •
das Be|ben
der **Be|cher,** die Be|cher
das **Be|cken,** die Be|cken
sich **be|dan|ken,**
er be|dank|te sich
der **Be|darf**

Be bis Be

be|dau|er|lich
be|dau|ern,
sie be|dau|er|te
be|deu|ten, es be|deu|te|te •
be|deu|tend, die Be|deu|tung
be|die|nen, er be|dien|te •
die Be|die|nung
die **Be|din|gung,**
die Be|din|gun|gen
be|dro|hen, sie be|droh|te •
be|droh|lich,
die Be|dro|hung
das **Be|dürf|nis,**
die Be|dürf|nis|se,
be|dürf|tig
sich **be|ei|len,** er be|eil|te sich
be|ein|dru|cken,
sie be|ein|druck|te •
be|ein|dru|ckend,
be|ein|druckt
be|ein|flus|sen,
er be|ein|fluss|te ➔ 7
be|en|den, sie be|en|de|te
be|er|di|gen,
er be|er|dig|te •
die Be|er|di|gung
die **Bee|re,** die Bee|ren
das **Beet,** die Bee|te
sie **be|fahl** ➚ befehlen
be|fahr|bar ➔ 4
sie **be|fand** (sich) ➚ befinden
der **Be|fehl,** die Be|feh|le

Be bis Be

be|feh|len, sie be|fiehlt, be|fahl, hat be|foh|len ➡ 6
be|fes|ti|gen, er be|fes|tig|te •
die Be|fes|ti|gung
sie be|fiehlt ↗ befehlen
(sich) be|fin|den, sie be|fin|det (sich), be|fand (sich), hat (sich) be|fun|den
be|foh|len ↗ befehlen
be|för|dern, er be|för|der|te •
die Be|för|de|rung
be|frei|en, sie be|frei|te •
die Be|frei|ung
be|frie|di|gend
be|fruch|ten, er be|fruch|te|te •
die Be|fruch|tung
der Be|fund, die Be|fun|de
be|fun|den ↗ befinden
be|gabt • die Be|ga|bung
sie be|gann ↗ beginnen
be|geg|nen, sie ist be|geg|net •
die Be|geg|nung
(sich) be|geis|tern, er be|geis|ter|te (sich) • be|geis|tert,
die Be|geis|te|rung
der Be|ginn
be|gin|nen, sie be|ginnt, be|gann, hat be|gon|nen
be|glei|ten, er be|glei|te|te •
die Be|glei|tung

be|glück|wün|schen, sie be|glück|wünsch|te
be|gon|nen ↗ beginnen
das Be|gräb|nis, die Be|gräb|nis|se
be|grei|fen, er be|greift, be|griff, hat be|grif|fen
er be|griff ↗ begreifen
der Be|griff, die Be|grif|fe
be|grif|fen ↗ begreifen
be|grün|den, sie be|grün|de|te •
die Be|grün|dung
be|grü|ßen, er be|grüß|te •
die Be|grü|ßung
be|hag|lich
sie be|hält ↗ behalten
be|hal|ten, sie be|hält, be|hielt, hat be|hal|ten
der Be|häl|ter, die Be|häl|ter
be|han|deln, er be|han|del|te •
die Be|hand|lung
be|harr|lich
be|haup|ten, sie be|haup|te|te ➡ 6 •
die Be|haup|tung
die Be|hau|sung, die Be|hau|sun|gen
(sich) be|herr|schen, er be|herrsch|te (sich) •
die Be|herr|schung

be|herzt (unerschrocken)
sie be|hielt ↗ behalten
be|hilf|lich
be|hin|dern,
sie be|hin|der|te •
die Be|hin|de|rung
die Be|hör|de, die Be|hör|den
be|hut|sam
bei
die Beich|te, die Beich|ten
beich|ten, er beich|te|te
bei|de: mit beiden Händen,
alle beide, diese beiden
bei|ei|nan|der
der Bei|fall • bei|fäl|lig ➡ 5
das Beil, die Bei|le
bei|le|gen, sie leg|te bei
beim (bei dem): beim Haus
das Bein, die Bei|ne
bei|nah / bei|na|he (fast)
bei|sam|men
bei|sei|te: Spaß beiseite!
das Bei|spiel, die Bei|spie|le:
zum Beispiel (z. B.)
bei|ßen, er beißt, biss,
hat ge|bis|sen
der Bei|trag, die Bei|trä|ge
er be|kam ↗ bekommen
be|kannt • der/die
Be|kann|te, be|kannt|lich,
die Be|kannt|ma|chung,
die Be|kannt|schaft

das Be|kennt|nis,
die Be|kennt|nis|se
be|klei|den, sie be|klei|de|te •
die Be|klei|dung
be|kom|men, er be|kommt,
be|kam, hat be|kom|men
der Be|lag, die Be|lä|ge
be|las|ten, es be|las|te|te •
die Be|las|tung
be|läs|ti|gen, sie be|läs|tig|te •
die Be|läs|ti|gung
be|lei|di|gen,
er be|lei|dig|te • be|lei|digt,
die Be|lei|di|gung
be|leuch|ten,
sie be|leuch|te|te •
die Be|leuch|tung
Bel|gi|en • bel|gisch
be|lie|big
be|liebt • die Be|liebt|heit
bel|len, er bell|te
be|loh|nen, sie be|lohn|te •
die Be|loh|nung
be|mer|ken,
er be|merk|te ➡ 6,7 •
die Be|mer|kung
(sich) be|mü|hen,
sie be|müh|te (sich) •
die Be|mü|hung
be|nach|rich|ti|gen,
er be|nach|rich|tig|te •
die Be|nach|rich|ti|gung

Be bis Be

sie **be|nahm** sich ↗ benehmen
sich **be|neh|men,** sie be|nimmt
sich, be|nahm sich,
hat sich be|nom|men:
Benimm dich! ➔ 8
be|nei|den, er be|nei|de|te
der **Ben|gel,** die Ben|gel
sie **be|nimmt** sich ↗ benehmen
be|nom|men ↗ benehmen
be|nö|ti|gen, sie be|nö|tig|te
be|nut|zen, er be|nutz|te
das **Ben|zin,** die Ben|zi|ne
be|ob|ach|ten,
sie be|ob|ach|te|te ➔ 7 •
die Be|ob|ach|tung
be|quem •
die Be|quem|lich|keit
er **be|rät** ↗ beraten
be|ra|ten, er be|rät, be|riet,
hat be|ra|ten • die Be|ra|tung
be|rech|tigt
der **Be|reich,** die Be|rei|che
be|reit • be|rei|ten, be|reits
(schon), die Be|reit|schaft
be|reu|en, sie be|reu|te
der **Berg,** die Ber|ge • berg|ab,
berg|auf, ber|gig (gebirgig),
das Berg|werk
ber|gen, er birgt, barg,
hat ge|bor|gen • die Ber|gung
der **Be|richt,** die Be|rich|te •
be|rich|ten ➔ 6

be|rich|ti|gen,
sie be|rich|tig|te •
die Be|rich|ti|gung
er **be|riet** ↗ beraten
Ber|lin • ber|li|ne|risch /
ber|li|nisch, ber|li|nern
be|rüch|tigt
be|rück|sich|ti|gen,
er be|rück|sich|tig|te ➔ 10
der **Be|ruf,** die Be|ru|fe •
be|ruf|lich, be|rufs|tä|tig
be|ru|hi|gen,
sie be|ru|hig|te • be|ru|higt,
die Be|ru|hi|gung
be|rühmt
be|rüh|ren, er be|rühr|te •
die Be|rüh|rung
er **be|sann** sich ↗ besinnen
sie **be|saß** ↗ besitzen
be|schä|di|gen,
sie be|schä|dig|te •
die Be|schä|di|gung
(sich) **be|schäf|ti|gen,**
er be|schäf|tig|te (sich) •
be|schäf|tigt sein ➔ 1,
die Be|schäf|ti|gung
der **Be|scheid,** die Be|schei|de:
Ich gebe dir Bescheid.
be|schei|den •
die Be|schei|den|heit
die **Be|schei|ni|gung,**
die Be|schei|ni|gun|gen

Be bis Be

be|sche|ren, sie be|scher|te
➡ 3 • die Be|sche|rung
be|schleu|ni|gen,
er be|schleu|nig|te •
die Be|schleu|ni|gung
be|schlie|ßen,
sie be|schließt, be|schloss,
hat be|schlos|sen
sie be|schloss ↗ beschließen
be|schlos|sen ↗ beschließen
der Be|schluss, die Be|schlüs|se
be|schrei|ben,
er be|schreibt, be|schrieb,
hat be|schrie|ben •
die Be|schrei|bung ➡ 9
er be|schrieb ↗ beschreiben
be|schrie|ben ↗ beschreiben
be|schul|di|gen,
sie be|schul|dig|te •
die Be|schul|di|gung
die Be|schwer|de,
die Be|schwer|den
(sich) be|schwer|en,
er be|schwer|te (sich) •
be|sei|ti|gen,
sie be|sei|tig|te •
die Be|sei|ti|gung
der Be|sen, die Be|sen • die
Be|sen|kam|mer, be|sen|rein
be|ses|sen ↗ besitzen
be|set|zen, er be|setz|te •
be|setzt ➡ 11

be|sich|ti|gen,
sie be|sich|tig|te ➡ 7 •
die Be|sich|ti|gung ➡ 10
sich be|sin|nen, er be|sinnt sich,
be|sann sich, hat sich
be|son|nen • die Be|sin|nung
be|sit|zen, sie be|sitzt,
be|saß, hat be|ses|sen ➡ 11
be|son|ders
be|son|nen ↗ besinnen
be|sor|gen, er be|sorg|te •
be|sorgt, die Be|sor|gung
sie be|sprach ↗ besprechen
be|spre|chen,
sie be|spricht, be|sprach,
hat be|spro|chen ➡ 6 •
die Be|spre|chung ➡ 12
sie be|spricht ↗ besprechen
be|spro|chen ↗ besprechen
bes|ser ↗ gut • (sich)
bes|sern, die Bes|se|rung
es be|stand ↗ bestehen
be|stan|den ↗ bestehen
be|stän|dig
be|stä|ti|gen,
er be|stä|tig|te •
die Be|stä|ti|gung
be|stäu|ben •
sie be|stäub|te •
die Be|stäu|bung
bes|te, bes|ter, bes|tes: am
besten ↗ gut • das Bes|te

Be bis Be

das **Be|steck,** die Be|ste|cke
be|ste|hen,
es be|steht, be|stand,
hat be|stan|den ➔ 13
be|stel|len, er be|stell|te •
die Be|stel|lung
die **Bes|tie,** die Bes|ti|en
be|stim|men, sie be|stimm|te •
be|stimmt, die Be|stim|mung
be|stra|fen, er be|straf|te •
die Be|stra|fung
der **Best|sel|ler,** die Best|sel|ler
der **Be|such,** die Be|su|che
be|su|chen, sie be|such|te
be|täu|ben, er be|täub|te •
be|täubt, die Be|täu|bung
(sich) **be|tei|li|gen,** sie be|tei|lig|te
(sich) • die Be|tei|li|gung
be|ten, er be|te|te
der **Be|ton** • be|to|nie|ren
be|to|nen, sie be|ton|te •
die Be|to|nung
be|trach|ten,
er be|trach|te|te ➔ 7 •
die Be|trach|tung
der **Be|trag,** die Be|trä|ge •
(sich) be|tra|gen ➔ 14
be|treu|en, sie be|treu|te •
die Be|treu|ung
der **Be|trieb,** die Be|trie|be
er **be|trog** ↗ betrügen
be|tro|gen ↗ betrügen

der **Be|trug**
be|trü|gen, er be|trügt,
be|trog, hat be|tro|gen
das **Bett,** die Bet|ten
bet|teln, sie bet|tel|te •
der Bett|ler, die Bett|le|rin
(sich) **beu|gen,** er beug|te (sich)
die **Beu|le,** die Beu|len
be|ur|tei|len,
sie be|ur|teil|te •
die Be|ur|tei|lung
die **Beu|te,** die Beu|ten
der **Beu|tel,** die Beu|tel
die **Be|völ|ke|rung,**
die Be|völ|ke|run|gen
be|vor
be|vor|zu|gen,
er be|vor|zug|te •
die Be|vor|zu|gung ➔ 15
sie **be|warb** (sich) ↗ bewerben
(sich) **be|we|gen,** sie be|weg|te
(sich) • be|weg|lich
die Be|we|gung
der **Be|weis,** die Be|wei|se
be|wei|sen, er be|weist,
be|wies, hat be|wie|sen
(sich) **be|wer|ben,** sie be|wirbt
(sich), be|warb (sich),
hat (sich) be|wor|ben •
die Be|wer|bung
er **be|wies** ↗ beweisen
be|wie|sen ↗ beweisen

Be bis Bi

sie **be|wirbt** (sich) ↗ bewerben
be|woh|nen, er be|wohn|te •
der Be|woh|ner,
die Be|woh|ne|rin
sich **be|wöl|ken,** es be|wölk|te
sich • be|wölkt: der bewölkte
Himmel; die Be|wöl|kung
be|wor|ben ↗ bewerben
be|wun|dern,
sie be|wun|der|te •
die Be|wun|de|rung
be|wusst • be|wusst|los,
das Be|wusst|sein
be|zah|len, er be|zahl|te
die **Be|zie|hung,**
die Be|zie|hun|gen •
be|zie|hungs|wei|se ➡ 15
der **Be|zirk,** die Be|zir|ke
der **Be|zug,** die Be|zü|ge ➡ 15
die **Bi|bel,** die Bi|beln
der **Bi|ber,** die Bi|ber
die **Bi|blio|thek,** die Bi|blio-
the|ken • der Bi|blio|the|kar,
die Bi|blio|the|ka|rin
bie|gen, sie biegt, bog,
hat ge|bo|gen • bieg|sam,
die Bie|gung
die **Bie|ne,** die Bie|nen
das **Bier,** die Bie|re
das **Biest,** die Bies|ter
bie|ten, er bie|tet, bot,
hat ge|bo|ten

Bi bis Bi

der **Bi|ki|ni,** die Bi|ki|nis
das **Bild,** die Bil|der • bild|lich,
das Bild|nis, der Bild|schirm
(sich) **bil|den,** sie bil|det (sich) •
die Bil|dung
bil|lig
ich **bin** ↗ sein
bin|den, er bin|det, band,
hat ge|bun|den •
der Bin|de|strich,
die Bin|dung ➡ 2

Bio-: Suche von Wörtern mit
Bio-, die du hier nicht findest,
den zweiten Wortteil (z. B.
die Biotonne ↗ Tonne).

die **Bio|lo|gie** • bio|lo|gisch
das/der **Bio|top,** die Bio|to|pe
(Lebensraum mit bestimmten
Pflanzen und Tieren)
er **birgt** ↗ bergen
die **Bir|ke,** die Bir|ken
(Laubbaum)
die **Bir|ne,** die Bir|nen
bis
der **Bi|schof,** die Bi|schö|fe
die **Bi|schö|fin,**
die Bi|schö|fin|nen
bis|her
er **biss** ↗ beißen
der **Biss,** die Bis|se • bis|sig
biss|chen: ein bisschen

Bi bis Bl

du **bist** ↗ sein
bit|te: Hilf mir bitte!
die **Bit|te,** die Bit|ten
bit|ten, sie bit|tet, bat, hat ge|be|ten ➔ 6
bit|ter • bit|ter|arm
die **Bla|ma|ge,** die Bla|ma|gen
bla|mie|ren, er bla|mier|te
blank
die **Bla|se,** die Bla|sen
bla|sen, es bläst, blies, hat ge|bla|sen
blass: ganz blass werden
die **Bläs|se**
es **bläst** ↗ blasen
das **Blatt,** die Blät|ter
blät|tern, sie blät|ter|te
blau • das Blau: ein helles Blau; das Blaue: ins Blaue fahren
bläu|lich
das **Blech,** die Ble|che
das **Blei** (Metall) • blei|ern
blei|ben, er bleibt, blieb, ist ge|blie|ben
bleich
der **Blei|stift,** die Blei|stif|te
blen|den, sie blen|de|te
der **Blick,** die Bli|cke
bli|cken, er blick|te ➔ 7
er **blieb** ↗ bleiben
es **blies** ↗ blasen

Bl bis Bo

blind • der Blind|darm, der/die Blin|de, blind|lings
blin|ken, es blink|te • der Blin|ker, das Blink|licht
blin|zeln, sie blin|zel|te ➔ 7
der **Blitz,** die Blit|ze • blit|zen
der **Block,** die Blö|cke / Blocks • die Blo|cka|de, blo|ckie|ren
blöd / blö|de • der Blöd|sinn
blö|ken, es blök|te
blond
bloß (nur)
bloß: mit bloßen Füßen
blü|hen, es blüh|te, *aber:* die ↗ Blüte
die **Blu|me,** die Blu|men
die **Blu|se,** die Blu|sen
das **Blut** • blu|ten, der Blut|er|guss, blu|tig
die **Blü|te,** die Blü|ten, *aber:* es ↗ blühte
der **Bob,** die Bobs
der **Bock,** die Bö|cke • bo|ckig
der **Bo|den,** die Bö|den
sie **bog** ↗ biegen
der **Bo|gen,** die Bo|gen / Bö|gen
die **Boh|ne,** die Boh|nen
boh|ren, sie bohr|te • der Boh|rer, die Boh|rung
der **Boi|ler,** die Boi|ler (Heißwasserbereiter)
die **Bo|je,** die Bo|jen

Bo bis Br   Br bis Br

    bol|zen, er bolz|te •
der **Bolz|platz**
die **Bom|be,** die Bom|ben
^{der}/_{die} **Bom|mel,** die Bom|mel/ Bom|meln
^{das}/_{der} **Bon|bon,** die Bon|bons
das **Boot,** die Boo|te
das **Bord,** die Bor|de: Bücher auf ein Bord stellen
der **Bord,** die Bor|de: an Bord eines Schiffes gehen
bor|gen, sie borg|te
die **Bors|te,** die Bors|ten
bös|ar|tig
die **Bö|schung,** die Bö|schun|gen
bö|se • das Bö|se: etwas Böses tun; der Bö|se|wicht
bos|haft • die Bos|haf|tig|keit
die **Bos|heit**
Bos|ni|en-Her|ze|go|wi|na
der **Boss,** die Bos|se
  er **bot** ↗ bieten
der **Bo|te,** die Bo|ten
die **Bo|tin,** die Bo|tin|nen
die **Bot|schaft,** die Bot|schaf|ten
die **Box,** die Bo|xen
bo|xen, er box|te •
der Bo|xer, die Bo|xe|rin
sie **brach** ↗ brechen
sie **brach|te** ↗ bringen
der **Brand,** die Brän|de

Bran|den|burg •
bran|den|bur|gisch
die **Bran|dung,** die Bran|dun|gen
es **brann|te** ↗ brennen
sie **brät** ↗ braten
bra|ten, sie brät, briet, hat ge|bra|ten • der Bra|ten
der **Brauch,** die Bräu|che
brau|chen, er brauch|te
brau|en, sie brau|te •
die Brau|e|rei
braun
bräu|nen: Die Sonne bräunte ihre Haut.
die **Brau|se,** die Brau|sen
brau|sen, er braus|te
die **Braut,** die Bräu|te
der **Bräu|ti|gam,** die Bräu|ti|ga|me
brav
bra|vo!
bre|chen, sie bricht, brach, hat/ist ge|bro|chen •
bre|chend, der Bre|cher ➔ 3
der **Brei,** die Breie • brei|ig
breit • die Brei|te
Bre|men • bre|misch
die **Brem|se,** die Brem|sen
brem|sen, er brems|te
bren|nen, es brennt, brann|te, hat ge|brannt •
der ↗ Brand

Br bis Br

die **Bren|nes|sel,**
    die Bren|nes|seln
    brenz|lig
das **Brett,** die Bret|ter
die **Bre|zel,** die Bre|zeln
sie **bricht** ↗ brechen
der **Brief,** die Brie|fe
sie **briet** ↗ braten
das **Bri|kett,** die Bri|ketts
die **Bril|le,** die Bril|len
    brin|gen, sie bringt, brach|te,
    hat ge|bracht
die **Bri|se,** die Bri|sen
    (leichter Wind)
    brö|ckeln, er brö|ckel|te
der **Bro|cken,** die Bro|cken
    bro|deln, es bro|del|te
der **Brok|ko|li,** die Brok|ko|li /
    Brok|ko|lis (Gemüse)
die **Brom|bee|re,**
    die Brom|bee|ren
die **Bron|ze,** die Bron|zen •
    die Bron|ze|me|dail|le
das **Brot,** die Bro|te
das **Bröt|chen,** die Bröt|chen
    brow|sen: Sie browste im
    Internet. • der Brow|ser
der **Bruch,** die Brü|che ⇒ 3
    brü|chig ⇒ 3
die **Brü|cke,** die Brü|cken
der **Bru|der,** die Brü|der
die **Brü|he,** die Brü|hen

Br bis Bu

    brül|len, er brüll|te ⇒ 6
    brum|men,
    sie brumm|te ⇒ 6
der **Brunch,** die Brun|che /
    Brun|ches / Brunchs
    (spätes Frühstück)
der **Brun|nen,** die Brun|nen
die **Brust,** die Brüs|te
die **Brut,** die Bru|ten
    bru|tal • die Bru|ta|li|tät
    brü|ten, er brü|te|te •
    die ↗ Brut
    brut|zeln, es brut|zel|te
der **Bub** / **Bu|be,** die Bu|ben
das **Buch,** die Bü|cher
die **Bu|che,** die Bu|chen
    (Laubbaum) • die
    Buch|ecker, der Buch|fink
die **Bü|che|rei,** die Bü|che|rei|en
die **Büch|se,** die Büch|sen
der **Buch|sta|be,**
    die Buch|sta|ben •
    buch|sta|bie|ren
die **Bucht,** die Buch|ten
der **Bu|ckel,** die Bu|ckel •
    bu|cke|lig / **buck|lig**
sich **bü|cken,** sie bück|te sich
    der Bück|ling
    bud|deln, er bud|del|te
der **Bud|dhis|mus** •
    bud|dhis|tisch
die **Bu|de,** die Bu|den

der **Büf|fel,** die Büf|fel
der **Bü|gel,** die Bü|gel
  bü|geln, sie bü|gel|te
der **Bug|gy,** die Bug|gys
die **Büh|ne,** die Büh|nen
  er **buk** ↗ backen
die **Bu|let|te,** die Bu|let|ten
  Bul|ga|ri|en • bul|ga|risch
der **Bul|gur**
der **Bul|le,** die Bul|len
der **Bu|me|rang,** die Bu|me|rangs/Bu|me|ran|ge
  bum|meln, er bum|mel|te ➡ 4
das **Bund,** die Bund/Bün|de: zwei Bund Petersilie, *aber:* die Schlüsselbunde ➡ 2
der **Bund,** die Bün|de •
  der Bun|des|kanz|ler,
  die Bun|des|kanz|le|rin,
  die Bun|des|li|ga,
  die Bun|des|re|gie|rung,
  die Bun|des|re|pu|blik,
  die Bun|des|wehr ➡ 2
das **Bün|del,** die Bün|del •
  bün|deln ➡ 2
das **Bünd|nis,**
  die Bünd|nis|se ➡ 2
der **Bun|ga|low,** die Bun|ga|lows
  bunt • der Bunt|stift
die **Burg,** die Bur|gen
  bür|gen, sie bürg|te

der **Bür|ger,** die Bür|ger
die **Bür|ge|rin,**
  die Bür|ge|rin|nen
der **Bür|ger|meis|ter,**
  die Bür|ger|meis|ter
die **Bür|ger|meis|te|rin**
  die Bür|ger|meis|te|rin|nen
das **Bü|ro,** die Bü|ros
der **Bur|sche,** die Bur|schen
die **Bürs|te,** die Bürs|ten •
  bürs|ten
der **Bus,** die Bus|se
der **Busch,** die Bü|sche
der **Bu|sen,** die Bu|sen
der **Bus|sard,** die Bus|sar|de (Greifvogel)
die **Bu|ße,** die Bu|ßen
  bü|ßen, sie büß|te
  Buß- und Bet|tag
die **But|ter**
der **But|ton,** die But|tons
  bzw. (beziehungsweise)

C bis Ch Ch bis Cl

C c

C ↗ Celsius
ca. ↗ circa
das **Ca|brio,** die Ca|bri|os
das **Ca|fé,** die Ca|fés
cam|pen, sie camp|te • das Cam|ping, der Cam|ping|platz
die **CD** (*kurz für:* **C**ompact **D**isc), die CDs • der CD-Play|er, die CD-ROM
das **Cel|lo,** die Cel|li / Cel|los
Cel|si|us: 5 Grad Celsius / 5 °C
der **Cent,** die Cents: Das Heft kostet 80 Cent / 80 ct.
das **Cen|ter,** die Cen|ter
das **Cha|mä|le|on,** die Cha|mä|le|ons
der **Cham|pi|gnon,** die Cham|pi|gnons (Pilz)
der **Cham|pi|on,** die Cham|pi|ons
die **Chan|ce,** die Chan|cen
Cha|nuk|ka
das **Cha|os** • cha|o|tisch
der **Cha|rak|ter,** die Cha|rak|te|re
char|mant (bezaubernd)
der **Char|ter|flug,** die Char|ter|flü|ge ➔ 6

die **Charts**
der **Chat,** die Chats • chat|ten
che|cken, er check|te (1. behindern; 2. nachprüfen; 3. begreifen)
der **Chef,** die Chefs
die **Che|fin,** die Che|fin|nen
die **Che|mie** • che|misch, die Che|mo|the|ra|pie
chic *auch:* ↗ schick
chil|len, sie chill|te
Chi|na • chi|ne|sisch
der **Chip,** die Chips
der **Chi|rurg,** die Chi|rur|gen
die **Chi|rur|gin,** die Chi|rur|gin|nen
der **Chor,** die Chö|re
der **Christ,** die Chris|ten
das **Chris|ten|tum**
Chris|ti Him|mel|fahrt ➔ 4
die **Chris|tin,** die Chris|tin|nen
christ|lich
die **Chro|nik,** die Chro|ni|ken
chro|nisch (lang andauernd)
cir|ca *auch:* ↗ zirka
der **Cir|cus** *auch:* ↗ Zirkus, die Cir|cus|se
die **Ci|ty,** die Ci|tys (Innenstadt)
die **Cle|men|ti|ne,** die Cle|men|ti|nen (Zitrusfrucht)
cle|ver

Cl bis Cu — Da bis Da

die **Cli|que,** die Cli|quen
der **Clown,** die Clowns
die **Clow|nin,** die Clow|nin|nen
der **Club** *auch:* ↗ Klub,
   die Clubs
   cm ↗ Zentimeter
   coa|chen: Er coachte
   den Fußballer/die Sängerin.
der **Code** *auch:* ↗ Kode,
   die Codes
die/das **Co|la,** die Co|las
der **Co|mic,** die Co|mics
der **Com|pu|ter,** die Com|pu|ter
der **Con|tai|ner,** die Con|tai|ner
   cool
die **Corn|flakes**
die **Couch,** die Couchs
der/das **Cous|cous** *auch:* ↗ Kuskus,
   die Cous|cous
der **Cou|sin,** die Cou|sins
die **Cou|si|ne** *auch:* ↗ Kusine,
   die Cou|si|nen
das **Co|ver,** die Co|vers
   co|vern, sie co|ver|te
der **Cow|boy,** die Cow|boys
das **Cow|girl,** die Cow|girls
die **Creme** *auch:* ↗ Krem /
   Kreme, die Cremes
das **Crois|sant,** die Crois|sants
   ct ↗ Cent
der/das **Cur|ry** • die Cur|ry|wurst
der **Cur|ser,** die Cur|ser

D d

da: da sein
da|bei: dabei sein
da|blei|ben, sie bleibt da,
   blieb da, ist da|ge|blie|ben
das **Dach,** die Dä|cher
der **Dachs,** die Dach|se
   er **dach|te** ↗ denken
der **Da|ckel,** die Da|ckel
   da|durch
   da|für
   da|ge|gen
   da|heim
   da|her
   da|hin
   da|hin|ter
   da|mals
die **Da|me,** die Da|men
   da|mit
   däm|lich • die Däm|lich|keit
der **Damm,** die Däm|me
   däm|men, er dämm|te
   däm|mern, es däm|mer|te •
   die Däm|me|rung
der **Dampf,** die Dämp|fe •
   damp|fen, der Damp|fer
   da|nach
   da|ne|ben

Da bis Da   Da bis De

Dä|ne|mark • **dä|nisch**
der **Dank** • **dank|bar, dan|ke:** danke schön; **dan|ken**
dann
da|ran
da|rauf • **da|rauf|hin**
da|raus
er **darf** ↗ **dürfen**
da|rin
das **Dar|le|hen,** die Dar|le|hen
der **Darm,** die Där|me
dar|stel|len, sie stell|te dar • die Dar|stel|lung
da|rü|ber
da|rum
da|run|ter
das: das Kind, das weint, beruhigen, *aber:* ↗ da**ss**
dass: hoffen, dass keiner krank wird, *aber:* ↗ da**s**
das|sel|be
die **Da|tei,** die Da|tei|en: eine Datei abspeichern
die **Da|ten:** Daten sammeln, verschicken, löschen
der **Da|tiv** (Wemfall – 3. Fall)
die **Dat|tel,** die Dat|teln
das **Da|tum,** die Da|ten
dau|ern, es dau|er|te • **dau|ernd**
der **Dau|men,** die Dau|men
da|von

da|vor
da|zu
da|zwi|schen
die **De|cke,** die De|cken
der **De|ckel,** die De|ckel
de|cken, es deck|te • die De|ckung
de|fekt
deh|nen, er dehn|te, *aber:* ↗ d**e**nen • **dehn-fä|hig,** die Deh|nung
der **Deich,** die Dei|che
dein, dei|ne, dei|ner
dei|net|we|gen
die **De|ko|ra|ti|on,** die De|ko|ra|ti|o|nen • **de|ko|rie|ren**
der **Del|fin** *auch:* ↗ Delphin, die Del|fi|ne
die **De|li|ka|tes|se,** die De|li|ka|tes|sen
die **Del|le,** die Del|len
der **Del|phin** *auch:* ↗ Delfin, die Del|phi|ne
dem: auf dem Sofa liegen
dem|nach
dem|nächst
die **De|mo|kra|tie,** die De|mo|kra|ti|en • **de|mo|kra|tisch**
de|mo|lie|ren, sie de|mo|lier|te ➡ 10

De bis De

die **De|mons|tra|ti|on,**
die De|mons|tra|ti|o|nen •
de|mons|trie|ren
de|mü|tig • de|mü|ti|gen
den: in den Keller gehen,
aber: ↗ de**nn**
de|nen: nicht mit denen,
aber: ↗ de**h**nen
den|ken, er denkt, dach|te,
hat ge|dacht
das **Denk|mal,** die Denk|mä|ler
denn: Was ist denn los?,
aber: ↗ de**n**
den|noch
das **Deo** (*kurz für:* De**o**dorant),
die De|os
die **De|po|nie,** die De|po|ni|en
der: der Ball
der|ar|tig
derb
de|ren: deren Hund
der|je|ni|ge
der|sel|be
des: des Jungen Träume
des|halb
der **Desk|top,** die Desk|tops
des|sen
das **Des|sert,** die Des|serts
(Nachspeise)
des|to: desto (umso) besser
des|we|gen
der **De|tek|tiv,** die De|tek|ti|ve

De bis Di

die **De|tek|ti|vin,**
die De|tek|ti|vin|nen
deu|ten, sie deu|te|te •
deut|lich
deutsch: die deutsche
Sprache, deutsch (nicht
englisch) sprechen
das **Deutsch:** Sie lernt Deutsch.
Sag es auf Deutsch!
der/die **Deut|sche,** die Deut|schen
Deutsch|land
der **De|zem|ber**
der **De|zi|me|ter,**
die De|zi|me|ter:
vier Dezimeter / 4 dm
der **Di|a|be|tes** (Zuckerkrank-
heit) • der Di|a|be|ti|ker,
die Di|a|be|ti|ke|rin
die **Di|a|gno|se,**
die Di|a|gno|sen
(Krankheitsbestimmung)
dia|go|nal • die Dia|go|na|le
der **Di|a|lekt,** die Di|a|lek|te
(Mundart)
der **Di|a|mant,** die Di|a|man|ten
die **Di|ät,** die Di|ä|ten
(Schonkost)
dich: Er lädt dich ein.
dicht
dich|ten, er dich|te|te •
der Dich|ter, die Dich|te|rin,
die Dich|tung

dick
das **Di|ckicht,** die Di|ckich|te
    die: die Blume
der **Dieb,** die Die|be
die **Die|bin,** die Die|bin|nen
der **Dieb|stahl,** die Dieb|stäh|le
die **Die|le,** die Die|len
    die|nen, sie dien|te •
    der Die|ner, die Die|ne|rin,
    der Dienst, dienst|lich
der **Diens|tag,** die Diens|ta|ge •
    der Diens|tag|mor|gen,
    diens|tags
    dies, die|se, die|ser, die|ses
der **Die|sel,** die Die|sel
    die|sel|be
    die|sig (trübe und feucht):
    diesiges Wetter
    dies|mal (dieses Mal)
die **Dif|fe|renz,** die Dif|fe|ren|zen
    di|gi|tal • di|gi|ta|li|sie|ren,
    die Di|gi|tal|ka|me|ra
das **Dik|tat,** die Dik|ta|te
die **Dik|ta|tur,** die Dik|ta|tu|ren
    dik|tie|ren, er dik|tier|te
der **Dill** • die Dill|so|ße
das **Ding,** die Din|ge
der **Din|kel** (Weizenart) •
    das Din|kel|brot
der **Di|no|sau|ri|er,**
    die Di|no|sau|ri|er
    dir: Es gehört dir nicht.

    di|rekt
der **Di|rek|tor,** die Di|rek|to|ren
die **Di|rek|to|rin,**
    die Di|rek|to|rin|nen
der **Di|ri|gent,** die Di|ri|gen|ten
die **Di|ri|gen|tin,**
    die Di|ri|gen|tin|nen
    di|ri|gie|ren, sie di|ri|gier|te
das **Dirndl,** die Dirndl
    (Trachtenkleid)
die **Dis|ko|thek** (*kurz:* Disko/
    Disco), die Dis|ko|the|ken
die **Dis|kus|si|on,**
    die Dis|kus|si|o|nen
    dis|ku|tie|ren,
    er dis|ku|tier|te ➔ 8
der **Dis|play,** die Dis|plays
die **Dis|tanz,** die Dis|tan|zen •
    dis|tan|zie|ren
die **Dis|tel,** die Dis|teln
die **Dis|zi|plin,** die Dis|zi-
    pli|nen • dis|zi|pli|niert
    di|vi|die|ren,
    sie di|vi|dier|te (teilen)
die **Di|vi|si|on,** die Di|vi|si|o|nen
    dm ↗ Dezimeter
    doch
der **Docht,** die Doch|te
die **Dog|ge,** die Dog|gen
die **Doh|le,** die Doh|len
    (Rabenvogel)
der **Dok|tor,** die Dok|to|ren

die **Dok|to|rin,**
die Dok|to|rin|nen
das **Do|ku|ment,** die Do|ku|men|te • do|ku|men|tie|ren
der **Dolch,** die Dol|che
der **Dol|lar,** die Dol|lars
der **Dol|met|scher,**
die Dol|met|scher
die **Dol|met|scherin,**
die Dol|met|sche|rin|nen
der **Dom,** die Do|me •
der Dom|pfaff (Singvogel)
das **Do|mi|no,** die Do|mi|nos
der **Domp|teur,** die Domp|teu|re
die **Domp|teu|rin**
auch: die Domp|teu|se,
die Domp|teu|rin|nen
die **Do|nau** (Strom)
der **Dö|ner** *(kurz für:* Döner Kebab), die Dö|ner
der **Don|ner,** die Don|ner •
don|nern: Es donnerte laut.
der **Don|ners|tag,**
die Don|ners|ta|ge •
der Don|ners|tag|abend,
don|ners|tags
doof
do|pen, er dop|te •
das Do|ping
der **Dop|pel|punkt,**
die Dop|pel|punk|te
dop|pelt • das Dop|pel|te

das **Dorf,** die Dör|fer
der **Dorn,** die Dor|nen • dor|nig
der **Dorsch,**
die Dor|sche (Fisch)
dort
dort|her
dort|hin
die **Do|se,** die Do|sen
dö|sen, sie dös|te
der/das **Dot|ter,** die Dot|ter (Eigelb) • die Dot|ter|blu|me
der/das **Down|load,**
die Down|loads •
down|loa|den: Er hat die Datei downgeloadet.
der **Dra|che,** die Dra|chen (Fabeltier)
der **Dra|chen,** die Dra|chen (Fluggerät)
das **Dra|gee,** die Dra|gees
der **Draht,** die Dräh|te
das **Dra|ma,** die Dra|men •
dra|ma|tisch
dran (daran)
er **drang** ↗ dringen
drän|geln, sie drän|gel|te
drän|gen, es dräng|te
drauf (darauf)
drau|ßen
der **Dreck** • dre|ckig
dre|hen, er dreh|te •
die Dre|hung

drei: um halb drei, drei mal vier, *aber:* ↗ dreimal würfeln
die **Drei,** die Drei|en: eine Drei bekommen
das **Drei|eck,** die Drei|ecke • drei|eckig
drei|mal: dreimal würfeln, *aber:* ↗ drei mal vier
drei|ßig
drei|zehn
dre|schen, sie drischt, drosch, hat ge|dro|schen
Dres|den
dres|sie|ren, er dres|sier|te •
die Dres|sur
drib|beln, sie drib|bel|te
drin (darin, drinnen)
drin|gen, er dringt, drang, ist / hat ge|drun|gen
drin|gend
drin|nen
sie **drischt** ↗ dreschen
dritt: zu dritt sein
drit|te, drit|ter, drit|tes: der dritte Teil • das Drit|tel, drit|teln, drit|tens
die **Dro|ge,** die Dro|gen
die **Dro|ge|rie,** die Dro|ge|ri|en
dro|hen, sie droh|te •
die Dro|hung
dröh|nen, es dröhn|te
drol|lig

der/das **Drops,** die Drops
sie **drosch** ↗ dreschen
die **Dros|sel,** die Dros|seln (Singvogel)
drü|ben
drü|ber (darüber)
der **Druck,** die Dru|cke
dru|cken, er druck|te •
der Dru|cker, die Dru|cke|rei
drü|cken, sie drück|te
drun|ter (darunter)
die **Drü|se,** die Drü|sen
der **Dschun|gel,** die Dschun|gel
du
der **Dü|bel,** die Dü|bel
sich **du|cken,** er duck|te sich
das **Du|ell,** die Du|el|le
der **Duft,** die Düf|te • duf|ten
dumm, düm|mer, am dümms|ten •
die Dumm|heit,
der Dumm|kopf
dumpf: ein dumpfer Klang
die **Dü|ne,** die Dü|nen
dün|gen, sie düng|te •
der Dün|ger
dun|kel: dunkle Wolken •
das Dun|kel, die Dun|kel|heit
dünn
der **Dunst,** die Düns|te • duns|tig
das **Duo,** die Du|os
durch

E e

durch-: Suche von Wörtern mit *durch-*, die du hier nicht findest, den zweiten Wortteil (z. B. durch<u>kneten</u> ↗ kneten).

durch|ei|nan|der
der **Durch|fall**,
    die Durch|fäl|le → 5
der **Durch|mes|ser**,
    die Durch|mes|ser
der **Durch|schnitt**,
    die Durch|schnit|te •
    durch|schnitt|lich
durch|sich|tig → 10
dür|fen, er darf, durf|te, hat ge|durft
 er **durf|te** ↗ dürfen
dürf|tig
dürr • die Dür|re
der **Durst** • durs|tig
die **Du|sche**, die Du|schen
    du|schen, sie dusch|te
die **Dü|se**, die Dü|sen
Düs|sel|dorf
düs|ter/dus|ter
das **Dut|zend**, die Dut|zend (12 Stück)/Dut|zen|de (große Anzahl)
du|zen, er duz|te
die **DVD**, die DVDs
das **Dy|na|mit** (Sprengstoff)
der **Dy|na|mo**, die Dy|na|mos

die **Eb|be**, die Eb|ben:
    Ebbe und Flut
eben • die Ebe|ne
eben: Er war eben noch da.
eben|falls → 5
eben|so
der **Eber**, die Eber (männliches Schwein)
das **E-Book**, die E-Books (elektronisches Buch)
das **Echo**, die Echos
die **Ech|se**, die Ech|sen
echt • die Echt|heit
die **Ecke**, die Ecken • eckig
edel • der Edel|stein
die **EDV** (kurz für: <u>e</u>lektronische <u>D</u>atenverarbeitung)
der **Efeu** (Kletterpflanze)
der **Ef|fekt**, die Ef|fek|te
egal
ego|is|tisch (selbstsüchtig)
ehe (bevor)
die **Ehe**, die Ehen
eher
die **Eh|re**, die Eh|ren,
    aber: die ↗ Ähre • eh|ren
der **Ehr|geiz** • ehr|gei|zig

Eh bis Ei

ehr|lich • die Ehr|lich|keit
das **Ei,** die Ei|er
die **Ei|che,** die Ei|chen
  (Laubbaum) • die Ei|chel,
  das Eich|hörn|chen
der **Eid,** die Ei|de (Schwur)
die **Ei|dech|se,** die Ei|dech|sen
der **Ei|fer** • ei|fer|süch|tig, eif|rig
ei|gen • ei|gen|ar|tig, ei|gen-
  bröt|le|risch, ei|gen|nüt|zig
die **Ei|gen|schaft,**
  die Ei|gen|schaf|ten •
  das Ei|gen|schafts|wort
  (Adjektiv)
der **Ei|gen|sinn** • ei|gen|sin|nig
ei|gent|lich
das **Ei|gen|tum,** die Ei|gen|tü|mer
die **Ei|le**
ei|len, sie eil|te ➡ 4
ei|lig
der **Ei|mer,** die Ei|mer
ein, ei|ne, ei|ner, ei|nes
  (1. Artikel): ein Hund;
  (2. jemand): einen fragen;
  (3. eins): um ein Uhr, ein mal
  fünf, *aber:* ↗ einmal laufen

ein-: Suche von Wörtern mit
ein-, die du hier nicht findest,
den zweiten Wortteil (z. B.
der Ein<u>spruch</u> ↗ Spruch).

ei|nan|der: einander helfen

Ei bis Ei

ein|äu|gig
die **Ein|bahn|stra|ße,**
  die Ein|bahn|stra|ßen
sich **ein|bil|den,** er bil|de|te sich
  ein • die Ein|bil|dung
ein|bre|chen,
  sie bricht ein, brach ein,
  ist / hat ein|ge|bro|chen •
  der Ein|bre|cher,
  die Ein|bre|che|rin,
  der Ein|bruch ➡ 3
ein|deu|tig
der **Ein|druck,** die Ein|drü|cke •
  ein|drucks|voll
ein|ei|ig
ei|ner|seits
ein|fach
der **Ein|fall,** die Ein|fäl|le ➡ 5
ein|far|big
der **Ein|fluss,** die Ein|flüs|se ➡ 7
der **Ein|gang,** die Ein|gän|ge
ein|ge|ben, er gibt ein,
  gab ein, hat ein|ge|ge|ben
ein|ge|bil|det
ein|hef|ten, sie hef|te|te ein
ein|hei|misch
die **Ein|heit,** die Ein|hei|ten •
  ein|heit|lich
ein|hun|dert
ei|nig • (sich) ei|ni|gen,
  die Ei|nig|keit, die Ei|ni|gung
ei|ni|ge • ei|ni|ger|ma|ßen

das **Ein|kom|men,**
die Ein|kom|men
ein|la|den, er lädt ein,
lud ein, hat ein|ge|la|den •
die Ein|la|dung
die **Ein|lei|tung,**
die Ein|lei|tun|gen
sich **ein|log|gen,**
sie logg|te sich ein
ein|mal: auf einmal, einmal
laufen, *aber:* ↗ ein mal fünf
das **Ein|mal|eins**
ein|ma|lig
die **Ein|nah|me,**
die Ein|nah|men ⇒ 8
(sich) **ein|prä|gen,**
er präg|te (sich) ein
die **Ein|rich|tung,**
die Ein|rich|tun|gen
eins: eins plus zwei,
um halb eins
die **Eins,** die Ein|sen:
eine Eins schreiben
ein|sam • die Ein|sam|keit
ein|sei|tig
ein|sil|big
ein|spu|rig
einst
ein|stim|mig
der **Ein|topf,** die Ein|töp|fe
(Suppe)
die **Ein|tracht** • ein|träch|tig

ein|tre|ten, sie tritt ein,
trat ein, ist ein|ge|tre|ten
der **Ein|tritt,** die Ein|trit|te
ein|ver|stan|den ⇒ 13
der **Ein|wand,** die Ein|wän|de •
ein|wand|frei
die **Ein|wan|de|rung,**
die Ein|wan|de|run|gen
der **Ein|woh|ner,** die Ein|woh|ner
die **Ein|woh|ne|rin,**
die Ein|woh|ne|rin|nen
die **Ein|zahl** (Singular)
ein|zeln
ein|zig, ein|zi|ge, ein|zi|ger:
mein einziger Freund •
ein|zig|ar|tig
das **Eis** • ei|sig, eis|kalt,
eis|lau|fen: Ich laufe eis.
das **Ei|sen,** die Ei|sen •
die Ei|sen|bahn, ei|sern
ei|tel • die Ei|tel|keit
der **Ei|ter** • ei|te|rig/eit|rig,
ei|tern: Die Wunde eiterte.
der **Ekel** • ekel|haft, eke|lig/
ek|lig, (sich) ekeln
elas|tisch (dehnbar)
die **El|be** (Strom) •
das Elb|sand|stein|ge|bir|ge
der **Elch,** die El|che
der **Ele|fant,** die Ele|fan|ten
ele|gant • die Ele|ganz
der **Elek|tri|ker,** die Elek|tri|ker

El bis Em

die **Elek|tri|ke|rin,**
die Elek|tri|ke|rin|nen
elek|trisch • die Elek|tri|zi|tät
die **Elek|tro|nik** • elek|tro|nisch
das **Ele|ment,** die Ele|men|te
elend: elend zumute sein •
das Elend, elen|dig
elf: um elf Uhr
die **Elf,** die El|fen (Zahl)
der **Elf,** die El|fen
(männlicher Naturgeist)
das **Elf|chen,** die Elf|chen
(Gedicht aus elf Wörtern)
die **El|fe,** die El|fen
(weiblicher Naturgeist)
der **Elf|me|ter,** die Elf|me|ter
der **Ell|bo|gen/**El|len|bo|gen,
die Ell|bo|gen/El|len|bo|gen
die **Els|ter,** die Els|tern
(Rabenvogel)
die **El|tern**
die **E-Mail,** die E-Mails
(elektronischer Brief)
der **Em|bryo,** die Em|bry|o|nen/
Em|bry|os (ungeborenes
Lebewesen)
emo|ti|o|nal (gefühlsmäßig)
sie **emp|fahl** ↗ empfehlen
er **emp|fand** ↗ empfinden
emp|fan|gen, er emp|fängt,
emp|fing, hat emp|fan|gen
er **emp|fängt** ↗ empfangen

Em bis En

emp|feh|len, sie emp|fiehlt,
emp|fahl, hat emp|foh|len •
die Emp|feh|lung
sie **emp|fiehlt** ↗ empfehlen
emp|fin|den, er emp|fin|det,
emp|fand, hat emp|fun|den •
emp|find|lich, emp|find|sam,
die Emp|fin|dung
er **emp|fing** ↗ empfangen
emp|foh|len ↗ empfehlen
emp|fun|den ↗ empfinden
em|por (aufwärts)
(sich) **em|pö|ren,**
sie em|pör|te (sich) •
em|pö|rend, die Em|pö|rung
Ems (Strom)
em|sig (fleißig)
das **En|de,** die En|den • en|den,
end|gül|tig, end|lich, end|los
die **Ener|gie,** die Ener|gi|en •
ener|gisch
eng
der **En|gel,** die En|gel
Eng|land • eng|lisch
der **En|kel,** die En|kel
die **En|ke|lin,** die En|ke|lin|nen
enorm

ent-: Suche von Wörtern mit
ent-, die du hier nicht findest,
den zweiten Wortteil (z. B.
ent<u>halten</u> ↗ halten).

En bis En En bis Er

sie ent|band ↗ entbinden
ent|beh|ren, er ent|behr|te •
die Ent|beh|rung
ent|bin|den, sie ent|bin|det,
ent|band, hat ent|bun|den •
die Ent|bin|dung ➔ 2
ent|bun|den ↗ entbinden
ent|de|cken, er ent|deck|te
➔ 7 • die Ent|de|ckung
die En|te, die En|ten
En|ter (*kurz für:* Entertaste)
(sich) ent|fer|nen, es ent|fern|te
(sich) • die Ent|fer|nung
ent|füh|ren, sie ent|führ|te •
die Ent|füh|rung
ent|ge|gen
ent|geg|nen,
er ent|geg|ne|te ➔ 6
ent|glei|sen, sie ent|gleis|te
ent|lang
ent|las|sen, er ent|lässt,
ent|ließ, hat ent|las|sen •
die Ent|las|sung
er ent|lässt ↗ entlassen
er ent|ließ ↗ entlassen
ent|schä|di|gen,
sie ent|schä|dig|te •
die Ent|schä|di|gung
ent|schei|den,
er ent|schei|det, ent|schied,
hat ent|schie|den •
die Ent|schei|dung

er ent|schied ↗ entscheiden
ent|schie|den ↗ entscheiden
sich ent|schlie|ßen,
sie ent|schließt sich,
ent|schloss sich,
hat sich ent|schlos|sen
sie ent|schloss (sich) ↗
entschließen
ent|schlos|sen ↗
entschließen
der Ent|schluss, die Ent|schlüs|se
(sich) ent|schul|di|gen,
er ent|schul|dig|te (sich) •
die Ent|schul|di|gung
ent|setz|lich ➔ 11
ent|setzt (empört) ➔ 11
ent|spannt (gelassen)
ent|täu|schen,
sie ent|täusch|te •
die Ent|täu|schung
ent|we|der
ent|wi|ckeln,
er ent|wi|ckel|te •
die Ent|wick|lung
der Ent|wurf, die Ent|wür|fe
ent|zü|ckend
(sich) ent|zün|den,
es ent|zün|de|te (sich) •
die Ent|zün|dung
ent|zwei • ent|zwei|bre|chen,
(sich) ent|zwei|en
er

120

Er bis Er

er-: Suche von Wörtern mit *er-*, die du hier nicht findest, den zweiten Wortteil (z. B. erfüllen ↗ füllen).

er|bärm|lich (jämmerlich): ein erbärmlicher Zustand
das **Er|be**
er|ben, sie erb|te •
erb|lich, die Erb|schaft
die **Erb|se**, die Erb|sen
das **Erd|be|ben**, die Erd|be|ben
die **Erd|bee|re**, die Erd|bee|ren
die **Er|de**
die **Erd|kun|de**
sich er|eig|nen, es er|eig|ne|te sich • das Er|eig|nis
er|fah|ren, er er|fährt, er|fuhr, hat er|fah|ren, die Er|fah|rung → 4
er er|fährt ↗ erfahren
sie er|fand ↗ erfinden
er|fin|den, sie er|fin|det, er|fand, hat er|fun|den • er|fin|de|risch, die Er|fin|dung
der **Er|folg**, die Er|fol|ge •
er|folg|los, er|folg|reich
er|freu|lich
er|fri|schend
er er|fuhr ↗ erfahren
er|fun|den ↗ erfinden
Er|furt

er|gän|zen, er er|gänz|te • die Er|gän|zung
das **Er|geb|nis**, die Er|geb|nis|se
er|gie|big
er|heb|lich
sich er|ho|len, sie er|hol|te sich • er|hol|sam, die Er|ho|lung
(sich) er|in|nern, er er|in|ner|te (sich) • die Er|in|ne|rung
sich er|käl|ten, sie er|käl|te|te sich • die Er|käl|tung
die **Er|kennt|nis**, die Er|kennt|nis|se
er|klä|ren, er er|klär|te → 6 • die Er|klä|rung
sich er|kun|di|gen, sie er|kun|dig|te sich → 6
er|lau|ben, er er|laub|te • die Er|laub|nis
die **Er|le**, die Er|len (Laubbaum)
er|le|ben, sie er|leb|te •
das Er|leb|nis
er|le|di|gen, er er|le|dig|te
er|leich|tert
der **Er|lös**, die Er|lö|se
er|mä|ßigt
er|mit|teln, sie er|mit|tel|te • die Er|mitt|lung
(sich) er|näh|ren, er er|nähr|te (sich) → 2 • die Er|näh|rung
er|neu|er|bar
er|neut

Er bis Er   Er bis Es

ernst • der Ernst, ernst|haft
die **Ern|te**, die Ern|ten •
das Ern|te|dank|fest
ern|ten, sie ern|te|te
er|obern, er er|ober|te •
die Er|obe|rung
der **Er|pel**, die Er|pel
(männliche Ente)
er|pres|sen, sie er|press|te •
die Er|pres|sung
er|rei|chen, er er|reich|te
der **Er|satz** ➔ 11
er|schöpft
sie er|schrak ↗ erschrecken
er|schre|cken, sie er|schrickt,
er|schrak, ist er|schro|cken
(1. in Schrecken geraten):
Erschrick bitte nicht! / sie
er|schreckt, er|schreck|te,
hat er|schreckt (2. in
Schrecken versetzen):
Erschrecke uns bitte nicht!
sie er|schrickt ↗ erschrecken
er|schro|cken ↗ erschrecken
er|schüt|ternd
er|set|zen,
er er|setz|te ➔ 11
die **Er|spar|nis**, die Er|spar|nis|se
erst: nun erst recht,
erst gestern
er|staun|lich
er|staunt

ers|te, ers|ter, ers|tes:
das erste Mal • der/die
Ers|te: als Erste gehen;
ers|tens
er|sti|cken, sie er|stick|te
erst|klas|sig
sich er|stre|cken: Der Wald
erstreckte sich bis ins Tal.
sie er|trank ↗ ertrinken
er|trin|ken, sie er|trinkt,
er|trank, ist er|trun|ken
er|trun|ken ↗ ertrinken
er|wach|sen •
der/die Er|wach|se|ne
er|wäh|nen, er er|wähn|te
➔ 6 • die Er|wäh|nung
er|war|ten, sie er|war|te|te •
die Er|war|tung
er|wi|dern, er er|wi|der|te
➔ 6 • die Er|wi|de|rung
das **Erz**, die Er|ze (Gestein) •
das Erz|ge|bir|ge
er|zäh|len, sie er|zähl|te
➔ 6 • die Er|zäh|lung
er|zie|hen, er er|zieht,
er|zog, hat er|zo|gen •
die Er|zie|hung ➔ 15
er er|zog ↗ erziehen
er|zo|gen ↗ erziehen
es: Es ist, wie es ist.
die **Esche**, die Eschen
(Laubbaum)

Es bis Ev

Ev bis Ex

der **Esel,** die Esel
der **Es|ki|mo,** die Es|ki|mo / Es|ki|mos • die Es|ki|mo|frau
die **Es|pe,** die Es|pen (Laubbaum)
die **Es|se,** die Es|sen
es|sen, sie isst, aß, hat ge|ges|sen: Iss die Suppe! • ↪ 2 • das Es|sen
der **Es|sig,** die Es|si|ge
Est|land • est|nisch
die **Eta|ge,** die Eta|gen
die **Etap|pe,** die Etap|pen
das **Eti|kett,** die Eti|ket|ten / Eti|ketts
das **Etui,** die Etuis (Hülle)
et|wa
et|was: etwas Schönes
die **EU** (kurz für: Europäische Union)
euch
eu|er, eu|e|re / eu|re: euer Haus, eu(e)re Schule
die **Eu|le,** die Eu|len
eu|re ↗ euer
der **Eu|ro,** die Eu|ro / Eu|ros: fünf Euro / 5 €
Eu|ro|pa • der Eu|ro|pä|er, die Eu|ro|pä|e|rin, eu|ro|pä|isch
das/der **Eu|ter,** die Eu|ter
evan|ge|lisch

das **Evan|ge|li|um,** die Evan|ge|li|en
even|tu|ell (vielleicht)
ewig • die Ewig|keit
exakt (sehr genau)
das **Exem|plar,** die Exem|pla|re
die **Exis|tenz,** die Exis|ten|zen
exis|tier|en, es exis|tier|te
exo|tisch
die **Ex|pe|di|ti|on,** die Ex|pe|di|ti|o|nen
das **Ex|pe|ri|ment,** die Ex|pe|ri|men|te • ex|pe|ri|men|tie|ren
der **Ex|per|te,** die Ex|per|ten
die **Ex|per|tin,** die Ex|per|tin|nen
ex|plo|die|ren, es ist ex|plo|diert • die Ex|plo|si|on, ex|plo|siv
ex|tra
ex|trem • der Ex|trem|sport

F f

Du hörst am Wortanfang *f*, findest das Wort aber nicht unter *f*. Suche es auch unter *v*, *pf* oder *ph* (z. B. der <u>V</u>ogel, das <u>Pf</u>erd, die <u>Ph</u>ysik).

die **Fa|bel,** die Fa|beln • fa|bel|haft
die **Fa|brik,** die Fa|bri|ken
das **Fach,** die Fä|cher
fä|cheln, er fä|chel|te
der **Fä|cher,** die Fä|cher • die Fä|cher|pal|me
die **Fa|ckel,** die Fa|ckeln
fad/fa|de: Das Essen schmeckt fade.
der **Fa|den,** die Fä|den • fa|den|schei|nig
fä|hig • die Fä|hig|keit
fahn|den, sie fahn|de|te • die Fahn|dung
die **Fah|ne,** die Fah|nen
die **Fäh|re,** die Fäh|ren ➔ 4
fah|ren, er fährt, fuhr, hat/ ist ge|fah|ren • der Fah|rer, die Fah|re|rin, das Fahr|rad, die Fahrt ➔ 4
er **fährt** ↗ fahren
die **Fähr|te,** die Fähr|ten ➔ 4
das **Fahr|zeug,** die Fahr|zeu|ge ➔ 4
fair: ein faires Spiel
der **Fal|ke,** die Fal|ken (Greifvogel)
der **Fall,** die Fäl|le ➔ 5
die **Fal|le,** die Fal|len ➔ 5
fal|len, sie fällt, fiel, aber: ↗ <u>v</u>iel, ist ge|fal|len ➔ 5
fäl|len, er fäll|te ➔ 5
fäl|lig ➔ 5
falls ➔ 5
sie **fällt** ↗ fallen
falsch
fäl|schen, sie fälsch|te • die Fäl|schung
die **Fal|te,** die Fal|ten • fal|ten, der Fal|ter (Schmetterling)
die **Fa|mi|lie,** die Fa|mi|li|en
der **Fan,** die Fans • der Fan|klub
sie **fand** ↗ finden
fan|gen, er fängt, fing, hat ge|fan|gen
er **fängt** ↗ fangen
die **Fan|ta|sie** *auch:* ↗ Phantasie, die Fan|ta|si|en • fan|tas|tisch
die **Far|be,** die Far|ben
fär|ben, sie färb|te
far|big

Fa bis Fe — Fe bis Fe

die **Farm**, die Far|men
der **Farn**, die Far|ne
der **Fa|san**, die Fa|sa|ne
   (Hühnervogel)
der **Fa|sching**
die **Fa|ser**, die Fa|sern
das **Fass**, die Fäs|ser
die **Fas|sa|de**, die Fas|sa|den
fas|sen, er fasst,
   aber: ↗ fa<u>s</u>t, fass|te •
   die Fas|sung, fas|sungs|los
fast (beinahe),
   aber: er fa<u>sst</u> ↗ fassen
fas|ten, sie fas|te|te •
   die Fas|ten|zeit
das **Fast Food** *auch:* Fast|food
die **Fast|nacht** (Fasching)
fau|chen, er fauch|te ⇨ 6
faul (1. verdorben; 2. nicht
   fleißig), *aber:* ↗ fo<u>u</u>l • fau|len,
   fau|len|zen, die Faul|heit
die **Faust**, die Fäus|te
der **Fa|vo|rit**, die Fa|vo|ri|ten
die **Fa|vo|ri|tin**, die Fa|vo|ri|tin|nen
das **Fax**, die Fa|xe • fa|xen,
   das Fax|ge|rät
die **Fa|xe**, die Fa|xen •
   der Fa|xen|ma|cher,
   die Fa|xen|ma|che|rin
der **Fe|bru|ar**
fech|ten, sie ficht, focht, hat
   ge|foch|ten • der Fecht|kampf

die **Fe|der**, die Fe|dern
die **Fee**, die Fe|en
fe|gen, er feg|te
feh|len, sie fehl|te •
   der Feh|ler, feh|ler|frei
die **Fei|er**, die Fei|ern
fei|er|lich
fei|ern, er fei|er|te
feig/fei|ge • die Feig|heit,
   der Feig|ling
die **Fei|ge**, die Fei|gen (Frucht)
die **Fei|le**, die Fei|len • fei|len
fein • die Fein|heit
der **Feind**, die Fein|de
die **Fein|din**, die Fein|din|nen
feind|lich
die **Feind|schaft**,
   die Feind|schaf|ten
fei|xen, es feix|te ⇨ 5
das **Feld**, die Fel|der
die **Fel|ge**, die Fel|gen
das **Fell**, die Fel|le
der **Fels**/Fel|sen, die Fel|sen •
   fel|sen|fest, fel|sig,
   die Fels|wand
fe|mi|nin (weiblich)
der **Fe|mi|nis|mus** (Frauen-
   bewegung) • der Fe|mi|nist,
   die Fe|mi|nis|tin,
   fe|mi|nis|tisch
das **Fens|ter**, die Fens|ter
die **Fe|ri|en**

das **Fer|kel,** die Fer|kel
fern • die Fern|be|die|nung, die Fer|ne
fern|se|hen, sie sieht fern, sah fern, hat fern|ge|se|hen, das Fern|se|hen, der Fern|se|her ⮕ 10
die **Fer|se,** die Fer|sen
fer|tig • fer|ti|gen, die Fer|ti|gung
die **Fes|sel,** die Fes|seln • fes|seln
fest • fes|ti|gen, fest|stel|len ⮕ 6, die Fest|stel|lung, die Fes|tung
das **Fest,** die Fes|te • fest|lich, der Fest|tag
das **Fett,** die Fet|te • fett, fet|tig
der **Fet|zen,** die Fet|zen
feucht • die Feuch|tig|keit
das **Feu|er,** die Feu|er • feu|ern, die Feu|er|wehr, das Feu|er|werk, feu|rig
die **Fi|bel,** die Fi|beln
sie **ficht** ↗ fechten
die **Fich|te,** die Fich|ten (Nadelbaum)
das **Fie|ber** • fie|bern, das Fie|ber|ther|mo|me|ter, fieb|rig
sie **fiel** ↗ fallen
fies (gemein)
die **Fi|gur,** die Fi|gu|ren

der **Film,** die Fil|me • fil|men, der Film|star
der **Fil|ter,** die Fil|ter • fil|tern
der **Filz,** die Fil|ze • der Filz|stift
das **Fi|na|le,** die Fi|na|le / Fi|nals
die **Fi|nan|zen** • fi|nan|zi|ell, fi|nan|zie|ren
fin|den, sie fin|det, fand, hat ge|fun|den • fin|dig (einfallsreich), der Find|ling
er **fing** ↗ fangen
der **Fin|ger,** die Fin|ger
der **Fink,** die Fin|ken (Singvogel)
fin|nisch
Finn|land
fins|ter • die Fins|ter|nis
der **Fir|le|fanz** (Unsinn)
die **Fir|ma,** die Fir|men
die **Fir|mung,** die Fir|mun|gen
der **First,** die Firs|te (Dachfirst)
der **Fisch,** die Fi|sche • fi|schen, der Fi|scher, die Fi|sche|rin
fit • die Fit|ness
fix • fi|xie|ren, der Fix|stern
flach
die **Flä|che,** die Flä|chen
fla|ckern, es fla|cker|te
der **Fla|den,** die Fla|den
die **Flag|ge,** die Flag|gen
die **Flam|me,** die Flam|men
die **Flan|ke,** die Flan|ken • flan|ken

Fl bis Fl

die **Fla|sche,** die Fla|schen
flat|tern: 1. Der Schmetterling ist über die Wiese geflattert. / 2. Die Fahne hat im Wind geflattert.
flau
flech|ten, sie flicht, flocht, hat ge|floch|ten
der **Fleck,** die Fle|cken • fle|ckig
die **Fle|der|maus,** die Fle|der|mäu|se
der **Fle|gel,** die Fle|gel
fle|hen, er fleh|te
das **Fleisch** • der Flei|scher, die Flei|sche|rin, flei|schig
der **Fleiß** • flei|ßig
flet|schen: Die Wölfin fletschte die Zähne.
sie **flicht** ↗ flechten
fli|cken, er flick|te • der Fli|cken
der **Flie|der,** die Flie|der (Strauch)
die **Flie|ge,** die Flie|gen ➡ 6
flie|gen, sie fliegt, flog, ist ge|flo|gen • der Flie|ger, die Flie|ge|rei ➡ 6
flie|hen, er flieht, floh, ist ge|flo|hen • die ↗ Flucht
die **Flie|se,** die Flie|sen
flie|ßen, es fließt, floss, ist ge|flos|sen • flie|ßend ➡ 7
flim|mern, es flim|mert

Fl bis Fo

flink
die **Flin|te,** die Flin|ten (Gewehr)
flit|zen, sie flitz|te ➡ 4
sie **flocht** ↗ flechten
die **Flo|cke,** die Flo|cken
sie **flog** ↗ fliegen
er **floh** ↗ fliehen
der **Floh,** die Flö|he
es **floss** ↗ fließen
das **Floß,** die Flö|ße ➡ 7
die **Flos|se,** die Flos|sen ➡ 7
die **Flö|te,** die Flö|ten • flö|ten
flott
der **Fluch,** die Flü|che • flu|chen
die **Flucht,** die Fluch|ten
flüch|ten, er flüch|te|te • flüch|tig, die Flüch|tig|keit, der Flücht|ling
der **Flug,** die Flü|ge • das Flug|zeug ➡ 6
der **Flü|gel,** die Flü|gel ➡ 6
flüg|ge ➡ 6
flun|kern, sie flun|ker|te
der **Flur,** die Flu|re (Hausflur)
die **Flur,** die Flu|ren (Feldflur)
der **Fluss,** die Flüs|se ➡ 7
flüs|sig • die Flüs|sig|keit ➡ 7
flüs|tern, er flüs|ter|te ➡ 6
die **Flut,** die Flu|ten ➡ 7
der **Fly|er,** die Fly|er
sie **focht** ↗ fechten

das **Foh|len,** die Foh|len
der **Föhn,** die Föh|ne
    (1. warmer, trockener Wind;
    2. Haartrockner)
  föh|nen, sie föhn|te
die **Fol|ge,** die Fol|gen
  fol|gen, er ist/hat ge|folgt
die **Fo|lie,** die Fo|li|en
  fol|tern, sie fol|ter|te •
  die Fol|te|rung
  for|dern, er for|der|te •
  die For|de|rung
  för|dern, sie för|der|te
die **Fo|rel|le,** die Fo|rel|len
    (Fisch)
die **Form,** die For|men • for|men
das **For|mat,** die For|ma|te •
  for|ma|tie|ren
die **For|mel,** die For|meln • das
  For|mu|lar, for|mu|lie|ren
  for|schen, er forsch|te • der
  For|scher, die For|sche|rin,
  die For|schung
der **Förs|ter,** die Förs|ter
die **Förs|te|rin,**
  die Förs|te|rin|nen
  fort

  fort-: Suche von Wörtern mit *fort-,* die du hier nicht findest, den zweiten Wortteil (z. B. der Fortgang ↗ Gang).

der **Fort|schritt,**
  die Fort|schrit|te
  fort|set|zen, sie setz|te
  fort • die Fort|set|zung ➡ 11
das **Fos|sil,** die Fos|si|li|en
das **Fo|to,** die Fo|tos • der
  Fo|to|graf, fo|to|gra|fie|ren,
  die Fo|to|gra|fin
  foul (regelwidrig, unfair) •
  das Foul, das Foul|spiel
die **Fracht,** die Frach|ten •
  der Frach|ter
die **Fra|ge,** die Fra|gen
  fra|gen, er frag|te ➡ 6
das **Fra|ge|zei|chen,**
  die Fra|ge|zei|chen
  Frank|reich
die **Fran|se,** die Fran|sen
der **Fran|zo|se,** die Fran|zo|sen
die **Fran|zö|sin,**
  die Fran|zö|sin|nen
  fran|zö|sisch
 es **fraß** ↗ fressen
die **Frat|ze,** die Frat|zen
die **Frau,** die Frau|en
  frech • die Frech|heit
  frei • die Frei|heit
  frei|lich
der **Frei|tag,** die Frei|ta|ge •
  der Frei|tag|abend, frei|tags
  frei|wil|lig
die **Frei|zeit,** die Frei|zei|ten

fremd • der/die Frem|de, frem|deln, der Fremd|ling, die Fremd|spra|che ➔ 12
fres|sen, es frisst, fraß, hat ge|fres|sen: Friss! ➔ 2
die **Freu|de,** die Freu|den
sich **freu|en,** sie freu|te sich
der **Freund,** die Freun|de
die **Freun|din,** die Freun|din|nen
freund|lich
die **Freund|schaft,** die Freund|schaf|ten
der **Frie|de/Frie|den** •
   der Fried|hof, fried|lich
   frie|ren, er friert, fror, hat ge|fro|ren • der ➚ Frost
die **Fri|ka|del|le,** die Fri|ka|del|len
   frisch • die Fri|sche
der **Fri|seur,** die Fri|seu|re
die **Fri|seu|rin,** die Fri|seu|rin|nen
   fri|sie|ren, sie fri|sier|te
der **Fri|sör,** die Fri|sö|re
die **Fri|sö|rin,** die Fri|sö|rin|nen
 es **frisst** ➚ fressen
die **Frist,** die Fris|ten • frist|los
die **Fri|sur,** die Fri|su|ren
   froh
   fröh|lich • die Fröh|lich|keit
   fromm
die **Fröm|mig|keit**
   Fron|leich|nam
die **Front,** die Fron|ten • fron|tal

 er **fror** ➚ frieren
der **Frosch,** die Frö|sche
der **Frost,** die Frös|te
   frös|teln, er frös|tel|te
   fros|tig
die **Frucht,** die Früch|te • frucht-bar, die Frucht|bar|keit
   früh: morgen früh • die Frü|he: in der Frühe; frü|her, frü|hes|tens/frühs|tens
das **Früh|jahr,** die Früh|jah|re
der **Früh|ling,** die Früh|lin|ge
das **Früh|stück,** die Früh|stü|cke • früh|stü|cken ➔ 2
der **Frust** (kurz für: Frustration) • frus|triert (enttäuscht)
der **Fuchs,** die Füch|se
die **Fu|ge,** die Fu|gen
(sich) **fü|gen,** es füg|te (sich) • die Fü|gung
   füh|len, sie fühl|te • der Füh|ler
 er **fuhr** ➚ fahren
die **Fuh|re,** die Fuh|ren • das Fuhr|werk ➔ 4
   füh|ren, er führ|te • die Füh|rung
   fül|len, sie füll|te • der Fül|ler, die Fül|lung
der **Fund,** die Fun|de
das **Fun|da|ment,** die Fun|da|men|te

fünf: um halb fünf, fünf mal drei, *aber:* fünfmal laufen • **die Fünf:** eine Fünf bekommen; **fünf|mal,** **fünf|te:** das fünfte Mal; **fünf|zehn, fünf|zig**
der **Funk** • **fun|ken,** das Funk|ge|rät
der **Fun|ke/Fun|ken,** die Fun|ken • **fun|keln**
die **Funk|ti|on,** die Funk|ti|o|nen • **funk|ti|o|nie|ren**
für
die **Fur|che,** die Fur|chen
die **Furcht** • **furcht|bar**
(sich) **fürch|ten,** er fürch|te|te (sich) • **fürch|ter|lich**
für|ei|nan|der
fürs (für das): fürs Kind
die **Für|sor|ge** • **für|sorg|lich**
der **Fuß,** die Fü|ße • der Fuß|ball, der Fuß|gän|ger, die Fuß|gän|ge|rin
die/der **Fus|sel,** die Fus|seln
futsch (1. verloren; 2. kaputt)
das **Fut|ter** • **fut|tern** ➡ 2
füt|tern, sie füt|terte • die Füt|te|rung
das **Futur** (Zeitform des Verbs)

G g

g ↗ Gramm
er **gab** ↗ geben
die **Ga|be,** die Ga|ben
die **Ga|bel,** die Ga|beln • der Ga|bel|stap|ler
ga|ckern, es ga|cker|te
gaf|fen, er gaff|te ➡ 7
der **Gag,** die Gags
die **Ga|ge,** die Ga|gen
gäh|nen, sie gähn|te
die **Ga|la|xie,** die Ga|la|xi|en (Sternsystem)
die **Ga|la|xis** (Milchstraße)
die **Ga|lee|re,** die Ga|lee|ren
die **Gal|le,** die Gal|len
der **Ga|lopp** • **ga|lop|pie|ren**
es **galt** ↗ gelten
gam|me|lig/gamm|lig
gam|meln, es gam|mel|te
der **Gang,** die Gän|ge
die **Gang,** die Gangs (Bande) • der Gangs|ter, die Gangs|te|rin, der Gangs|ter-Rap
die **Gans,** die Gän|se
das **Gän|se|füß|chen,** die Gän|se|füß|chen
ganz: das ganze Haus

Ga bis Ga

gänz|lich
gar: gar kein, gar nicht
gar (fertig gekocht)
die **Ga|ra|ge,** die Ga|ra|gen
die **Ga|ran|tie,** die Ga|ran|ti|en • ga|ran|tie|ren
die **Gar|be,** die Gar|ben
die **Gar|de|ro|be,** die Gar|de|ro|ben
die **Gar|di|ne,** die Gar|di|nen
gä|ren, es gärt, gär|te/gor, hat/ist ge|gärt/ge|go|ren • die Gä|rung
das **Garn,** die Gar|ne
die **Gar|ni|tur,** die Gar|ni|tu|ren
der **Gar|ten,** die Gär|ten
der **Gärt|ner,** die Gärt|ner
die **Gärt|ne|rin,** die Gärt|ne|rin|nen
das **Gas,** die Ga|se
die **Gas|se,** die Gas|sen
der **Gast,** die Gäs|te • gast|lich, die Gast|stät|te
der **Gat|te,** die Gat|ten
die **Gat|tin,** die Gat|tin|nen
gau|keln, er gau|kel|te • der Gauk|ler, die Gauk|le|rin
der **Gaul,** die Gäu|le
der **Gau|men,** die Gau|men
der **Gau|ner,** die Gau|ner
die **Gau|ne|rin,** die Gau|ne|rin|nen

Gb bis Ge

GB ↗ Gigabyte

ge-: Suche von Wörtern mit *ge-*, die du hier nicht findest, den zweiten Wortteil (z. B. ge*frieren* ↗ frieren).

geb. ↗ geboren
das **Ge|bäck,** die Ge|bä|cke
sie **ge|bar** ↗ gebären
die **Ge|bär|de,** die Ge|bär|den
ge|bä|ren, sie ge|bärt/ge|biert, ge|bar, hat ge|bo|ren • die ↗ Geburt
das **Ge|bäu|de,** die Ge|bäu|de ⇨ 1
ge|ben, er gibt, gab, hat ge|ge|ben: Gib mir das Buch! ⇨ 3
das **Ge|bet,** die Ge|be|te
ge|be|ten ↗ bitten
sie **ge|biert** ↗ gebären
das **Ge|biet,** die Ge|bie|te
das **Ge|bil|de,** die Ge|bil|de
ge|bil|det: Er ist sehr gebildet.
das **Ge|bir|ge,** die Ge|bir|ge • ge|bir|gig
das **Ge|biss,** die Ge|bis|se
ge|bis|sen ↗ beißen
ge|blie|ben ↗ bleiben
ge|blümt
ge|bo|gen ↗ biegen

Ge bis Ge

ge|bo|ren ↗ gebären (geb.):
Frau Rot geb. Grün
ge|bor|gen ↗ bergen
ge|bor|gen (beschützt,
sicher) • die Ge|bor|gen|heit
das **Ge|bot**, die Ge|bo|te
ge|bo|ten ↗ bieten
ge|bracht ↗ bringen
ge|brannt ↗ brennen
ge|brau|chen,
sie ge|brauch|te •
die Ge|brauchs|an|wei|sung
ge|brech|lich ⇒ 3
ge|bro|chen ↗ brechen
ge|bro|chen ⇒ 3
das **Ge|brüll**
die **Ge|bühr**, die Ge|büh|ren
ge|bun|den ↗ binden
die **Ge|burt**, die Ge|bur|ten •
der Ge|burts|tag
das **Ge|büsch**, die Ge|bü|sche
ge|dacht ↗ denken
das **Ge|däcth|nis**,
die Ge|dächt|nis|se
der **Ge|dan|ke**, die Ge|dan|ken
das **Ge|deck**, die Ge|de|cke
ge|dei|hen, er ge|deiht,
ge|dieh, ist ge|die|hen
das **Ge|dicht**, die Ge|dich|te
er ge|dieh ↗ gedeihen
ge|die|hen ↗ gedeihen
das **Ge|drän|ge**

ge|dro|schen ↗ dreschen
ge|drun|gen ↗ dringen
die **Ge|duld** • ge|dul|dig
ge|durft ↗ dürfen
ge|eig|net
die **Ge|fahr**, die Ge|fah|ren ⇒ 4
ge|fähr|lich ⇒ 4
der **Ge|fähr|te**,
die Ge|fähr|ten ⇒ 4
die **Ge|fähr|tin**,
die Ge|fähr|tin|nen ⇒ 4
ge|fal|len, sie ge|fällt,
ge|fiel, hat ge|fal|len ⇒ 5
ge|fäl|lig •
die Ge|fäl|lig|keit ⇒ 5
ge|fäl|ligst ⇒ 5
sie ge|fällt ↗ gefallen
der/die **Ge|fan|ge|ne**,
die Ge|fan|ge|nen
das **Ge|fäng|nis**,
die Ge|fäng|nis|se
das **Ge|fäß**, die Ge|fä|ße
das **Ge|fie|der**, die Ge|fie|der
sie ge|fiel ↗ gefallen
ge|floch|ten ↗ flechten
ge|flo|gen ↗ fliegen
ge|flo|hen ↗ fliehen
ge|flos|sen ↗ fließen
das **Ge|flü|gel** ⇒ 6
ge|foch|ten ↗ fechten
ge|frä|ßig
ge|fro|ren ↗ frieren

Ge bis Ge

das Ge|fühl, die Ge|füh|le
ge|fun|den ↗ finden
ge|gan|gen ↗ gehen
ge|gen
die Ge|gend, die Ge|gen|den
ge|gen|ei|nan|der
der Ge|gen|satz,
die Ge|gen|sät|ze •
ge|gen|sätz|lich ⇒ 11
ge|gen|sei|tig
der Ge|gen|stand,
die Ge|gen|stän|de ⇒ 13
das Ge|gen|teil, die Ge|gen|tei|le
ge|gen|über
die Ge|gen|wart • ge|gen|wär|tig
ge|ges|sen ↗ essen
ge|glit|ten ↗ gleiten
ge|glom|men ↗ glimmen
der Geg|ner, die Geg|ner
die Geg|ne|rin,
die Geg|ne|rin|nen
ge|gol|ten ↗ gelten
ge|go|ren ↗ gären
ge|gos|sen ↗ gießen
ge|grif|fen ↗ greifen
das Ge|halt, die Ge|häl|ter
ge|han|gen ↗ hängen
ge|häs|sig
das Ge|häu|se, die Ge|häu|se
das Ge|he|ge, die Ge|he|ge
ge|heim • das Ge|heim|nis,
ge|heim|nis|voll

ge|hen, er geht, ging,
ist ge|gan|gen ⇒ 4
ge|heu|er
das Ge|hirn, die Ge|hir|ne
ge|ho|ben ↗ heben
ge|hol|fen ↗ helfen
das Ge|hör • ge|hör|los
ge|hor|chen, sie ge|horch|te
ge|hö|ren, es ge|hör|te
ge|hor|sam
der Geh|steig, die Geh|stei|ge
der Gei|er, die Gei|er
(Greifvogel)
die Gei|ge, die Gei|gen
geil
die Gei|sel, die Gei|seln
die Geiß, die Gei|ßen (Ziege) •
das Geiß|lein
der Geist, die Geis|ter • geis|tig
der Geiz • der Geiz|hals, gei|zig
ge|kannt ↗ kennen
ge|klun|gen ↗ klingen
ge|knif|fen ↗ kneifen
ge|konnt ↗ können
ge|kro|chen ↗ kriechen
das Gel, die Ge|le / Gels
das Ge|läch|ter
ge|lähmt
das Ge|län|de, die Ge|län|de
das Ge|län|der, die Ge|län|der
es ge|lang ↗ gelingen
ge|lan|gen, er ist ge|langt

Ge bis Ge

ge|las|sen •
die Ge|las|sen|heit
ge|launt: gut gelaunt sein
gelb • das Gelb: bei Gelb anhalten; das Gel|be: das Gelbe vom Ei; gelb|grün, gelb|lich, die Gelb|sucht
das **Geld,** die Gel|der
das/der **Ge|lee,** die Ge|lees
ge|le|gen ↗ liegen
ge|le|gen: Das kommt mir gelegen. • die Ge|le|gen|heit, ge|le|gent|lich
ge|lehrt • der/die Ge|lehr|te
das **Ge|lenk,** die Ge|len|ke •
ge|len|kig
ge|lie|hen ↗ leihen
ge|lin|gen, es ge|lingt, ge|lang, ist ge|lun|gen
ge|lit|ten ↗ leiden
ge|lo|gen ↗ lügen
gel|ten, es gilt, galt, hat ge|gol|ten
ge|lun|gen ↗ gelingen
ge|mäch|lich
das **Ge|mäl|de,** die Ge|mäl|de
das **Ge|me|cker**
ge|mein
die **Ge|mein|de,** die Ge|mein|den
die **Ge|mein|heit,** die Ge|mein|hei|ten

ge|mein|sam •
die Ge|mein|sam|keit
die **Ge|mein|schaft,** die Ge|mein|schaf|ten • ge|mein|schaft|lich
ge|mie|den ↗ meiden
ge|mocht ↗ mögen
ge|mol|ken ↗ melken
das **Ge|mur|mel**
das **Ge|mü|se,** die Ge|mü|se
ge|musst ↗ müssen
das **Ge|müt,** die Ge|mü|ter • ge|müt|lich, die Ge|müt|lich|keit
das **Gen,** die Ge|ne • die Gen|tech|nik
ge|nannt ↗ nennen
ge|nau • die Ge|nau|ig|keit
ge|nau|so: genauso gut
ge|neh|mi|gen, es ge|neh|mig|te • die Ge|neh|mi|gung ➔ 8
die **Ge|ne|ral|pro|be,** die Ge|ne|ral|pro|ben
die **Ge|ne|ra|ti|on,** die Ge|ne|ra|ti|o|nen
der **Ge|ne|ra|tor,** die Ge|ne|ra|to|ren
ge|ni|al: eine geniale Idee
das **Ge|nick,** die Ge|ni|cke
das **Ge|nie,** die Ge|nies
sich ge|nie|ren, sie ge|nier|te sich

Ge bis Ge

ge|nie|ßen, er ge|nießt,
ge|noss, hat ge|nos|sen •
der ↗ Genuss
der **Ge|ni|tiv** (Wesfall – 2. Fall)
ge|nom|men ↗ nehmen
er ge|noss ↗ genießen
ge|nos|sen ↗ genießen
ge|nug: genug haben
ge|nü|gen, es ge|nüg|te •
ge|nü|gend, ge|nüg|sam
der **Ge|nuss**, die Ge|nüs|se •
ge|nüss|lich
die **Geo|gra|fie** auch:
Geo|gra|phie (Erdkunde)
die **Geo|me|trie**
(Teilgebiet der Mathematik)
das **Ge|päck**
der **Ge|pard**, die Ge|par|den
(Raubkatze)
ge|pfif|fen ↗ pfeifen
ge|quol|len ↗ quellen
ge|ra|de • ge|ra|de|aus
die **Ge|ra|nie**, die Ge|ra|ni|en
(Blume)
sie ge|rann ↗ gerinnen
ge|rannt ↗ rennen
es ge|rät ↗ geraten
das **Ge|rät**, die Ge|rä|te
ge|ra|ten, es ge|rät,
ge|riet, ist ge|ra|ten
ge|räu|mig
das **Ge|räusch**, die Ge|räu|sche

ge|recht •
die Ge|rech|tig|keit
das **Ge|richt**, die Ge|rich|te
ge|rie|ben ↗ reiben
es ge|riet ↗ geraten
ge|ring • ge|ring|fü|gig
ge|rin|nen, sie ge|rinnt,
ge|rann, ist ge|ron|nen
das **Ge|rip|pe**, die Ge|rip|pe
ge|ris|sen ↗ reißen
ge|ris|sen (schlau)
ge|rit|ten ↗ reiten
der **Ger|ma|ne**, die Ger|ma|nen
die **Ger|ma|nin**,
die Ger|ma|nin|nen
gern/ger|ne, lie|ber,
am liebs|ten • gern|ha|ben
ge|ro|chen ↗ riechen
das **Ge|röll** • die Ge|röll|hal|de
ge|ron|nen ↗ rinnen
ge|ron|nen ↗ gerinnen
die **Gers|te** (Getreide)
der **Ge|ruch**, die Ge|rü|che
das **Ge|rücht**, die Ge|rüch|te
das **Ge|rüm|pel**
ge|run|gen ↗ ringen
das **Ge|rüst**, die Ge|rüs|te
ge|samt
ge|sandt ↗ senden
der **Ge|sang**, die Ge|sän|ge
das **Ge|säß**, die Ge|sä|ße ➔ 11
das **Ge|schäft**, die Ge|schäf|te

Ge bis Ge

es ge|schah ↗ geschehen
ge|sche|hen, es ge|schieht,
ge|schah, ist ge|sche|hen
ge|scheit (klug)
das Ge|schenk, die Ge|schen|ke
die Ge|schich|te,
die Ge|schich|ten
die Ge|schick|lich|keit
ge|schickt
ge|schie|den ↗ scheiden
es ge|schieht ↗ geschehen
ge|schie|nen ↗ scheinen
das Ge|schirr, die Ge|schir|re
das Ge|schlecht,
die Ge|schlech|ter
ge|schli|chen ↗ schleichen
ge|schlif|fen ↗ schleifen
ge|schlos|sen ↗ schließen
ge|schlun|gen ↗ schlingen
der Ge|schmack,
die Ge|schmä|cker
ge|schmei|dig
ge|schmis|sen ↗ schmeißen
ge|schmol|zen ↗ schmelzen
ge|schnit|ten ↗ schneiden
ge|scho|ben ↗ schieben
das Ge|schöpf, die Ge|schöp|fe
das Ge|schoss, die Ge|schos|se
ge|schos|sen ↗ schießen
das Ge|schrei
ge|schrie|ben ↗ schreiben
ge|schrien ↗ schreien

ge|schrit|ten ↗ schreiten
das Ge|schütz, die Ge|schüt|ze
das Ge|schwätz • ge|schwät|zig
ge|schwie|gen ↗ schweigen
ge|schwind •
die Ge|schwin|dig|keit
die Ge|schwis|ter
ge|schwol|len ↗ schwellen
ge|schwom|men
    ↗ schwimmen
ge|schwo|ren ↗ schwören
ge|schwun|gen ↗ schwingen
das Ge|schwür, die Ge|schwü|re
der Ge|sel|le, die Ge|sel|len
ge|sel|lig • die Ge|sel|lig|keit
die Ge|sel|lin, die Ge|sel|lin|nen
die Ge|sell|schaft,
die Ge|sell|schaf|ten
ge|ses|sen ↗ sitzen
das Ge|setz, die Ge|set|ze •
ge|setz|lich ➡ 11
das Ge|sicht, die Ge|sich|ter ➡ 10
das Ge|sin|del
ge|sof|fen ↗ saufen
ge|so|gen ↗ saugen
das Ge|spann, die Ge|span|ne
ge|spannt
das Ge|spenst, die Ge|spens|ter •
ge|spens|tisch
ge|spon|nen ↗ spinnen
das Ge|spräch, die Ge|sprä|che •
ge|sprä|chig ➡ 12

Ge bis Ge

ge|spro|chen ↗ sprechen
ge|spros|sen ↗ sprießen
ge|sprun|gen ↗ springen
das **Ge|spür**
die **Ge|stalt**, die Ge|stal|ten •
ge|stal|ten, die Ge|stal|tung
sie ge|stand ↗ gestehen
ge|stan|den ↗ stehen
ge|stan|den ↗ gestehen
das **Ge|ständ|nis**,
die Ge|stand|nis|se → 13
der **Ge|stank**
ge|stat|ten, er ge|stat|te|te
ge|ste|hen, sie ge|steht,
ge|stand, hat ge|stan|den → 13
das **Ge|stein**, die Ge|stei|ne
das **Ge|stell**, die Ge|stel|le
ges|tern: gestern Abend
ge|stie|gen ↗ steigen
die **Ges|tik** • ges|ti|ku|lie|ren
das **Ge|stö|ber**, die Ge|stö|ber •
das Schnee|ge|stö|ber
ge|sto|chen ↗ stechen
ge|stoh|len ↗ stehlen
ge|stor|ben ↗ sterben
ge|stri|chen ↗ streichen
ge|strit|ten ↗ streiten
das **Ge|strüpp**
ge|stun|ken ↗ stinken
ge|sund, ge|sün|der,
am ge|sün|des|ten •
die Ge|sund|heit

ge|sun|gen ↗ singen
ge|sun|ken ↗ sinken
ge|tan ↗ tun
das **Ge|tö|se** (Krach, Lärm)
das **Ge|tränk**, die Ge|trän|ke
das **Ge|trei|de**
das **Ge|trie|be**, die Ge|trie|be
ge|trie|ben ↗ treiben
ge|trof|fen ↗ treffen
ge|trun|ken ↗ trinken
das **Ge|wächs**, die Ge|wäch|se
ge|wäh|ren, er ge|währ|te
die **Ge|walt**, die Ge|wal|ten •
ge|wal|tig, ge|walt|sam
das **Ge|wand**, die Ge|wän|der
ge|wandt (geschickt) •
die Ge|wandt|heit
ge|wandt ↗ wenden
sie ge|wann ↗ gewinnen
das **Ge|wäs|ser**, die Ge|wäs|ser
das **Ge|we|be**, die Ge|we|be
das **Ge|wehr**, die Ge|weh|re
das **Ge|weih**, die Ge|wei|he
das **Ge|wer|be**, die Ge|wer|be
die **Ge|werk|schaft**,
die Ge|werk|schaf|ten •
ge|werk|schaft|lich
ge|we|sen ↗ sein
ge|wi|chen ↗ weichen
das **Ge|wicht**, die Ge|wich|te •
ge|wich|tig
ge|wie|sen ↗ weisen

Ge bis Ge — Ge bis Gl

das Ge|wim|mel
das Ge|win|de, die Ge|win|de
der Ge|winn, die Ge|win|ne
    ge|win|nen, sie ge|winnt, ge|wann, hat ge|won|nen
das Ge|wirr
    ge|wiss • die Ge|wiss|heit
das Ge|wis|sen • ge|wis|sen|haft
das Ge|wit|ter, die Ge|wit|ter
    ge|wo|gen ↗ wiegen
    ge|wöh|nen, er ge|wöhn|te
die Ge|wohn|heit,
    die Ge|wohn|hei|ten
    ge|wöhn|lich
    ge|wohnt
    ge|wöhnt
das Ge|wöl|be, die Ge|wöl|be • ge|wölbt
    ge|won|nen ↗ gewinnen
    ge|wor|ben ↗ werben
    ge|wor|den ↗ werden
    ge|wor|fen ↗ werfen
    ge|wrun|gen ↗ wringen
das Ge|wühl
    ge|wun|den ↗ winden
    ge|wun|ken ↗ winken
das Ge|würz, die Ge|wür|ze
    ge|wusst ↗ wissen
die Ge|zei|ten (Ebbe und Flut)
das Ge|ze|ter
    ge|zo|gen ↗ ziehen
das Ge|zwit|scher

    ge|zwun|gen ↗ zwingen
der Gie|bel, die Gie|bel
die Gier • gie|rig
    gie|ßen, sie gießt, goss, hat ge|gos|sen • der ↗ Guss
das Gift, die Gif|te • gif|tig
das Gi|ga|byte, die Gi|ga|byte/ Gi|ga|bytes: 5 Gigabyte/5 GB
  es gilt ↗ gelten
  er ging ↗ gehen
der Gins|ter,
    die Gins|ter (Strauch)
der Gip|fel, die Gip|fel
der Gips • gip|sen
die Gi|raf|fe, die Gi|raf|fen
die Gir|lan|de, die Gir|lan|den
die Gi|tar|re, die Gi|tar|ren
das Git|ter, die Git|ter
der Glanz
    glän|zen, er glänz|te
das Glas, die Glä|ser
die Gla|sur, die Gla|su|ren
    glatt
die Glät|te
die Glat|ze, die Glat|zen
der Glau|be • glau|ben
    gläu|big
    gleich • gleich|be|rech|tigt, die Gleich|be|rech|ti|gung, das Gleich|ge|wicht, gleich|gül|tig, gleich|mä|ßig, das Gleich|nis, gleich|zei|tig

Gl bis Go

das **Gleis,** die Glei|se
glei|ten, sie glei|tet, glitt, ist ge|glit|ten
der **Glet|scher,** die Glet|scher
das **Glied,** die Glie|der • glie|dern, die Glie|de|rung
glim|men, es glimmt, glimm|te/glomm, hat ge|glimmt/ge|glom|men
glimpf|lich (ohne größeren Schaden)
glit|schig
sie **glitt** ↗ gleiten
glit|zern, es glit|zer|te
glo|bal • die Glo|ba|li|sie|rung
der **Glo|bus,** die Glo|bus|se/Glo|ben
die **Glo|cke,** die Glo|cken
es **glomm** ↗ glimmen
glot|zen, er glotz|te ➡ 7
das **Glück** • glü|cken, glück|lich, der Glück|wunsch
die **Glu|cke,** die Glu|cken
glu|ckern, es glu|cker|te
glü|hen, es glüh|te
die **Glut,** die Glu|ten
die **Gna|de** • gna|den|los
gnä|dig
die **Gnoc|chi**
der **Gnom,** die Gno|me (Zwerg, Kobold)
der **Go|ckel,** die Go|ckel (Hahn)

Go bis Gr

das **Gold** • gol|den, gol|dig
das **Golf** (Rasenspiel) • der Gol|fer, die Gol|fe|rin
der **Golf,** die Gol|fe (große Meeresbucht)
die **Gon|del,** die Gon|deln
der **Gong,** die Gongs
gön|nen: Sie gönnte ihm den Erfolg. • gön|ner|haft (herablassend)
es **gor** ↗ gären
der **Go|ril|la,** die Go|ril|las
sie **goss** ↗ gießen
der **Gott,** die Göt|ter
die **Göt|tin,** die Göt|tin|nen
gött|lich
das **Grab,** die Grä|ber
gra|ben, er gräbt, grub, hat ge|gra|ben
der **Gra|ben,** die Grä|ben
er **gräbt** ↗ graben
der/das **Grad,** die Grad/Gra|de: neunzig Grad/90°, aber: der ↗ Grat
der **Graf,** die Gra|fen
der/das **Graf|fi|to,** die Graf|fi|ti
die **Gra|fik** auch: ↗ Graphik, die Gra|fi|ken • gra|fisch
die **Grä|fin,** die Grä|fin|nen
der **Gram** (großer Kummer)
das **Gramm,** die Gramm/Gram|me: acht Gramm/8 g

die **Gram|matik,**
   die Gram|ma|ti|ken
   (Sprachlehre)
die **Gra|na|te,** die Gra|na|ten
der **Gra|nit,** die Gra|ni|te
   (Gestein)
die **Grape|fruit,**
   die Grape|fruits
die **Gra|phik** *auch:* ↗ Grafik,
   die Gra|phi|ken • gra|phisch
das **Gras,** die Grä|ser
gräss|lich
der **Grat,** die Gra|te:
   ein schmaler Grat,
   aber: der/das ↗ Gra<u>d</u>
die **Grä|te,** die Grä|ten
gra|tis (kostenlos)
die **Grät|sche,** die Grät|schen
die **Gra|tu|la|ti|on,**
   die Gra|tu|la|ti|o|nen
gra|tu|lie|ren,
   sie gra|tu|lier|te
grau • das Grau, grau-
   blau, grau|en (dämmern)
das **Gräu|el,** die Gräu|el •
   gräu|lich
(sich) **grau|en,** es grau|te (sich) •
   das Grau|en, grau|en|haft
die **Grau|pe,** die Grau|pen •
   die Grau|pen|sup|pe
die **Grau|pel,** die Grau|peln •
   der Grau|pel|schau|er

grau|sam •
   die Grau|sam|keit
grau|sig
gra|vie|ren, er gra|vier|te
die **Gra|vi|ta|ti|on**
   (Anziehungskraft)
die **Gra|vur,** die Gra|vu|ren
grei|fen, sie greift, griff,
   hat ge|grif|fen
der **Greif|vo|gel,** die Greif|vö|gel
grei|nen, es grein|te ⇒ 9
der **Greis,** die Grei|se
die **Grei|sin,** die Grei|sin|nen
grell: grelles Licht
die **Gren|ze,** die Gren|zen
Grie|chen|land • grie|chisch
der **Gries|gram** • gries|grä|mig
der **Grieß,** die Grie|ße •
   der Grieß|brei
sie **griff** ↗ greifen
der **Griff,** die Grif|fe
der **Grill,** die Grills
die **Gril|le,** die Gril|len (Insekt)
gril|len: Er grillte Fisch.
die **Gri|mas|se,** die Gri|mas|sen
grim|mig
grin|sen, sie grins|te ⇒ 5
die **Grip|pe,** die Grip|pen,
   aber: die ↗ Krippe
der **Grips** (Verstand)
grob, grö|ber, am
   gröbs|ten • der Gro|bi|an

grö|len, er gröl|te ➔ 6
der Groll
grol|len, sie groll|te
der Gro|schen, die Gro|schen
groß, grö|ßer, am größ|ten •
groß|ar|tig
Groß|bri|tan|ni|en
die Grö|ße, die Grö|ßen
die Groß|el|tern
groß|zü|gig ➔ 15
die Grot|te, die Grot|ten
er grub ↗ graben
die Gru|be, die Gru|ben
grü|beln, er grü|bel|te
grün • das Grün, das Grü|ne:
ins Grüne fahren; grü|nen,
grün|lich
der Grund, die Grün|de:
zu Grunde liegen auch:
↗ zugrunde; auf Grund
auch: ↗ aufgrund
grün|den: Sie gründete einen
Verein. • die Grün|dung
das Grund|ge|setz
gründ|lich •
die Gründ|lich|keit
der Grund|riss, die Grund|ris|se
grund|sätz|lich
die Grund|schu|le,
die Grund|schu|len
grun|zen, es grunz|te ➔ 6
die Grup|pe, die Grup|pen

gru|se|lig/grus|lig
sich gru|seln, er gru|sel|te sich
der Gruß, die Grü|ße
grü|ßen, sie grüß|te
gu|cken, er guck|te ➔ 7
der/das Gu|lasch, die Gu|la|sche/
Gu|laschs
die Gül|le
der Gul|ly, die Gul|lys
gül|tig • die Gül|tig|keit
der/das Gum|mi, die Gum|mis •
der Gum|mi|twist
die Gunst: zu Gunsten
auch: ↗ zugunsten
güns|tig
die Gur|gel, die Gur|geln •
gur|geln
die Gur|ke, die Gur|ken
der Gurt, die Gur|te
der Gür|tel, die Gür|tel
der Guss, die Güs|se
gut, bes|ser, am bes|ten •
das Gu|te: alles Gute
wünschen
das Gut, die Gü|ter:
sein Hab und Gut verlieren
die Gü|te • gü|tig
das Gym|na|si|um,
die Gym|na|si|en
die Gym|nas|tik
das Gy|ros, die Gy|ros
(griechische Speise)

h ↗ Stunde
das **Haar,** die Haa|re, *aber:*
das ↗ Härchen • haa|rig
die **Ha|be** (Besitz)
ha|ben, du hast, sie hat,
hat|te, hat ge|habt, ihr habt,
er hät|te • hab|gie|rig
der **Ha|bicht,** die Ha|bich|te
(Greifvogel)
die **Ha|cke,** die Ha|cken
ha|cken, er hack|te •
der Ha|cker, die Ha|cke|rin
der **Ha|fen,** die Hä|fen
der **Ha|fer** (Getreide) •
die Ha|fer|flo|cken
die **Haft** (Gefangenschaft)
haf|ten, sie haf|te|te •
die Haf|tung
der **Häft|ling,** die Häft|lin|ge
die **Ha|ge|but|te,**
die Ha|ge|but|ten
der **Ha|gel** • ha|geln
ha|ger (mager, knochig)
der **Hahn,** die Häh|ne
der **Hai,** die Haie (Raubfisch)
das **Hai|ku,** die Hai|kus
(japanische Gedichtform)

hä|keln, er hä|kel|te
der **Ha|ken,** die Ha|ken
halb: halb eins, halb voll •
hal|bie|ren, die Halb|in|sel,
halb|tags, die Halb|zeit
die **Hal|de,** die Hal|den
sie **half** ↗ helfen
die **Hälf|te,** die Hälf|ten
die **Hal|le,** die Hal|len
hal|len, es hall|te
hal|lo!
das **Hal|lo|ween** (Feier am
Tag vor Allerheiligen)
der **Halm,** die Hal|me
das **Hal|ma** (Brettspiel)
die **Ha|lo|gen|lam|pe,**
die Ha|lo|gen|lam|pen
der **Hals,** die Häl|se
sie **hält** ↗ halten
der **Halt:** Halt machen
auch: ↗ haltmachen;
nirgends Halt finden
halt|bar • die Halt|bar|keit
hal|ten, sie hält, hielt,
hat ge|hal|ten • die Hal|tung
halt|ma|chen *auch:* ↗ Halt
machen, er mach|te halt
der **Ha|lun|ke,** die Ha|lun|ken
Ham|burg • ham|bur|gisch
hä|misch
der **Ham|mel,** die Ham|mel
der **Ham|mer,** die Häm|mer

Ha bis Ha

häm|mern, sie häm|mer|te
ham|peln • der Ham|pel|mann
der **Hams|ter,** die Hams|ter •
hams|tern
die **Hand,** die Hän|de • hand|lich,
die Hand|schrift ➔ 9
der **Han|del**
han|deln, er han|del|te •
der Händ|ler, die Händ|le|rin,
die Hand|lung
das **Hand|werk,** die Hand|wer|ke •
der Hand|wer|ker,
die Hand|wer|ke|rin
das **Han|dy,** die Han|dys
(Mobiltelefon)
der **Hanf** (Pflanze)
der **Hänf|ling,** die Hänf|lin|ge
(1. Singvogel; 2. schmäch-
tiger Mensch)
der **Hang,** die Hän|ge
die **Hän|ge|mat|te,**
die Hän|ge|mat|ten
hän|gen, sie hängt, häng|te,
hat ge|hängt: 1. Sie hängte das
Bild an die Wand. / es hängt,
hing, hat ge|han|gen: 2. Das
Bild hing an der Wand.
Han|no|ver
die **Han|se** • die Han|se|stadt
hän|seln, er hän|sel|te
die **Han|tel,** die Han|teln
han|tie|ren, sie han|tier|te

der **Hap|pen,** die Hap|pen
hap|py • das Hap|py End
auch: Hap|py|end
das **Här|chen,** die Här|chen
die **Hard|ware,** die Hard|wares
die **Har|fe,** die Har|fen
die **Har|ke,** die Har|ken
der **Har|le|kin,** die Har|le|ki|ne
harm|los
die **Har|mo|nie,**
die Har|mo|ni|en •
har|mo|nie|ren, har|mo|nisch
der **Harn** • die Harn|bla|se
die **Har|pu|ne,** die Har|pu|nen
hart, här|ter, am
här|tes|ten
die **Här|te,** die Här|ten
hart|nä|ckig
das **Harz,** die Har|ze
der **Harz** (deutsches
Mittelgebirge)
der **Ha|se,** die Ha|sen •
ha|sen|her|zig (feige)
die **Ha|sel|nuss,**
die Ha|sel|nüs|se
die **Hä|sin,** die Hä|sin|nen
der **Hass:** von Hass erfüllt sein
has|sen, er hass|te
häss|lich • die Häss|lich|keit
du **hast** ↗ haben,
aber: du ha<u>ss</u>t ↗ hassen
die **Hast** • has|ten ➔ 4, has|tig

Ha bis He   He bis He

sie **hat** ↗ haben
hat|schi!
sie **hat|te** ↗ haben
er **hät|te** ↗ haben
die **Hau|be**, die Hau|ben
der **Hauch**, die Hau|che •
hauch|dünn, hau|chen ⮕ 6
hau|en, sie haut, hau|te/
hieb, hat ge|hau|en
der **Hau|fen**, die Hau|fen
häu|fig
das **Haupt**, die Häup|ter
der **Häupt|ling**, die Häupt|lin|ge
haupt|säch|lich
die **Haupt|stadt**,
die Haupt|städ|te
das **Haus**, die Häu|ser: nach
Hause gehen *auch:*
↗ nachhause; zu Hause
bleiben *auch:* ↗ zuhause
hau|sen, er haus|te
der **Haus|halt**, die Haus|hal|te
haus|hoch
häus|lich
die **Haut**, die Häu|te
(sich) **häu|ten**, sie häu|te|te (sich)
die **Ha|xe**, die Ha|xen
die **Heb|am|me**,
die Heb|am|men
der **He|bel**, die He|bel
he|ben, er hebt, hob,
hat ge|ho|ben

der **Hecht**, die Hech|te
(Raubfisch)
das **Heck**, die Hecks/He|cke •
der **Heck|an|trieb**
die **He|cke**, die He|cken
das **Heer**, die Hee|re
die **He|fe**, die He|fen •
der **He|fe|teig**
das **Heft**, die Hef|te
hef|ten, sie hef|te|te
hef|tig
die **Hei|de**, die Hei|den
(1. sandiges, unbebautes
Land; 2. Heidekraut):
die Lüneburger Heide
die **Hei|del|bee|re**,
die Hei|del|bee|ren
heil • heil|bar, hei|len,
heil|froh
hei|lig: die heilige Taufe,
aber: der Heilige Abend,
die Heiligen Drei Könige,
die Heilige Schrift •
der/die Hei|li|ge,
das Hei|lig|tum
das **Heim**, die Hei|me • heim,
die Hei|mat, heim|ge|hen,
heim|keh|ren, heim|lich,
das Heim|weh
das **Hein|zel|männ|chen**,
die Hein|zel|männ|chen
die **Hei|rat**, die Hei|ra|ten

hei|ra|ten, er hei|ra|te|te
hei|ser • die Hei|ser|keit
heiß
hei|ßen, sie heißt, hieß, hat ge|hei|ßen
hei|ter • die Hei|ter|keit
hei|zen, er heiz|te • die Hei|zung
die Hek|tik • hek|tisch
der Held, die Hel|den
die Hel|din, die Hel|din|nen
hel|fen, sie hilft, half, hat ge|hol|fen: Hilf mir!
der He|li|kop|ter, die He|li|kop|ter
hell • die Hel|lig|keit, hell|wach
der Helm, die Hel|me
das Hemd, die Hem|den
hem|men, er hemm|te • die Hem|mung, hem|mungs|los
der Hengst, die Hengs|te (männliches Pferd)
der Hen|kel, die Hen|kel
die Hen|ne, die Hen|nen
her: hin und her

her-: Suche von Wörtern mit her- (auch: herab-, heran-, herauf-, heraus-, herbei-, herein-, herüber-, herum-, herunter-, hervor-), die du hier nicht findest, den letzten Wortteil (z. B. her<u>sehen</u> ↗ sehen).

he|rab
he|ran
he|rauf
he|raus
herb
das Her|ba|ri|um, die Her|ba|ri|en (Sammlung getrockneter Pflanzen)
her|bei
die Her|ber|ge, die Her|ber|gen
der Herbst • herbst|lich
der Herd, die Her|de
die Her|de, die Her|den
he|rein
der He|ring, die He|rin|ge (1. Fisch; 2. Zeltbefestigung)
die Her|kunft
der Herr, die Her|ren
die Her|rin, die Her|rin|nen
herr|lich
herr|schen, sie herrsch|te • der Herr|scher, die Herr|sche|rin
her|stel|len, er stell|te her • die Her|stel|lung
he|rü|ber
he|rum
he|run|ter
her|vor
her|vor|ra|gend
das Herz, die Her|zen • herz|lich

He bis Hi

Hes|sen • hes|sisch
het|zen, sie hetz|te ➔ 4 •
die Het|ze|rei
das **Heu**
heu|cheln, er heu|chel|te •
heuch|le|risch
heu|len, sie heul|te ➔ 9
die **Heu|schre|cke**,
die Heu|schre|cken
heu|te: heute Morgen,
heute früh • heut|zu|ta|ge
die **He|xe**, die He|xen • he|xen,
die He|xe|rei
sie **hieb** ➚ hauen
der **Hieb**, die Hie|be
sie **hielt** ➚ halten
hier: von hier nach da
hier|her
hier|mit
die **Hie|ro|gly|phe**,
die Hie|ro|gly|phen
sie **hieß** ➚ heißen
die **Hi-Fi-An|la|ge**,
die Hi-Fi-An|la|gen
die **Hil|fe**, die Hil|fen: mit Hilfe
auch: ➚ mithilfe • hilf|los,
hilfs|be|reit
sie **hilft** ➚ helfen
die **Him|bee|re**, die Him|bee|ren
der **Him|mel**, die Him|mel •
him|mel|blau, himm|lisch
hin: hin und her

Hi bis Hi

hin-: Suche von Wörtern mit *hin-* (auch: *hinab-, hinauf-, hinaus-, hindurch-, hinein-, hinüber-, hinunter-, hinzu-*), die du hier nicht findest, den letzten Wortteil (z. B. hinaus<u>sehen</u> ➚ sehen).

hi|nab
hi|nauf
hi|naus
hin|dern, es hin|der|te •
das Hin|der|nis
Hin|du|is|mus • hin|du|is|tisch
hin|durch
hi|nein
hin|fäl|lig ➔ 5
es **hing** ➚ hängen
hin|ken,
er hat / ist ge|hinkt ➔ 4
(sich) hin|set|zen,
sie setz|te (sich) hin ➔ 11
hin|ten • hin|ten|drauf
hin|ter: hinter dem Haus
hin|te|re: die hintere Reihe
hin|ter|ei|nan|der
der **Hin|ter|grund**,
die Hin|ter|grün|de
hin|ter|häl|tig
hin|ter|her
hin|ter|lis|tig
der **Hin|tern**, die Hin|tern

Hi bis Ho

hin|ter|rücks
hi|nü|ber
hi|nun|ter
der **Hin|weis,** die Hin|wei|se
hin|zu
der **Hip-Hop** *auch:* Hip|hop
das **Hirn,** die Hir|ne
der **Hirsch,** die Hir|sche
die **Hir|se** (Getreide)
der **Hirt**/Hir|te, die Hir|ten
die **Hir|tin,** die Hir|tin|nen
der **Hit,** die Hits • die Hit|pa|ra|de
die **Hit|ze** • hit|zig, der Hitz|kopf
er **hob** ↗ heben
das **Hob|by,** die Hob|bys
der **Ho|bel,** die Ho|bel • ho|beln
hoch, hö|her, am höchs|ten:
der hohe Baum • hoch|mü|tig,
hoch|nä|sig
höchst • höchs|tens
die **Hoch|zeit,** die Hoch|zei|ten
ho|cken, er hock|te •
der Ho|cker
das **Ho|ckey:** Sie spielt Hockey.
der **Ho|den,** die Ho|den
der **Hof,** die Hö|fe
hof|fen, sie hoff|te •
hof|fent|lich, die Hoff|nung,
hoff|nungs|los
höf|lich • die Höf|lich|keit
die **Hö|he,** die Hö|hen
hohl

Ho bis Ho

die **Höh|le,** die Höh|len
der **Hohn** (Spott, Verachtung)
höh|nisch
Ho|kus|po|kus (Zauberwort)
ho|len, er hol|te
Hol|land • hol|län|disch
die **Höl|le,** die Höl|len • höl|lisch
hol|pe|rig/holp|rig
hol|pern, es hol|per|te
der **Ho|lun|der,** die Ho|lun|der •
die Ho|lun|der|bee|re
das **Holz,** die Höl|zer
höl|zern
die **Home|page,**
die Home|pages
ho|mo|se|xu|ell
(gleichgeschlechtlich)
der **Ho|nig,** die Ho|ni|ge
der **Hop|fen,** die Hop|fen
(Kletterpflanze)
hop|peln, es hop|pel|te
hopp|la
hop|sen, sie hops|te •
der Hop|ser
hor|chen, er horch|te
die **Hor|de,** die Hor|den
hö|ren, sie hör|te •
der Hö|rer, die Hö|re|rin,
das Hör|spiel
der **Ho|ri|zont,** die Ho|ri|zon|te •
ho|ri|zon|tal (waagerecht)
das **Hor|mon,** die Hor|mo|ne

Ho bis Hu

das **Horn,** die Hör|ner
die **Hor|nis|se,** die Hor|nis|sen
das **Ho|ro|skop,** die Ho|ro|sko|pe
der **Hor|ror** • der Hor|ror|film
der **Horst,** die Hors|te (Greifvogelnest)
der **Hort,** die Hor|te • hor|ten, der Kin|der|hort
die **Ho|se,** die Ho|sen
das **Hos|pi|tal,** die Hos|pi|tä|ler (Krankenhaus)
der/das **Hot|dog** *auch:* Hot Dog, die Hot|dogs *auch:* Hot Dogs
das **Ho|tel,** die Ho|tels
die **Hot|line,** die Hot|lines
hübsch
der **Hub|schrau|ber,** die Hub|schrau|ber
hu|cke|pack
der **Huf,** die Hu|fe
die **Hüf|te,** die Hüf|ten
der **Hü|gel,** die Hü|gel • hü|ge|lig / hüg|lig
das **Huhn,** die Hüh|ner
die **Hül|le,** die Hül|len
die **Hül|se,** die Hül|sen
hu|man • die Hu|ma|ni|tät (Menschlichkeit)
die **Hum|mel,** die Hum|meln
der **Hum|mer,** die Hum|mer (Krebsart)
der **Hu|mor** • hu|mor|voll

Hu bis Hy

hum|peln, er hat / ist ge|hum|pelt ➔ 4
der **Hu|mus** • die Hu|mus|er|de
der **Hund,** die Hun|de
hun|dert (einhundert): bis hundert zählen • der Hun|der|ter, hun|dert|mal, hun|dert|pro|zen|tig, das Hun|derts|tel
der **Hun|ger** • hun|gern, hung|rig
die **Hu|pe,** die Hu|pen • hu|pen
hüp|fen, sie hüpf|te
die **Hür|de,** die Hür|den • der Hür|den|lauf
hur|ra!
hu|schen, er husch|te ➔ 4
hus|ten, sie hus|te|te • der Hus|ten
der **Hut,** die Hü|te
hü|ten, er hü|te|te
die **Hüt|te,** die Hüt|ten
die **Hy|a|zin|the,** die Hy|a|zin|then (Blume)
der **Hy|drant,** die Hy|dran|ten (Wasserzapfstelle an der Straße)
die **Hy|gi|e|ne** (Sauberkeit) • hy|gi|e|nisch

Ic bis Im   Im bis In

I i

der **IC**® (*kurz für:* ↗ **I**nter**c**ity),
  die ICs
der **ICE**® (*kurz für:* ↗ **I**nter**c**ity-
  express), die ICEs
ich
ide|al
die **Idee,** die Ide|en
der **Idi|ot,** die Idi|o|ten
die **Idi|o|tin,** die Idi|o|tin|nen
idi|o|tisch
die **Idyl|le,** die Idyl|len • idyl|lisch
der **Igel,** die Igel
der/das **Ig|lu,** die Ig|lus
ig|no|rie|ren, sie ig|no|rier|te
ihm: Er hört ihm zu.
ihn: Sie mag ihn sehr.
ih|nen: Ich glaube ihnen.
ihr: Fahrt ihr mit uns?
ihr, ih|re, ih|rer: ihre Tochter
il|le|gal (ungesetzlich)
die **Il|lu|si|on,** die Il|lu|si|o|nen
  (Täuschung)
die **Il|lus|trier|te,** die Il|lus|trier|ten
im (in dem): im Zimmer
der **Im|biss,** die Im|bis|se
imi|tie|ren, er imi|tier|te
der **Im|ker,** die Im|ker

die **Im|ke|rin,** die Im|ke|rin|nen
im|mer • im|mer|hin
der **Im|pe|ra|tiv,**
  die Im|pe|ra|ti|ve
  (Befehlsform des Verbs)
imp|fen, sie impf|te •
  die Imp|fung
im|po|nie|ren, er im|po|nier|te
im|stan|de: imstande sein
  auch: im Stande
  ↗ Stand ➔ 13
in: Sie wohnen in Dresden.
in|dem: Er bereitet sich vor,
  indem er fleißig übt.
in|des|sen
der **In|di|a|ner,** die In|di|a|ner
die **In|di|a|ne|rin,**
  die In|di|a|ne|rin|nen
In|di|en • in|disch
die **In|dus|trie,** die In|dus|tri|en
in|ei|nan|der
in|fam (gemein)
die **In|fek|ti|on,** die In|fek|ti|o|nen
der **In|fi|ni|tiv,** die In|fi|ni|ti|ve
  (Grundform des Verbs)
die **In|for|ma|tik**
die **In|for|ma|ti|on,**
  die In|for|ma|ti|o|nen
in|for|mie|ren, sie in|for|mier|te
der **In|ge|ni|eur,** die In|ge|ni|eu|re
die **In|ge|ni|eu|rin,**
  die In|ge|ni|eu|rin|nen

der Ing|wer (Gewürz)
in|ha|lie|ren, er in|ha|lier|te
(einatmen)
der In|halt, die In|hal|te
in|klu|si|ve (einschließlich)
der In|li|ner (kurz für:
Inlineskate, Inlineskater),
die In|li|ner
in|nen • das In|ne|re,
in|ner|halb, in|ner|lich
in|nig • in|nig|lich
ins (in das): ins Haus
ins|be|son|de|re
das In|sekt, die In|sek|ten
die In|sel, die In|seln
das In|se|rat, die In|se|ra|te
(Zeitungsanzeige)
in|se|rie|ren, sie in|se|rier|te
ins|ge|samt
in|so|fern
in|stal|lie|ren, er in|stal|lier|te
der In|stinkt, die In|stink|te
das In|sti|tut, die In|sti|tu|te
das In|stru|ment,
die In|stru|men|te
die In|te|gra|ti|on,
die In|te|gra|ti|o|nen
in|te|grie|ren,
sie in|te|grier|te
in|tel|li|gent •
die In|tel|li|genz
in|ten|siv • der In|ten|siv|kurs

der In|ter|ci|ty (kurz: ↗ IC®)
der In|ter|ci|ty|ex|press
(kurz: ↗ ICE®)
in|te|res|sant
das In|te|res|se, die In|te|res|sen
(sich) in|te|res|sie|ren,
er in|te|res|sier|te (sich)
das In|ter|nat, die In|ter|na|te
in|ter|na|ti|o|nal
das In|ter|net
das In|ter|vall, die In|ter|val|le
das In|ter|view, die In|ter|views •
in|ter|view|en
in|zwi|schen
ir|gend • ir|gend|ein,
ir|gend|et|was,
ir|gend|je|mand,
ir|gend|wann, ir|gend|was,
ir|gend|wer, ir|gend|wie,
ir|gend|wo, ir|gend|wo|her
irisch
Ir|land
die Iro|nie • iro|nisch
(sich) ir|ren, sie irr|te (sich) •
der Irr|tum • irr|tüm|lich
der Is|lam • is|la|misch
Is|land • is|län|disch
iso|lie|ren, er iso|lier|te
Is|ra|el • is|ra|e|lisch
sie isst ↗ essen
es ist ↗ sein
Ita|li|en • ita|li|e|nisch

Ja bis Jo

J j

ja
die **Jach**t *auch:* ↗ Yacht,
  die Jach|ten
die **Ja**|cke, die Ja|cken
der **Jack**|pot, die Jack|pots
die **Jagd**, die Jag|den
  ja|gen, er jag|te
der **Ja**|gu|ar, die Ja|gu|a|re
  (Raubkatze)
  jäh • jäh|lings, der Jäh|zorn,
  jäh|zor|nig
das **Jahr**, die Jah|re • jah|re|lang,
  das Jahr|hun|dert
  jähr|lich
der **Jahr**|markt, die Jahr|märk|te
die **Ja**|lou|sie, die Ja|lou|si|en
der **Jam**|mer
  jam|mern, sie jam|mer|te ➡ 9
der **Ja**|nu|ar
  Ja|pan • ja|pa|nisch
  jap|sen, er japs|te
der **Jas**|min • der Jas|min|tee
  jä|ten: Sie jätete Unkraut.
die **Jau**|che • die Jau|che|gru|be
  jauch|zen, er jauchz|te ➡ 6
  jau|len, sie jaul|te ➡ 9
  ja|wohl

der **Jazz** • die Jazz|mu|sik
  je
die **Jeans**
  je|de, je|der, je|des
  je|den|falls ➡ 5
  je|der|zeit
  je|doch (aber)
  je|mals
  je|mand, je|man|den
  je|ne, je|ner, je|nes
  jen|seits
  Je|sus Chris|tus
der **Jet**, die Jets • jet|ten
  jetzt
  je|weils
der **Job**, die Jobs • job|ben ➡ 1
das **Jod** • das Jod|salz
  jo|deln • der Jod|ler
  jog|gen, er jogg|te •
  das Jog|ging
der/das **Jo**|ghurt *auch:* Jo|gurt,
  die Jo|ghurts *auch:* Jo|gurts
die **Jo**|han|nis|bee|re,
  die Jo|han|nis|bee|ren
  joh|len, sie johl|te ➡ 6
das **Jo-Jo** *auch:* ↗ Yo-Yo, die Jo-Jos
der **Jo**|ker, die Jo|ker
die **Jol**|le, die Jol|len
  Jom Kip|pur
  jong|lie|ren, er jong|lier|te
der **Jour**|na|list,
  die Jour|na|lis|ten

Jo bis Ju

die **Jour|na|lis|tin**,
   die Jour|na|lis|tin|nen
der **Joy|stick**, die Joy|sticks
der **Ju|bel**
   ju|beln, sie ju|bel|te ➡ 6
das **Ju|bi|lä|um**, die Ju|bi|lä|en
   ju|cken, es juck|te
der **Ju|de**, die Ju|den
die **Jü|din**, die Jü|din|nen
   jü|disch
das **Ju|do** (Sportart)
die **Ju|gend** • das Ju|gend|amt,
   ju|gend|lich,
   der/die Ju|gend|li|che
der **Ju|li**
   jung, jün|ger, am jüngs|ten
der **Jun|ge**, die Jun|gen
das **Jun|ge**, die Jun|gen (Tierkind)
der **Ju|ni**
der **Ju|ni|or**, die Ju|ni|o|ren •
   die Ju|ni|o|ren|meis|ter|schaft
die **Ju|ni|o|rin**, die Ju|ni|o|rin|nen
der **Ju|rist**, die Ju|ris|ten
die **Ju|ris|tin**, die Ju|ris|tin|nen
die **Ju|ry**, die Ju|rys •
   das Ju|ry|mit|glied
die **Ju|te** • die Ju|te|ta|sche
der/das **Ju|wel**, die Ju|we|len •
   der Ju|we|lier, die Ju|we|lie|rin
der **Jux** (Scherz, lustiger Streich)

Ka bis Ka

K k

Du hörst am Wortanfang *k*, findest das Wort aber nicht unter *k*. Suche es auch unter *c* oder *ch* (z. B. der <u>C</u>lown, der <u>Ch</u>or).

das **Ka|ba|rett**, die Ka|ba|retts/
   Ka|ba|ret|te •
   der Ka|ba|ret|tist,
   die Ka|ba|ret|tis|tin
sich **kab|beln**,
   er kab|bel|te sich ➡ 8
das **Ka|bel**, die Ka|bel
die **Ka|bi|ne**, die Ka|bi|nen
die **Ka|chel**, die Ka|cheln
der **Kä|fer**, die Kä|fer
der **Kaf|fee**, die Kaf|fees
der **Kä|fig**, die Kä|fi|ge
   kahl • kahl|köp|fig
der **Kahn**, die Käh|ne
der **Kai**, die Kais
   (befestigtes Hafenufer)
der **Kai|ser**, die Kai|ser
die **Kai|se|rin**, die Kai|se|rin|nen
der/das **Ka|jak**, die Ka|jaks
   (Sportpaddelboot)
die **Ka|jü|te**, die Ka|jü|ten

der **Ka|ka|du,** die Ka|ka|dus
der **Ka|kao**
der **Ka|ker|lak**/die Ka|ker|la|ke,
  die Ka|ker|la|ken
der **Kak|tus,** die Kak|te|en
das **Kalb,** die Käl|ber
der **Ka|len|der,** die Ka|len|der
der **Kalk** • kal|ken, der Kalk|stein
die **Ka|lo|rie,** die Ka|lo|ri|en
  kalt, käl|ter, am käl|tes|ten
die **Käl|te**
sie **kam** ↗ kommen
das **Ka|mel,** die Ka|me|le
die **Ka|me|ra,** die Ka|me|ras
der **Ka|me|rad,** die Ka|me|ra|den
die **Ka|me|ra|din,**
  die Ka|me|ra|din|nen
die **Ka|mil|le,** die Ka|mil|len •
  der Ka|mil|len|tee
der **Ka|min,** die Ka|mi|ne
der **Kamm,** die Käm|me
  käm|men, sie kämm|te
die **Kam|mer,** die Kam|mern
der **Kampf,** die Kämp|fe
  kämp|fen, er kämpf|te
  Ka|na|da • ka|na|disch
der **Ka|nal,** die Ka|nä|le •
  die Ka|na|li|sa|ti|on (unter-
  irdische Abwasserkanäle)
der **Ka|na|ri|en|vo|gel,**
  die Ka|na|ri|en|vö|gel
der **Kan|di|dat,** die Kan|di|da|ten

die **Kan|di|da|tin,**
  die Kan|di|da|tin|nen
der **Kan|dis** • der Kan|dis|zu|cker
das **Kän|gu|ru,** die Kän|gu|rus
das **Ka|nin|chen,** die Ka|nin|chen
der **Ka|nis|ter,** die Ka|nis|ter
sie **kann** ↗ können
die **Kan|ne,** die Kan|nen
er **kann|te** ↗ kennen
der **Ka|non,** die Ka|nons
die **Ka|no|ne,** die Ka|no|nen
die **Kan|te,** die Kan|ten • kan|tig
die **Kan|ti|ne,** die Kan|ti|nen
das **Ka|nu,** die Ka|nus
die **Kan|zel,** die Kan|zeln
der **Kanz|ler,** die Kanz|ler
die **Kanz|le|rin,**
  die Kanz|le|rin|nen
die **Ka|pel|le,** die Ka|pel|len
  (1. kleines Gotteshaus;
  2. Gruppe von Musikern)
  ka|pern: Sie kaperten
  ein Schiff.
  ka|pie|ren, sie ka|pier|te
der **Ka|pi|tän,** die Ka|pi|tä|ne
die **Ka|pi|tä|nin,**
  die Ka|pi|tä|nin|nen
das **Ka|pi|tel,** die Ka|pi|tel
die **Kap|pe,** die Kap|pen
die **Kap|sel,** die Kap|seln
  ka|putt • ka|putt|ma|chen
  auch: ka|putt ma|chen ➡ 10

Ka bis Ka

die **Ka|pu|ze,** die Ka|pu|zen
die **Ka|ram|bo|la|ge,**
　die Ka|ram|bo|la|gen
der/das **Ka|ra|mell** •
　das Ka|ra|mell|bon|bon
das **Ka|ra|te** (Kampfsportart)
die **Ka|ra|wa|ne,**
　die Ka|ra|wa|nen
der **Kar|di|nal,** die Kar|di|nä|le
der **Kar|frei|tag**
　(Freitag vor Ostern)
karg • die Karg|heit
kärg|lich
ka|riert
die **Ka|ri|es** (Zahnfäule)
die **Ka|ri|ka|tur,**
　die Ka|ri|ka|tu|ren
der **Kar|ne|val** (Fasching)
das **Kar|ni|ckel,** die Kar|ni|ckel
　(Kaninchen)
das **Ka|ro,** die Ka|ros
die **Ka|ros|se|rie,**
　die Ka|ros|se|ri|en
die **Ka|rot|te,** die Ka|rot|ten
der **Karp|fen,** die Karp|fen (Fisch)
die **Kar|re,** die Kar|ren
die **Kar|ri|e|re,** die Kar|ri|e|ren
　(erfolgreiche Laufbahn)
die **Kar|te,** die Kar|ten
die **Kar|tei,** die Kar|tei|en
die **Kar|tof|fel,** die Kar|tof|feln
der **Kar|ton,** die Kar|tons

das **Ka|rus|sell,** die Ka|rus|sells /
　Ka|rus|sel|le
der **Kä|se,** die Kä|se
die **Ka|ser|ne,** die Ka|ser|nen
der **Kas|per,** die Kas|per •
　das Kas|per|le|thea|ter
die **Kas|se,** die Kas|sen
die **Kas|set|te,** die Kas|set|ten
kas|sie|ren, er kas|sier|te
die **Kas|ta|nie,** die Kas|ta|ni|en
　(1. Laubbaum; 2. seine Frucht)
der **Kas|ten,** die Käs|ten
der **Ka|ta|log,** die Ka|ta|lo|ge
der **Ka|ta|ly|sa|tor** (kurz: Kat)
　die Ka|ta|ly|sa|to|ren
das **Ka|ta|pult,** die Ka|ta|pul|te
　(Steinschleuder) •
　ka|ta|pul|tie|ren
ka|ta|stro|phal
die **Ka|ta|stro|phe,**
　die Ka|ta|stro|phen
der **Ka|ter,** die Ka|ter
die **Ka|the|dra|le,**
　die Ka|the|dra|len
ka|tho|lisch
der **Ka|tho|li|zis|mus**
die **Kat|ze,** die Kat|zen
kau|en, sie kau|te
kau|ern, er kau|er|te
kau|fen, sie kauf|te
der **Käu|fer,** die Käu|fer
die **Käu|fe|rin,** die Käu|fe|rin|nen

Ka bis Ke

der/das **Kau|gum|mi,**
die Kau|gum|mis
die **Kaul|quap|pe,**
die Kaul|quap|pen
kaum
der **Kauz,** die Käu|ze (1. Vogel;
2. wunderlicher Mensch)
kB / KB ↗ Kilobyte
der **Ke|bab,** die Ke|babs
keck, die Keck|heit
der **Ke|fir** (Milchgetränk)
der **Ke|gel,** die Ke|gel • ke|geln
die **Keh|le,** die Keh|len
keh|ren, er kehr|te
kei|fen, sie keif|te ⇒ 6
der **Keil,** die Kei|le
der **Kei|ler,** die Kei|ler
(männliches Wildschwein)
der **Keim,** die Kei|me • kei|men
kein, kei|ne, kei|ner, kei|nes /
keins • kei|nes|falls ⇒ 5,
kei|nes|wegs
der **Keks,** die Kek|se
der **Kelch,** die Kel|che
die **Kel|le,** die Kel|len
der **Kel|ler,** die Kel|ler
der **Kell|ner,** die Kell|ner
die **Kell|ne|rin,** Kell|ne|rin|nen
ken|nen, er kennt, kann|te,
hat ge|kannt • ken|nen|ler|nen
auch: ken|nen ler|nen, die
Kennt|nis, das Kenn|zei|chen

Ke bis Ki

ken|tern: Das Boot kenterte.
die **Ker|be,** die Ker|ben
der **Ker|ker,** die Ker|ker
der **Kerl,** die Ker|le
der **Kern,** die Ker|ne •
das Kern|kraft|werk
die **Ker|ze,** die Ker|zen
der **Kes|sel,** die Kes|sel
der/das **Ket|chup,** die Ket|chups
die **Ket|te,** die Ket|ten
keu|chen, sie keuch|te
die **Keu|le,** die Keu|len
das **Key|board,** die Key|boards
das **Kfz** (*kurz für:* ↗ Kraft-
fahrzeug), die Kfz
kg ↗ Kilogramm
ki|chern, er ki|cher|te ⇒ 5
ki|cken, sie kick|te, der Kick,
der Kicker
die **Kids** (Kinder)
der **Kie|bitz,**
die Kie|bit|ze (Vogel)
der **Kie|fer,** die Kie|fer
(Schädelknochen)
die **Kie|fer,** die Kie|fern
(Nadelbaum)
Kiel: die Kieler Woche
der **Kiel,** die Kie|le
(1. Bauelement eines Schiffs;
2. Federkiel)
die **Kie|me,** die Kie|men •
die Kie|men|at|mung

Ki bis Ki

der **Kies,** die Kie|se • der Kie|sel, der Kie|sel|stein
ki|ke|ri|ki!
das **Ki|lo|byte,** die Ki|lo|byte/Ki|lo|bytes: 1 Kilobyte / 1 kB
das **Ki|lo|gramm** (*kurz:* Kilo): vier Kilogramm / 4 kg
der **Ki|lo|me|ter:** fünf Kilometer / 5 km
das **Kind,** die Kin|der • die Kind|heit, kin|disch, kind|lich
das **Kinn,** die Kin|ne • der Kinn|ha|ken, die Kinn|la|de
das **Ki|no,** die Ki|nos
der **Ki|osk,** die Ki|os|ke
kip|pen, es kipp|te
die **Kir|che,** die Kir|chen • die Kirch|weih (Kirmes)
die **Kir|mes,** die Kir|mes|sen (Kirchweih)
die **Kir|sche,** die Kir|schen
das **Kis|sen,** die Kis|sen
die **Kis|te,** die Kis|ten
die **Ki|ta** (*kurz für:* K̲inder-t̲agesstätte), die Ki|tas
der **Kitsch** • kit|schig
der **Kitt** • kit|ten
der **Kit|tel,** die Kit|tel
das **Kitz,** die Kit|ze • das Reh|kitz
der **Kit|zel** • kit|ze|lig / kitz|lig, kit|zeln
die **Ki|wi,** die Ki|wis

Kl bis Kl

der **Klacks,** die Klack|se
kläf|fen, er kläff|te
die **Kla|ge,** die Kla|gen
kla|gen, sie klag|te ➔ 9
kläg|lich
klamm (feucht)
die **Klam|mer,** die Klam|mern • klam|mern
die **Kla|mot|te,** die Kla|mot|ten
es **klang** ↗ klingen
der **Klang,** die Klän|ge
die **Klap|pe,** die Klap|pen
klap|pen, es klapp|te
klap|pe|rig / klapp|rig
klap|pern, es klap|per|te
der **Klaps,** die Klap|se
klar: klares Wasser
die **Klär|an|la|ge,** die Klär|an|la|gen
klä|ren, er klär|te • die Klä|rung
die **Kla|ri|net|te,** die Kla|ri|net|ten (Holzblasinstrument)
die **Klas|se,** die Klas|sen
klas|sisch
klat|schen, sie klatsch|te ➔ 6
die **Klaue,** die Klau|en
klau|en, er klau|te
das **Kla|vier,** die Kla|vie|re
kle|ben, es kleb|te • der Kle|ber, kleb|rig, der Kleb|stoff

Kl bis Kl   Kl bis Kn

      kle|ckern, sie kle|cker|te •
      der Klecks, kleck|sen
der **Klee** • das Klee|blatt
der **Klei|ber,** die Klei|ber
      (Singvogel)
das **Kleid,** die Klei|der • klei|den,
      die Klei|dung
      klein • die Klei|nig|keit,
      klein|lich
der **Kleis|ter,** die Kleis|ter
die **Klem|me,** die Klem|men
      klem|men, es klemm|te
der **Klemp|ner,** die Klemp|ner
die **Klemp|ne|rin,**
      die Klemp|ne|rin|nen
die **Klet|te,** die Klet|ten •
      der Klett|ver|schluss
      klet|tern, er ist ge|klet|tert •
      die Klet|ter|pflan|ze
das **Kli|ma,** die Kli|ma|ta •
      kli|ma|tisch, kli|ma|ti|siert,
      der Kli|ma|wan|del
der **Klimm|zug,**
      die Klimm|zü|ge ➔ 15
      klim|pern, sie klim|per|te
die **Klin|ge,** die Klin|gen
die **Klin|gel,** die Klin|geln •
      klin|geln
      klin|gen, es klingt, klang,
      hat ge|klun|gen
die **Kli|nik,** die Kli|ni|ken
die **Klin|ke,** die Klin|ken

die **Klip|pe,** die Klip|pen
      klir|ren, es klirr|te
das **Klo** (*kurz für:* Klosett), die Klos
      klop|fen, er klopf|te
der **Klops,** die Klop|se
der **Kloß,** die Klö|ße
das **Klos|ter,** die Klös|ter
der **Klotz,** die Klöt|ze
der **Klub** *auch:* ↗ Club, die Klubs
die **Kluft,** die Klüf|te
      klug, klü|ger, am klügs|ten •
      die Klug|heit
der **Klum|pen,** die Klum|pen
      km ↗ Kilometer
      knab|bern,
      sie knab|ber|te ➔ 2
der **Kna|be,** die Kna|ben
das **Knä|cke|brot,**
      die Knä|cke|bro|te
      kna|cken, es knack|te •
      kna|ckig, der Knacks
der **Knall,** die Knal|le
      knal|len, es knall|te
      knapp: kurz und knapp
der **Knap|pe,** die Knap|pen
      knar|ren, es knarr|te
der **Knast,** die Knäs|te/Knas|te
      (Gefängnis)
der **Knatsch** (Streit, Ärger)
      knat|tern, es knat|ter|te
der/das **Knäu|el,** die Knäu|el
      knau|se|rig/knaus|rig

Kn bis Kn

knau|sern, er knau|ser|te
der Kne|bel, die Kne|bel •
kne|beln
der Knecht, die Knech|te
knei|fen, sie kneift, kniff,
hat ge|knif|fen
die Knei|pe, die Knei|pen
die Kne|te (Knetmasse)
kne|ten, er kne|te|te
der Knick, die Kni|cke
kni|cken, sie knick|te •
der Knicks, knick|sen
das Knie, die Knie • knien
sie kniff ↗ kneifen
der Kniff, die Knif|fe •
knif|fe|lig / kniff|lig
knip|sen, er knips|te
der Knirps, die Knirp|se
knir|schen, es knirsch|te
knis|tern, es knis|ter|te
knit|tern, es krit|ter|te
kno|beln, sie kno|bel|te
der Knob|lauch •
die Knob|lauch|ze|he
der Knö|chel, die Knö|chel
der Kno|chen, die Kno|chen •
kno|chig
der Knö|del, die Knö|del
die Knol|le, die Knol|len
der Knopf, die Knöp|fe
knöp|fen, er knöpf|te
der Knor|pel, die Knor|pel

Kn bis Ko

knor|rig: die knorrige Eiche
die Knos|pe, die Knos|pen
der Kno|ten, die Kno|ten •
kno|ten
knül|len, sie knüll|te
der Knül|ler, die Knül|ler
knüp|fen, er knüpf|te
der Knüp|pel, die Knüp|pel
knur|ren, sie knurr|te ⇒ 6
knus|pe|rig / knusp|rig
knus|pern,
er knus|per|te ⇒ 2
knut|schen, sie knutsch|te
k. o.: Er schlug ihn k.o.
der Ko|a|la, die Ko|a|las
die Ko|a|li|ti|on,
die Ko|a|li|ti|o|nen
der Ko|bold, die Ko|bol|de
die Ko|bra, die Ko|bras
(Brillenschlange)
der Koch, die Kö|che
ko|chen, er koch|te
die Kö|chin, die Kö|chin|nen
der Kode auch: ↗ Code,
die Kodes
der Kö|der, die Kö|der • kö|dern
der Kof|fer, die Kof|fer
der Kohl, die Koh|le •
der Kohl|ra|bi
die Koh|le, die Koh|len •
die Koh|len|säu|re
die Ko|je, die Ko|jen

Ko bis Ko

die **Ko|kos|nuss,**
   die Ko|kos|nüs|se
der **Koks:** mit Koks heizen
der **Kol|ben,** die Kol|ben
der **Kol|le|ge,** die Kol|le|gen
die **Kol|le|gin,** die Kol|le|gin|nen
   Köln • köl|nisch
die **Ko|lo|nie,** die Ko|lo|ni|en
die **Ko|lon|ne,** die Ko|lon|nen
der **Ko|loss,** die Ko|los|se •
   ko|los|sal
das **Ko|ma,** die Ko|mas/Ko|ma|ta
der **Kom|bi,** die Kom|bis
   kom|bi|nie|ren,
   sie kom|bi|nier|te
die **Kom|bü|se,** die Kom|bü|sen
der **Ko|met,** die Ko|me|ten
   kom|for|ta|bel
   ko|misch
das **Kom|ma,** die Kom|mas/
   die Kom|ma|ta
   kom|man|die|ren,
   er kom|man|dier|te •
   das Kom|man|do
   kom|men, sie kommt,
   kam, ist ge|kom|men
der **Kom|men|tar,**
   die Kom|men|ta|re
der **Kom|mis|sar,**
   die Kom|mis|sa|re
die **Kom|mis|sa|rin,**
   die Kom|mis|sa|rin|nen

die **Kom|mo|de,**
   die Kom|mo|den
die **Kom|mu|ni|on,**
   die Kom|mu|ni|o|nen •
   das Kom|mu|ni|on|kind
der **Kom|mu|nis|mus** •
   kom|mu|nis|tisch
   kom|mu|ni|zie|ren,
   er kom|mu|ni|zier|te ➜ 6
die **Ko|mö|die,** die Ko|mö|di|en
der **Kom|pass,** die Kom|pas|se
   kom|pa|ti|bel
   (zusammenpassend)
   kom|plett
das **Kom|pli|ment,**
   die Kom|pli|men|te
   kom|pli|ziert
   kom|po|nie|ren,
   sie kom|po|nier|te •
   der Kom|po|nist,
   die Kom|po|nis|tin
der **Kom|post,** die Kom|pos|te
das **Kom|pott,** die Kom|pot|te
die **Kom|pres|se,**
   die Kom|pres|sen
der **Kom|pro|miss,**
   die Kom|pro|mis|se
   kon|den|sie|ren,
   es kon|den|sier|te •
   die Kon|dens|milch
die **Kon|di|ti|on,**
   die Kon|di|ti|o|nen

Ko bis Ko

die Kon|di|to|rei,
　die Kon|di|to|rei|en
das Kon|dom, die Kon|do|me
das Kon|fekt, die Kon|fek|te
die Kon|fe|renz,
　die Kon|fe|ren|zen
die Kon|fes|si|on,
　die Kon|fes|si|o|nen
das Kon|fet|ti
der Kon|fir|mand,
　die Kon|fir|man|den
die Kon|fir|man|din,
　die Kon|fir|man|din|nen
die Kon|fir|ma|ti|on,
　die Kon|fir|ma|ti|o|nen
kon|fir|mie|ren,
　er kon|fir|mier|te
die Kon|fi|tü|re, die Kon|fi|tü|ren
der Kon|flikt, die Kon|flik|te
der Kö|nig, die Kö|ni|ge
die Kö|ni|gin, die Kö|ni|gin|nen
die Kon|junk|ti|on, die Kon-
　junk|ti|o|nen (Bindewort)
die Kon|kur|renz,
　die Kon|kur|ren|zen
kön|nen, sie kann, konn|te,
　hat ge|konnt
sie konn|te ↗ können
der Kon|rek|tor,
　die Kon|rek|to|ren
die Kon|rek|to|rin,
　die Kon|rek|to|rin|nen

kon|se|quent (folgerichtig) •
　die Kon|se|quenz
die Kon|ser|ve, die Kon|ser|ven
der Kon|so|nant,
　die Kon|so|nan|ten (Mitlaut)
kon|stant (unveränderlich)
kon|stru|ie|ren,
　er kon|stru|ier|te •
　die Kon|struk|ti|on
der Kon|sum • kon|su|mie|ren
der Kon|takt, die Kon|tak|te
der Kon|ti|nent,
　die Kon|ti|nen|te (Erdteil)
das Kon|to, die Kon|ten
kon|tra (gegen)
der Kon|trast, die Kon|tras|te
　(Gegensatz)
die Kon|trol|le,
　die Kon|trol|len •
　kon|trol|lier|en
der Kon|voi, die Kon|vois
die Kon|zen|tra|ti|on,
　die Kon|zen|tra|ti|o|nen
(sich) kon|zen|trie|ren •
　sie kon|zen|trier|te (sich)
der Kon|zern, die Kon|zer|ne
das Kon|zert, die Kon|zer|te
der Kopf, die Köp|fe • kopf|über
die Ko|pie, die Ko|pi|en •
　ko|pie|ren, der Ko|pie|rer
die Kop|pel, die Kop|peln
　(eingezäunte Weide)

Ko bis Kr Kr bis Kr

die **Ko|ral|le,** die Ko|ral|len
der **Ko|ran**
der **Korb,** die Kör|be
die **Kor|del,** die Kor|deln
die **Ko|rin|the,** die Ko|rin|then
(kleine Rosine)
der **Kork,** die Kor|ke •
der Kor|ken (Flaschen-
verschluss aus Kork)
das **Korn,** die Kör|ner
der **Kör|per,** die Kör|per
kor|rekt • die Kor|rek|tur
der **Kor|ri|dor,** die Kor|ri|do|re
kor|ri|gie|ren, er kor|ri|gier|te
ko|sen, sie kos|te •
der Ko|se|na|me
die **Kos|me|tik** • kos|me|tisch
kos|misch: kosmische
Strahlung
der **Kos|mos** (Weltall)
die **Kost** (Essen) • kos|ten
(probieren) ➔ 2
kos|ten (einen Preis haben),
es kos|te|te • die Kos|ten,
kos|ten|los
köst|lich
das **Kos|tüm,** die Kos|tü|me
der **Kot** • der Kot|flü|gel ➔ 6
das **Ko|te|lett,** die Ko|te|letts
der **Kö|ter,** die Kö|ter
kot|zen, er kotz|te • kotz|übel
die **Krab|be,** die Krab|ben

krab|beln,
es ist/hat ge|krab|belt
der **Krach,** die Krä|che • kra|chen
kräch|zen, er krächz|te ➔ 6
die **Kraft,** die Kräf|te •
das Kraft|fahr|zeug
(kurz: ↗ Kfz) ➔ 4
kräf|tig
der **Kra|gen,** die Kra|gen
die **Krä|he,** die Krä|hen
krä|hen: Der Hahn krähte.
kra|kee|len,
sie kra|keel|te ➔ 6
kra|ke|lig/krak|lig
kra|keln, er kra|kel|te
die **Kral|le,** die Kral|len
der **Kram** • kra|men
der **Krampf,** die Krämp|fe
der **Kran,** die Krä|ne
der **Kra|nich,** die Kra|ni|che
(Schreitvogel)
krank, krän|ker,
am kränks|ten • der/die
Kran|ke, das Kran|ken|haus,
die Krank|heit
krän|ken, sie kränk|te •
die Krän|kung
der **Kranz,** die Krän|ze
krass
der **Kra|ter,** die Kra|ter
krat|zen, er kratz|te •
der Krat|zer, krat|zig

Kr bis Kr

krau|len, sie kraul|te, hat /
ist ge|krault (schwimmen)
krau|len, er kraul|te,
hat ge|krault (streicheln)
kraus • die Krau|se,
krau|sen
das Kraut, die Kräu|ter
der Kra|wall, die Kra|wal|le
die Kra|wat|te, die Kra|wat|ten
kra|xeln, sie kra|xel|te ➔ 4
kre|a|tiv (schöpferisch)
der Krebs, die Kreb|se
der Kre|dit, die Kre|di|te
die Krei|de, die Krei|den
der Kreis, die Krei|se
krei|schen, er kreisch|te ➔ 6
der Krei|sel, die Krei|sel
die Krem / Kre|me,
auch: ➚ Creme,
die Krems / Kre|mes
das Krepp|pa|pier,
die Krepp|pa|pie|re
die Kres|se, die Kres|sen
das Kreuz, die Kreu|ze •
kreu|zen, sie hat / ist
ge|kreuzt • die Kreu|zung
krib|beln, es krib|bel|te
krie|chen, er kriecht,
kroch, ist ge|kro|chen
der Krieg, die Krie|ge
krie|gen, er krieg|te
der Kri|mi, die Kri|mis

Kr bis Ku

die Kri|mi|na|li|tät • kri|mi|nell
der Krin|gel, die Krin|gel
die Krip|pe, die Krip|pen,
aber: die ➚ Grippe •
das Krip|pen|spiel
die Kri|se, die Kri|sen
der Kris|tall, die Kris|tal|le •
der Kris|tall|zu|cker
das Kris|tall • das Kris|tall|glas
die Kri|tik, die Kri|ti|ken
kri|tisch • kri|ti|sie|ren ➔ 6
krit|zeln, sie krit|zel|te
Kro|a|ti|en • kro|a|tisch
er kroch ➚ kriechen
die Kro|ket|te, die Kro|ket|ten
das Kro|ko|dil, die Kro|ko|di|le
der Kro|kus, die Kro|kus|se
die Kro|ne, die Kro|nen
kross (knusprig)
die Krö|te, die Krö|ten
die Krü|cke, die Krü|cken
der Krug, die Krü|ge
der Krü|mel, die Krü|mel •
krü|me|lig, krü|meln
krumm
(sich) krüm|men,
er krümm|te (sich)
die Krus|te, die Krus|ten
das Kru|zi|fix, die Kru|zi|fi|xe
der Kü|bel, die Kü|bel
der Ku|bik|me|ter,
die Ku|bik|me|ter (m³)

Ku bis Ku

der **Ku|bus,** die Ku|ben (Würfel)
die **Kü|che,** die Kü|chen
der **Ku|chen,** die Ku|chen
der **Ku|ckuck,** die Ku|cku|cke
die **Ku|fe,** die Ku|fen
die **Ku|gel,** die Ku|geln • ku|geln, der Ku|gel|schrei|ber → 9
die **Kuh,** die Kü|he
kühl • küh|len, der Küh|ler, die Küh|lung
kühn (mutig)
das **Kü|ken,** die Kü|ken
der **Ku|li** (kurz für: Kugelschreiber), die Ku|lis
die **Ku|lis|se,** die Ku|lis|sen
kul|lern, es kul|ler|te
die **Kul|tur,** die Kul|tu|ren
der **Küm|mel,** die Küm|mel
der **Kum|mer**
küm|mer|lich
(sich) **küm|mern,** sie küm|mer|te (sich)
der **Kum|pel,** die Kum|pel
der **Kun|de,** die Kun|den
kün|di|gen, er kün|dig|te • die Kün|di|gung
die **Kun|din,** die Kun|din|nen
die **Kund|schaft,** die Kund|schaf|ten
künf|tig
die **Kunst,** die Küns|te
der **Künst|ler,** die Künst|ler

die **Künst|le|rin,** die Künst|le|rin|nen
künst|lich
kun|ter|bunt
das **Kup|fer** (Metall)
die **Kup|pel,** die Kup|peln
die **Kupp|lung,** die Kupp|lun|gen
die **Kur,** die Ku|ren
die **Kur|bel,** die Kur|beln • kur|beln
der **Kür|bis,** die Kür|bis|se
der **Ku|rier,** die Ku|rie|re
der **Kurs,** die Kur|se
die **Kur|ve,** die Kur|ven • kur|vig
kurz, kür|zer, am kür|zes|ten
kür|zen, sie kürz|te • die Kür|zung
kürz|lich
kurz|sich|tig → 10
(sich) **ku|scheln,** er ku|schel|te (sich) • das Ku|schel|tier
die **Ku|si|ne** auch: ↗ Cousine, die Ku|si|nen
der/das **Kus|kus** auch: ↗ Couscous, die Kus|kus
der **Kuss,** die Küs|se
küs|sen, sie küss|te
die **Küs|te,** die Küs|ten
die **Kut|sche,** die Kut|schen
der **Kut|ter,** die Kut|ter
das **Ku|vert,** die Ku|verts (Briefumschlag)

L l

l ↗ Liter
la|bil (unbeständig)
das La|bor, die La|bors/La|bo|re
das La|by|rinth, die La|by|rin|the
die La|che, die La|chen (Pfütze)
lä|cheln, sie lä|chel|te ➔ 5
la|chen, er lach|te ➔ 5
lä|cher|lich
der Lachs, die Lach|se (Fisch)
der Lack, die La|cke • la|ckie|ren
la|den, sie lädt, lud,
hat ge|la|den • die La|dung
der La|den, die Lä|den
sie lädt ↗ laden
sie lag ↗ liegen
die La|ge, die La|gen
das La|ger, die La|ger
la|gern, er la|ger|te •
die La|ge|rung
lahm • lah|men:
Das Pferd lahmte.
die Läh|mung, die Läh|mun|gen
der Laib, die Lai|be: ein Laib
Brot, aber: der ↗ Leib
der Laich, die Lai|che • lai|chen,
der Frosch|laich
der Laie, die Lai|en

das La|ken, die La|ken
der/das La|kritz/die La|krit|ze,
die La|krit|zen
lal|len, sie lall|te ➔ 6
die La|mel|le, die La|mel|len
la|men|tie|ren,
er la|men|tier|te ➔ 9
das La|met|ta
das Lamm, die Läm|mer
die Lam|pe, die Lam|pen
der Lam|pi|on, die Lam|pi|ons
das Land, die Län|der •
land|ab, land|auf
lan|den, es lan|de|te •
die Lan|dung
länd|lich
die Land|schaft,
die Land|schaf|ten
die Land|wirt|schaft,
die Land|wirt|schaf|ten
lang, län|ger, am längs|ten
die Län|ge, die Län|gen
die Lan|ge|wei|le •
lang|wei|len, lang|wei|lig
läng|lich
längs
lang|sam
längst
die Lan|ze, die Lan|zen
der Lap|pen, die Lap|pen
läp|pisch (1. albern;
2. geringfügig)

La bis La

der/das **Lap|top**, die Lap|tops
die **Lär|che**, die Lär|chen (Nadelbaum), *aber:* die ↗ L**e**rche
der **Lärm** • lär|men
die **Lar|ve**, die Lar|ven
sie **las** ↗ lesen
die **La|sa|gne** (Nudelgericht)
lasch (schlaff)
die **La|sche**, die La|schen
der **La|ser**, die La|ser •
 der La|ser|strahl
las|sen, sie lässt, ließ,
 hat ge|las|sen: Lass das!
läs|sig • die Läs|sig|keit
das **Las|so**, die Las|sos
sie **lässt** ↗ lassen
die **Last**, die Las|ten
das **Las|ter**, die Las|ter
 (schlechte Gewohnheit)
der **Las|ter**, die Las|ter (Lkw)
läs|tern, er läs|ter|te ➜ 6
läs|tig
der **Last|kraft|wa|gen**
 (*kurz:* ↗ Lkw),
 die Last|kraft|wa|gen
das **La|tein** • la|tei|nisch
die **La|ter|ne**, die La|ter|nen
lat|schen, sie ist ge|latscht
 ➜ 4 • der Lat|schen
die **Lat|te**, die Lat|ten
der **Latz**, die Lät|ze
das **Lätz|chen**, die Lätz|chen

La bis Le

lau • lau|warm
das **Laub** • der Laub|baum,
 die Lau|be,
 der Lau|ben|pie|per
der **Lauch**, die Lau|che
die **Lau|er**: Er lag auf der Lauer.
lau|ern: Der Kater lauerte
 auf die Maus.
der **Lauf**, die Läu|fe
lau|fen, sie läuft, lief, hat /
 ist ge|lau|fen ➜ 4 • lau|fend
sie **läuft** ↗ laufen
die **Lau|ne**, die Lau|nen •
 lau|nisch
die **Laus**, die Läu|se • lau|sig
lau|schen, er lausch|te
die **Lau|sitz**
laut
der **Laut**, die Lau|te • laut|los,
 laut|stark, die Laut|stär|ke
läu|ten, sie läu|te|te
die **La|va**
 (geschmolzenes Gestein)
die **La|wi|ne**, die La|wi|nen
le|ben, er leb|te
das **Le|ben**, die Le|ben •
 le|ben|dig, le|bens|froh,
 le|bens|ge|fähr|lich ➜ 4,
 le|bens|mü|de, leb|haft
die **Le|ber**, die Le|bern
der **Leb|ku|chen**,
 die Leb|ku|chen

Le bis Le

leck (undicht) • das **Leck,**
le|cken: Das Boot leckte.
le|cken: Das Kind leckte am
Eis. • **le|cker,** der Le|cker-
bis|sen, die Le|cke|rei
das **Le|der,** die Le|der •
die Le|der|ja|cke, le|dern
le|dig (nicht verheiratet)
le|dig|lich
leer • die Lee|re, lee|ren,
der Leer|lauf
le|gal (gesetzlich)
le|gen, sie leg|te
die **Le|gen|de,** die Le|gen|den
die **Leg|gings** *auch:* Leg|gins
der **Lehm** • leh|mig
die **Leh|ne,** die Leh|nen •
(sich) leh|nen, der Lehn|stuhl
die **Leh|re,** die Leh|ren •
leh|ren, er lehr|te •
der Leh|rer, die Leh|re|rin,
der Lehr|ling, die Lehr|stel|le
der **Leib,** die Lei|ber (Körper),
aber: der ↗ L**a**ib
die **Lei|che,** die Lei|chen •
der Leich|nam
leicht • die Leich|tig|keit,
der Leicht|sinn, leicht|sin|nig
leid: Ich bin es leid.
das **Leid:** Freud und Leid
lei|den, sie lei|det, litt,
hat ge|lit|ten

das **Lei|den,** die Lei|den •
die Lei|den|schaft,
lei|den|schaft|lich
lei|der
leid|tun, es tut leid, tat leid,
hat leid|ge|tan
lei|hen, er leiht, lieh,
hat ge|lie|hen
der **Leim,** die Lei|me • lei|men
die **Lei|ne,** die Lei|nen: den Hund
an die Leine nehmen
das **Lei|nen** (Stoff)
Leip|zig:
das Leipziger Allerlei
lei|se
die **Leis|te,** die Leis|ten
leis|ten, sie leis|te|te •
die Leis|tung
lei|ten, er lei|te|te •
die Lei|ter (Steiggerät),
der Lei|ter, die Lei|te|rin,
die Lei|tung
die **Lek|ti|on,** die Lek|ti|o|nen
die **Lek|tü|re,** die Lek|tü|ren
die **Len|de,** die Len|den
len|ken, sie lenk|te •
der Len|ker, die Len|kung
der **Le|o|pard,**
die Le|o|par|den (Großkatze)
die **Ler|che,** die Ler|chen (Sing-
vogel), *aber:* die ↗ L**ä**rche
ler|nen, er lern|te

Le bis Li

le|sen, sie liest, las,
hat ge|le|sen: Lies ein Buch! •
le|sens|wert, der Le|ser,
die Le|se|rin, le|ser|lich
let|tisch
Lett|land
letz|te, letz|ter, letz|tes: zum
letzten Mal • der/die Letz|te:
als Letzter gehen
leuch|ten, es leuch|te|te •
leuch|tend, der Leuch|ter
leug|nen, er leug|ne|te
die **Leu|te**
das **Le|xi|kon,** die Le|xi|ka /
Le|xi|ken
die **Li|bel|le,** die Li|bel|len
das **Licht,** die Lich|ter
lich|ten: Sein Haar lichtete
sich. • die Lich|tung
das **Lid,** die Li|der (Augendeckel),
aber: das ↗ Lied
lieb • lieb|äu|geln
die **Lie|be**
lie|ben, sie lieb|te •
lie|bens|wür|dig, der Lieb|ling,
lieb|los, die Lieb|lo|sig|keit
das **Lied,** die Lie|der: ein Lied
singen, *aber:* das ↗ Lid
lie|der|lich (unordentlich)
sie **lief** ↗ laufen
lie|fern, er lie|fer|te ⇒ 3 •
die Lie|fe|rung

Li bis Li

lie|gen, sie liegt, lag,
hat ge|le|gen
er **lieh** ↗ leihen
sie **ließ** ↗ lassen
sie **liest** ↗ lesen
der **Lift,** die Lif|te (Aufzug)
die **Li|ga,** die Li|gen
li|la: ein lila Kleid •
das Li|la, li|la|far|ben
die **Li|lie,** die Li|li|en (Blume)
die **Li|mo|na|de,**
die Li|mo|na|den
die **Li|mou|si|ne,**
die Li|mou|si|nen
die **Lin|de,** die Lin|den
(Laubbaum)
lin|dern: Die Salbe linderte
ihre Schmerzen. • lin|dernd,
die Lin|de|rung
das **Li|ne|al,** die Li|ne|a|le
die **Li|nie,** die Li|ni|en
der/das **Link,** die Links (Hyperlink,
elektronischer Verweis)
lin|ke, lin|ker, lin|kes:
die linke Hand • lin|kisch
(ungeschickt)
links: von links nach
rechts • der Links|hän|der,
die Links|hän|de|rin
das **Li|no|le|um**
die **Lin|se,** die Lin|sen
die **Lip|pe,** die Lip|pen

Li bis Lo

  lis|peln, er lis|pel|te ⇒ 6
die List, die Lis|ten • lis|tig
die Lis|te, die Lis|ten
  Li|tau|en • li|tau|isch
der/das Li|ter, die Li|ter:
  hundert Liter / 100 l
die Li|te|ra|tur
die Lit|faß|säu|le,
  die Lit|faß|säu|len
sie litt ↗ leiden
  live • die Live|sen|dung
der Lkw (kurz für: ↗ Lastkraftwagen), die Lkw / Lkws
das Lob, die Lo|be
  lo|ben, sie lob|te
das Loch, die Lö|cher • lo|chen
  lö|che|rig / löch|rig
  lö|chern, er lö|cher|te
die Lo|cke, die Lo|cken •
  lo|cken, der Lo|cken|kopf, lo|ckig
  lo|cken, sie lock|te •
  der Lock|ruf, der Lock|vo|gel
  lo|cker • lo|ckern
  lo|dern: Das Feuer loderte.
der Löf|fel, die Löf|fel •
  löf|feln ⇒ 2
er log ↗ lügen
die Lo|gik, die Lo|gi|ken •
  lo|gisch (folgerichtig)
der Lohn, die Löh|ne • loh|nen
die Loi|pe, die Loi|pen

Lo bis Lu

das Lo|kal, die Lo|ka|le
die Lo|ko|mo|ti|ve (kurz: Lok),
  die Lo|ko|mo|ti|ven
die Lon|ge, die Lon|gen
  (lange Leine)
der Lor|beer, die Lor|bee|ren •
  das Lor|beer|blatt
  los / lo|se: seine Sorgen
  los sein, lose Blätter

los-: Suche von Wörtern mit los-, die du hier nicht findest, den zweiten Wortteil (z. B. loslassen ↗ lassen).

das Los, die Lo|se • lo|sen
  lö|schen, er lösch|te
(sich) lö|sen, sie lös|te (sich) •
  die Lö|sung
  los|prus|ten,
  sie pruste|te los ⇒ 5
das Lot, die Lo|te
  lö|ten, er lö|te|te •
  der Löt|kol|ben
die Lo|ti|on, die Lo|ti|o|nen
der Lot|se, die Lot|sen
die Lot|sin, die Lot|sin|nen
die Lot|te|rie, die Lot|te|ri|en
das Lot|to, die Lot|tos
der Lö|we, die Lö|wen
der Lö|wen|zahn (Pflanze)
der Luchs, die Luch|se
  (Raubkatze)

Lu bis Ly

die **Lü|cke,** die Lü|cken •
lü|cken|los
sie **lud** ↗ laden
die **Luft,** die Lüf|te
lüf|ten, sie lüf|te|te •
die Lüf|tung
die **Lü|ge,** die Lü|gen
lü|gen, er lügt, log,
hat ge|lo|gen • der Lüg|ner,
die Lüg|ne|rin
die **Lu|ke,** die Lu|ken
der **Lüm|mel,** die Lüm|mel •
lüm|meln
der **Lump,** die Lum|pen
(schlechter Mensch)
der **Lum|pen,** die Lum|pen
(Stofffetzen, Putzlappen)
die **Lun|ge,** die Lun|gen
lun|gern, sie lun|ger|te
die **Lu|pe,** die Lu|pen
die **Lu|pi|ne,** die Lu|pi|nen
(Blume)
der **Lurch,** die Lur|che
die **Lust,** die Lüs|te: Lust haben •
lus|tig, lust|los
lut|schen, er lutsch|te •
der Lut|scher
Lu|xem|burg •
lu|xem|bur|gisch
lu|xu|ri|ös
der **Lu|xus**
die **Ly|rik** • ly|risch

M bis Ma

m ↗ Meter
mach|bar
ma|chen, sie mach|te
die **Macht,** die Mäch|te
mäch|tig
die **Ma|cke,** die Ma|cken
das **Mäd|chen,** die Mäd|chen
die **Ma|de,** die Ma|den • ma|dig
die **Ma|don|na,** die Ma|don|nen
sie **mag** ↗ mögen
das **Ma|ga|zin,** die Ma|ga|zi|ne
die **Magd,** die Mäg|de
Mag|de|burg:
die Magdeburger Börde
der **Ma|gen,** die Mä|gen /
Ma|gen
ma|ger • die Ma|ger|keit
die **Ma|gie** (Zauberkunst) •
der Ma|gier, die Ma|gie|rin,
ma|gisch
das **Mag|ma,** die Mag|men
(flüssiges Gestein)
der **Ma|gnet,** die Ma|gne|te •
ma|gne|tisch
mä|hen, er mäh|te •
der Mäh|dre|scher,
der Mä|her

Ma bis Ma

das **Mahl**, die Mäh|ler •
die Mahl|zeit
mah|len, sie mahl|te:
Korn mahlen, *aber:* ↗ m<u>a</u>len
die **Mäh|ne**, die Mäh|nen
mah|nen, er mahn|te ⇒ 6 •
die Mah|nung
der **Mai** • das Mai|glöck|chen
die/das **Mail** (*kurz für:* ↗ E-<u>Mail</u>),
die Mails • die Mail|box,
der Mai|ler, die Mai|le|rin
Mainz:
die Mainzer Fastnacht
der **Mais** (Getreide) •
der Mais|kol|ben
die **Ma|jes|tät**,
die Ma|jes|tä|ten •
ma|jes|tä|tisch
ma|ka|ber (grausig)
der **Ma|kel**, die Ma|kel
mä|ke|lig/mäk|lig
mä|keln, sie mä|kel|te ⇒ 6
das **Make-up**, die Make-ups
die **Mak|ka|ro|ni**
die **Ma|kre|le**,
die Ma|kre|len (Fisch)
die **Ma|kro|ne**,
die Ma|kro|nen (Gebäck)
mal: zwei mal fünf •
mal|neh|men ⇒ 8
mal (*kurz für:* ↗ einmal):
Komm mal her!

das **Mal**, die Ma|le: das nächste
Mal, ein ums andere Mal
das **Mal**, die Ma|le/Mä|ler
(1. Hautfleck; 2. Denkmal;
3. markierter Punkt auf
dem Spielfeld)
ma|len, er mal|te: ein Bild
malen, *aber:* ↗ m<u>a</u>hlen •
der Ma|ler, die Ma|le|rei,
die Ma|le|rin, ma|le|risch
das **Mal|heur**, die Mal|heure
(kleines Missgeschick)
die **Ma|lo|che** • ma|lo|chen ⇒ 1
Mal|ta • mal|te|sisch
der **Malz** • das Malz|bier
die **Ma|ma**, die Ma|mas
das **Mam|mut**, die Mam|muts/
Mam|mu|te
mampf|en, es mampf|te ⇒ 2
man: man sagt, man
nehme ..., *aber:* der ↗ M<u>a</u>nn
ma|na|gen, sie ma|nag|te •
der Ma|na|ger,
die Ma|na|ge|rin
manch, man|che, man|cher,
man|ches • manch|mal
die **Man|da|ri|ne**,
die Man|da|ri|nen
die **Man|del**, die Man|deln
(1. Frucht; 2. Organ)
die **Ma|ne|ge**, die Ma|ne|gen
der/das **Man|ga**, die Man|gas

Ma bis Ma

der **Man|gel,** die Män|gel •
 man|gel|haft, man|geln:
 Es mangelte ihr an allem.
die **Man|gel,** die Man|geln
 (Bügelmaschine) • man|geln
die **Ma|nie|ren** • ma|nier|lich
die **Ma|ni|kü|re,** die Ma|ni|kü|ren •
 ma|ni|kü|ren
der **Mann,** die Män|ner
 männ|lich
die **Mann|schaft,**
 die Mann|schaf|ten
der **Man|tel,** die Män|tel
das **Ma|nu|skript,**
 die Ma|nu|skrip|te
das **Mäpp|chen,** die Mäpp|chen
die **Map|pe,** die Map|pen
der **Ma|ra|thon,** die Ma|ra|thons
das **Mär|chen,** die Mär|chen •
 mär|chen|haft
der **Mar|der,** die Mar|der
die **Mar|ga|ri|ne**
die **Mar|ge|ri|te,**
 die Mar|ge|ri|ten (Blume)
Ma|riä Him|mel|fahrt ➔ 4
der **Ma|ri|en|kä|fer,**
 die Ma|ri|en|kä|fer
die **Ma|ri|ne,** die Ma|ri|nen •
 ma|ri|ne|blau
die **Ma|ri|o|net|te,**
 die Ma|ri|o|net|ten
das **Mark** • das Mark|klöß|chen

die **Mark:** die Deutsche Mark
die **Mark,** die Mar|ken:
 die Mark Brandenburg
die **Mar|ke,** die Mar|ken
 mar|kie|ren, er mar|kier|te
die **Mar|ki|se,** die Mar|ki|sen
 (Sonnendach)
der **Markt,** die Märk|te
die **Mar|me|la|de,**
 die Mar|me|la|den
der **Mar|mor** (Gestein)
die **Ma|ro|ne,** die Ma|ro|nen
 (1. Speisepilz; 2. Esskastanie)
der **Mars** (Planet)
der **Marsch,** die Mär|sche •
 mar|schie|ren ➔ 4
der **März**
das **Mar|zi|pan**
die **Ma|sche,** die Ma|schen
die **Ma|schi|ne,** die Ma|schi|nen
die **Ma|sern** (Krankheit)
die **Mas|ke,** die Mas|ken •
 mas|kie|ren
das **Mas|kott|chen,**
 die Mas|kott|chen
 mas|ku|lin (männlich)
sie **maß** ↗ messen
das **Maß,** die Ma|ße:
 Maß nehmen
die **Mas|sa|ge,** die Mas|sa|gen
die **Mas|se,** die Mas|sen •
 mas|sen|wei|se, mas|sig

Ma bis Ma

mas|sie|ren, sie mas|sier|te
mä|ßig: ein mäßiger Wind
mas|siv: massives Gold
die **Maß|nah|me**,
die Maß|nah|men ➔ 8
der **Maß|stab**, die Maß|stä|be
der **Mast**, die Mas|te/Mas|ten •
der Mast|baum
die **Mast** • das Mast|schwein
das **Match**, die Mat|ch(e)s/
Mat|che • der Match|ball
das **Ma|te|ri|al**,
die Ma|te|ri|a|li|en
die **Ma|te|rie**, die Ma|te|ri|en
die **Ma|the|ma|tik** •
ma|the|ma|tisch
die **Ma|trat|ze**, die Ma|trat|zen
der **Ma|tro|se**, die Ma|tro|sen
die **Ma|tro|sin**,
die Ma|tro|sin|nen
der **Matsch** • mat|schig
matt
die **Mat|te**, die Mat|ten
die **Mau|er**, die Mau|ern •
mau|ern, der Mau|rer,
die Mau|re|rin
das **Maul**, die Mäu|ler •
mau|len ➔ 6
der **Maul|wurf**, die Maul|wür|fe
die **Maus**, die Mäu|se •
die Mau|se|fal|le ➔ 5,
das Maus|pad

Ma bis Me

ma|xi|mal
die **Ma|yon|nai|se** auch: ➚ Ma-
jonäse, die Ma|yon|nai|sen
Ma|ze|do|ni|en •
ma|ze|do|nisch
MB ➚ Megabyte
die **Me|cha|nik**,
die Me|cha|ni|ken,
der Me|cha|ni|ker,
die Me|cha|ni|ke|rin,
me|cha|nisch
me|ckern,
er me|cker|te ➔ 6
**Meck|len|burg-
Vor|pom|mern** • meck|len-
burg-vor|pom|me|risch
die **Me|dail|le**, die Me|dail|len
die **Me|di|en**
das **Me|di|ka|ment**,
die Me|di|ka|men|te
die **Me|di|zin**, die Me|di|zi|nen •
me|di|zi|nisch
das **Meer**, die Mee|re •
der Meer|ret|tich,
das Meer|schwein|chen
das **Me|ga|byte**, die Me|ga-
byte/Me|ga|bytes:
50 Megabyte/50 MB
das **Mehl** • meh|lig
mehr ➚ viel • meh|re|re,
die Mehr|heit, mehr|mals
die **Mehr|zahl** (Plural)

Me bis Me Me bis Mi

mei|den, sie mei|det, mied,
hat ge|mie|den
die **Mei|le**, die Mei|len
mein, mei|ne, mei|ner
mei|nen, er mein|te •
die Mei|nung
mei|net|we|gen
die **Mei|se**, die Mei|sen
(Singvogel)
der **Mei|ßel**, die Mei|ßel
meist: am meisten ↗ viel •
meis|tens
der **Meis|ter**, die Meis|ter
die **Meis|te|rin**, die Meis|te|rin|nen
meis|tern, sie meis|ter|te
die **Meis|ter|schaft**,
die Meis|ter|schaf|ten
(sich) **mel|den**, er mel|de|te (sich) •
die Mel|dung
mel|ken, sie melkt, molk/
melk|te, hat gemol|ken/
ge|melkt
die **Me|lo|die**, die Me|lo|di|en
die **Me|lo|ne**, die Me|lo|nen
das **Me|mo|ry**®, die Me|mo|rys
die **Men|ge**, die Men|gen
der **Mensch**, die Men|schen
das **Me|nü**, die Me|nüs
(sich) **mer|ken**, er merk|te (sich) •
das Merk|mal, merk|wür|dig
der **Mer|kur** (Planet)
die **Mes|se**, die Mes|sen

mes|sen, sie misst, maß,
hat ge|mes|sen: Miss genau!
das **Mes|ser**, die Mes|ser
das **Mes|sing** (Metall)
das **Me|tall**, die Me|tal|le •
me|tal|lisch
der **Me|te|or**, die Me|te|o|re •
die Me|te|o|ro|lo|gie
(Wetterkunde)
der **Me|ter**, die Meter:
vier Meter / 4 m
die **Me|tho|de**, die Me|tho|den
das **Mett** • die Mett|wurst
die **Metz|ge|rei**,
die Metz|ge|rei|en
die **Meu|te|rei**,
die Meu|te|rei|en
meu|tern, er meu|ter|te
mg ↗ Milligramm
mi|au|en, sie mi|au|te: Miau!
mich: Ich setze mich.
die **Mi|cky|maus**,
die Mi|cky|mäu|se
sie **mied** ↗ meiden
der **Mief** • mie|fen, mie|fig
die **Mie|ne**, die Mie|nen
(Gesichtsausdruck),
aber: die ↗ Mine
mies • mies|ma|chen
die **Mie|te**, die Mie|ten
mie|ten, er mie|te|te •
der Mie|ter, die Mie|te|rin

das **Mi|kro|fon**
auch: Mi|kro|phon,
die Mi|kro|fo|ne
auch: Mi|kro|pho|ne
das **Mi|kro|skop,**
die Mi|kro|sko|pe
die **Mi|kro|wel|le,**
die Mi|kro|wel|len
die **Milch** • mil|chig
mild • die Mil|de, mild|tä|tig
das **Mi|li|tär** • mi|li|tä|risch
die **Mil|li|ar|de,** die Mil|li|ar|den
das **Mil|li|gramm,**
die Mil|li|gramm:
fünf Milligramm / 5 mg
der **Mil|li|li|ter,** die Mil|li|li|ter:
zehn Milliliter / 10 ml
der **Mil|li|me|ter,**
die Mil|li|me|ter:
acht Millimeter / 8 mm
die **Mil|li|on,** die Mil|li|o|nen
die **Mi|mik** (Mienenspiel)
min ↗ Minute
das **Mi|na|rett,** die Mi|na|retts /
Mi|na|ret|te
min|der • die Min|der|heit,
min|der|jäh|rig
min|des|tens
die **Mi|ne,** die Mi|nen (1. Bleistiftmine; 2. Bergwerk;
3. Sprengkörper),
aber: die ↗ M<u>ie</u>ne

das **Mi|ne|ral,** die Mi|ne|ra|le /
Mi|ne|ra|li|en •
das Mi|ne|ral|was|ser
das **Mi|ni|golf**
mi|ni|mal
der **Mi|nis|ter,** die Mi|nis|ter
die **Mi|nis|te|rin,**
die Mi|nis|ter|in|nen
mi|nus: minus fünf
Grad Celsius / –5 °C •
das Mi|nus|zeichen
die **Mi|nu|te,** die Mi|nu|ten:
vier Minuten / 4 min
mir: Du hilfst mir.
mi|schen, sie misch|te •
die Mi|schung
die **Miss,** die Mis|ses: Miss
Germany • die Miss|wahl

miss-: Suche von Wörtern
mit *miss-,* die du hier nicht
findest, den zweiten Wortteil
(z. B. der Miss<u>erfolg</u> ↗ Erfolg).

miss|bil|li|gen,
er miss|bil|lig|te
der **Miss|brauch,**
die Miss|bräu|che
miss|han|deln,
sie miss|han|del|te
die **Mis|si|on,** die Mis|si|o|nen
sie **misst** ↗ messen
miss|trau|isch

Mi bis Mi

der **Mist**, *aber:* er ↗ mi<u>ss</u>t
mit

mit-: Suche von Wörtern mit *mit-*, die du hier nicht findest, den zweiten Wortteil (z. B. mit<u>bringen</u> ↗ bringen).

mit|ei|nan|der
das **Mit|glied**, die Mit|glie|der
mit|hil|fe *auch:* mit ↗ Hilfe
der **Mit|laut**, die Mit|lau|te
das **Mit|leid** • mit|lei|dig
der **Mit|tag**, die Mit|ta|ge: heute Mittag, zu Mittag essen • das Mit|tag|es|sen, mit|tags
die **Mit|te**, die Mit|ten
mit|tei|len, er teil|te mit ⇒ 6 • die Mit|tei|lung
das **Mit|tel**, die Mit|tel • mit|tel|los, mit|tels
das **Mit|tel|al|ter**
das **Mit|tel|meer**
mit|ten • mit|ten|drin, mit|ten|durch
die **Mit|ter|nacht**, die Mit|ter|näch|te
mitt|le|re: die mittlere Reihe
mitt|ler|wei|le
der **Mitt|woch**, die Mitt|wo|che • der Mitt|woch|abend, mitt|wochs
mi|xen, sie mix|te • der Mi|xer

Ml bis Mo

ml ↗ Milliliter
mm ↗ Millimeter
das **Mö|bel**, die Mö|bel
mo|bil • die Mo|bi|li|tät
sie **moch|te** ↗ mögen
sie **möch|te** ↗ mögen
die **Mo|de**, die Mo|den • mo|disch
das **Mo|dell**, die Mo|del|le • mo|del|lie|ren
der/das **Mo|dem**, die Mo|dems
der **Mo|der** • mo|de|rig/mod|rig, mo|dern (faulen)
der **Mo|de|ra|tor**, die Mo|de|ra|to|ren
die **Mo|de|ra|to|rin**, die Mo|de|ra|to|rin|nen
mo|dern: moderne Musik • mo|der|ni|sie|ren
das **Mo|fa**, die Mo|fas
mo|geln, er mo|gel|te
mö|gen, sie mag/möch|te, moch|te, hat ge|mocht
mög|lich • die Mög|lich|keit, mög|lichst
Mo|ham|med
der **Mohn**
die **Möh|re**, die Möh|ren
die **Mohr|rü|be**, die Mohr|rü|ben
der **Mo|kas|sin**, die Mo|kas|sins/Mo|kas|si|ne
der **Molch**, die Mol|che

die **Mo|le**, die Mo|len
sie **molk** ↗ melken
die **Mol|ke|rei**,
   die Mol|ke|rei|en
mol|lig
der **Mo|ment**, die Mo|men|te •
   mo|men|tan
die **Mo|nar|chie**,
   die Mo|nar|chi|en
der **Mo|nat**, die Mo|na|te •
   mo|nat|lich
der **Mönch**, die Mön|che
der **Mond**, die Mon|de
die **Mo|ne|ten** (Geld)
der **Mo|ni|tor**, die Mo|ni|to|re
   (Bildschirm)
das **Mons|ter**, die Mons|ter
der **Mon|tag**, die Mon|ta|ge •
   der Mon|tag|abend,
   mon|tags
die **Mon|ta|ge**, die Mon|ta|gen
mon|te|ne|gri|nisch
Mon|te|ne|gro
der **Mon|teur**, die Mon|teu|re
die **Mon|teu|rin**,
   die Mon|teu|rin|nen
mon|tie|ren, er mon|tier|te
das **Moor**, die Moo|re • moo|rig
das **Moos**, die Moo|se
das **Mo|ped**, die Mo|peds
der **Mops**, die Möp|se
die **Mo|ral** • mo|ra|lisch

der **Mo|rast**, die Mo|ras|te /
   Mo|räs|te • mo|ras|tig
der **Mord**, die Mor|de • mor|den
der **Mör|der**, die Mör|der
die **Mör|de|rin**,
   die Mör|de|rin|nen
mor|gen: morgen Abend
der **Mor|gen**, die Mor|gen:
   gestern Morgen, eines
   Morgens • mor|gens
morsch
der **Mör|tel** (Baumaterial)
das **Mo|sa|ik**, die Mo|sa|i|ken
die **Mo|schee**, die Mo|sche|en
der **Mos|lem** ↗ Muslim
der **Most**, die Mos|te
der **Most|rich** (Senf)
das **Mo|tel**, die Mo|tels
das **Mo|tiv**, die Mo|ti|ve •
   die Mo|ti|va|ti|on,
   mo|ti|vie|ren
der **Mo|tor**, die Mo|to|ren •
   das Mo|tor|rad
die **Mot|te**, die Mot|ten
das **Moun|tain|bike**,
   die Moun|tain|bikes
die **Mö|we**, die Mö|wen
der **Moz|za|rel|la**,
   die Moz|za|rel|las
die **Mü|cke**, die Mü|cken
mü|de • die Mü|dig|keit
muf|fig

Mu bis Mu

die **Mü|he,** die Mü|hen • sich
mü|hen, müh|sam, müh|se|lig
mu|hen, sie muh|te: Muh!
die **Müh|le,** die Müh|len
die **Mul|de,** die Mul|den
der **Müll** • die Müll|de|po|nie
der **Mül|ler,** die Mül|ler
die **Müller|in,** die Müller|in|nen
mul|mig (unwohl)
die **Mul|ti|pli|ka|ti|on,**
die Mul|ti|pli|ka|ti|o|nen
mul|ti|pli|zie|ren,
er mul|ti|pli|zier|te
(malnehmen)
die **Mu|mie,** die Mu|mi|en
der **Mumm** (Mut)
der/die **Mumps** (Krankheit)
Mün|chen
der **Mund,** die Mün|der •
die Mund|art (Dialekt)
mün|den, sie mün|de|te •
die Mün|dung
münd|lich
die **Mu|ni|ti|on**
mun|ter • die Mun|ter|keit
die **Mün|ze,** die Mün|zen
mür|be
der **Murks** (unordentliche Arbeit)
murk|sen, er murks|te ➔ 1
die **Mur|mel,** die Mur|meln
mur|meln, sie mur|mel|te ➔ 6
mur|ren, er murr|te ➔ 6

mür|risch
das **Mus** • das Ap|fel|mus
die **Mu|schel,** die Mu|scheln
das **Mu|se|um,** die Mu|se|en
das **Mu|si|cal,** die Mu|si|cals
die **Mu|sik** • mu|si|ka|lisch,
mu|si|zie|ren
der **Mus|kel,** die Mus|keln •
die Mus|ku|la|tur
das **Müs|li,** die Müs|lis
der **Mus|lim,** die Mus|li|me /
Mus|lims
die **Mus|li|ma** / Mus|li|min, die
Mus|li|mas / Mus|li|min|nen
mus|li|misch
sie **muss** ➚ müssen
die **Mu|ße**
müs|sen, sie muss,
muss|te, hat ge|musst
mü|ßig • der Mü|ßig|gang
sie **muss|te** ➚ müssen
das **Mus|ter,** die Mus|ter •
mus|tern ➔ 7
der **Mut:** zu Mute sein
auch: ➚ zumute • mu|tig
die **Mut|ter,** die Müt|ter
(Mama)
die **Mut|ter** (kurz für: Schrau-
benmutter), die Mut|tern
die **Müt|ze,** die Müt|zen

Na bis Na

N n

die **Na|be**, die Na|ben
der **Na|bel**, die Na|bel
nach: nach dem Essen, nach Hause *auch:* ↗ nachhause

nach-: Suche von Wörtern mit *nach-*, die du hier nicht findest, den zweiten Wortteil (z. B. nach<u>holen</u> ↗ holen).

nach|ah|men,
sie ahm|te nach
der **Nach|bar**, die Nach|barn
die **Nach|ba|rin**,
die Nach|ba|rin|nen
nach|dem: je nachdem
nach|denk|lich
nach|ei|nan|der
nach|hau|se
auch: nach Hause ↗ Haus
nach|her
die **Nach|hil|fe** (*kurz für:* <u>Nach-hilfe</u>stunde), die Nach|hil|fen
nach|läs|sig
der **Nach|mit|tag**,
die Nach|mit|ta|ge:
gestern Nachmittag •
nach|mit|tags

die **Nach|richt**,
die Nach|rich|ten
die **Nach|spei|se**,
die Nach|spei|sen
nächs|te ↗ nah, nächs|ter,
nächs|tes: das nächste Mal •
der/die Nächs|te: Der Nächste bitte!
die **Nacht**, die Näch|te: gestern Nacht, zur Nacht • nachts
der **Nach|teil**, die Nach|tei|le
die **Nach|ti|gall**,
die Nach|ti|gal|len (Vogel)
der **Nach|tisch**, die Nach|ti|sche (Nachspeise)
nach|träg|lich ⇒ 14
der **Na|cke|dei**, die Na|cke|deis
der **Na|cken**, die Na|cken
na|ckig
nackt
die **Na|del**, die Na|deln •
der Na|del|baum, na|deln
der **Na|gel**, die Nä|gel • na|geln
na|gen, er nag|te ⇒ 2 •
das Na|ge|tier
nah/na|he, nä|her,
am nächs|ten
die **Nä|he:** in der Nähe
nä|hen, sie näh|te
er **nahm** ↗ nehmen
die **Nah|rung** •
das Nah|rungs|mit|tel

Na bis Ne

die **Naht,** die Näh|te
na|iv • die Na|i|vi|tät
der **Na|me,** die Na|men
näm|lich
er **nann|te** ↗ nennen
der **Napf,** die Näp|fe
die **Nar|be,** die Nar|ben
die **Nar|ko|se,** die Nar|ko|sen (Betäubung)
der **Narr,** die Nar|ren
die **När|rin,** die När|rin|nen
när|risch
die **Nar|zis|se,** die Nar|zis|sen
na|schen, es nasch|te ⮕ 2
die **Na|se,** die Na|sen
das **Nas|horn,** die Nas|hör|ner
nass, nas|ser/näs|ser,
am nas|ses|ten/näs|ses|ten
die **Näs|se**
die **Na|ti|on,** die Na|ti|o|nen •
na|ti|o|nal,
die Na|ti|o|nal|hym|ne
die **Na|tur,** die Na|tu|ren
na|tür|lich
das **Na|vi** (*kurz für:* Navigationsgerät), die Na|vis
der **Ne|bel,** die Ne|bel •
ne|be|lig/neb|lig
ne|ben • ne|ben|an, ne|ben|ei|nan|der, ne|ben|her
ne|cken, sie neck|te
der **Nef|fe,** die Nef|fen

Ne bis Ni

ne|ga|tiv
neh|men, er nimmt, nahm, hat ge|nom|men:
Nimm das! ⮕ 8
der **Neid** • nei|den, nei|disch
(sich) **nei|gen,** sie neig|te (sich) •
die Nei|gung
nein
die **Nel|ke,** die Nel|ken (Blume)
nen|nen, er nennt, nann|te,
hat ge|nannt
der **Nep|tun** (Planet)
der **Nerv,** die Ner|ven • ner|vös
das **Nest,** die Nes|ter
nett
das **Netz,** die Net|ze
neu • das Neue
die **Neu|gier**/Neu|gier|de •
neu|gie|rig
die **Neu|ig|keit,**
die Neu|ig|kei|ten
das **Neu|jahr:** Prosit Neujahr!
neu|lich
neun: um halb neun, neun mal fünf, *aber:* neunmal rufen • die Neun, neun|mal, neun|te: das neunte Mal; neun|zehn, neun|zig
neu|tral • die Neu|tra|li|tät
nicht: Ich weiß es nicht.
die **Nich|te,** die Nich|ten
nichts: Es gibt nichts Neues.

Ni bis No

ni|cken, sie nick|te
nie • nie|mals
nie|der • die Nie|der|la|ge
die **Nie|der|lan|de** •
nie|der|län|disch
Nie|der|sach|sen •
nie|der|säch|sisch
der **Nie|der|schlag,**
die Nie|der|schlä|ge
nied|lich
nied|rig
nie|mand, nie|man|den
die **Nie|re,** die Nie|ren
nie|seln, es nie|sel|te
nie|sen, er nies|te
die **Nie|te,** die Nie|ten
der **Ni|ko|laus,** die Ni|ko|läu|se
das **Nil|pferd,** die Nil|pfer|de
er **nimmt** ↗ nehmen
nir|gends • nir|gend|wo
nis|ten, sie nis|te|te
die **Ni|xe,** die Ni|xen
noch: noch einmal, noch mal *auch:* noch|mal
das **No|men,** die No|men
der **No|mi|na|tiv** (Werfall oder Wasfall – 1. Fall)
der **Nor|den:** im Norden
nörd|lich
der **Nord|pol**
Nord|rhein-West|fa|len •
nord|rhein-west|fä|lisch

No bis Nu

die **Nord|see**
nör|geln, er nör|gel|te ➡ 6
die **Norm,** die Nor|men •
nor|mal
Nor|we|gen • nor|we|gisch
die **Not,** die Nö|te
die **No|te,** die No|ten
das **Note|book,** die Note|books
no|tie|ren, sie no|tier|te
nö|tig
die **No|tiz,** die No|ti|zen
not|wen|dig •
die Not|wen|dig|keit
der **No|vem|ber**
nüch|tern •
die Nüch|tern|heit
nu|ckeln, er nu|ckel|te
die **Nu|del,** die Nu|deln
null: null Grad, null Fehler
die **Null,** die Nul|len
das **Nu|me|ra|le,**
die Nu|me|ra|li|en (Zahlwort)
die **Num|mer,** die Num|mern •
num|me|rie|ren
nun • nun|mehr
nur
nu|scheln, sie nu|schel|te ➡ 6
die **Nuss,** die Nüs|se
nut|zen /nüt|zen, es nutz|te/ nütz|te • der Nut|zen,
nütz|lich

Oa bis Oh

Oh bis Op

O o

die **Oa|se,** die Oa|sen
ob
das **Ob|dach** • ob|dach|los
oben: nach oben gehen
der **Ober,** die Ober (Kellner)
obe|re, obe|rer, obe|res
ober|fläch|lich
ober|halb
das **Ob|jekt,** die Ob|jek|te
ob|jek|tiv (unparteiisch) •
die Ob|jek|ti|vi|tät
die **Ob|la|te,** die Ob|la|ten
das **Obst**
ob|wohl
der **Och|se,** die Och|sen
öd/öde: ein öder Ort
oder: früher oder später
die **Oder** (Strom)
der **Ofen,** die Öfen
of|fen: ein offenes Fenster
of|fen|sicht|lich → 10
öf|fent|lich •
die Öf|fent|lich|keit
öff|nen, sie öff|ne|te •
die Öff|nung
oft, öf|ter • oft|mals
oh|ne: ohne Worte

ohn|mäch|tig (bewusstlos)
das **Ohr,** die Oh|ren •
die Ohr|fei|ge
das **Öhr,** die Öh|re •
das Na|del|öhr
okay: Es ist okay/o. k.
die **Öko|lo|gie** • öko|lo|gisch
die **Öko|steu|er,**
die Öko|steu|ern
der **Ok|to|ber,** die Ok|to|ber
das **Öl,** die Öle • ölen, ölig
die **Oli|ve,** die Oli|ven
die **Olym|pi|a|de,**
die Olym|pi|a|den
olym|pisch:
die Olympischen Spiele
die **Oma,** die Omas
der **Om|ni|bus,**
die Om|ni|bus|se
der **On|kel,** die On|kel
on|line: online gehen
der **Opa,** die Opas
die **Oper,** die Opern
die **Ope|ra|ti|on,**
die Ope|ra|ti|o|nen
das **Op|fer,** die Op|fer • op|fern
die **Op|tik** • der Op|ti|ker,
die Op|ti|ke|rin
op|ti|mis|tisch
(zuversichtlich)
op|tisch: Ein Blinklicht ist
ein optisches Signal.

Or bis Oz Pa bis Pa

oran|ge: ein oranges Hemd
die **Oran|ge**, die Oran|gen
das **Or|ches|ter**, die Or|ches|ter
or|dent|lich
ord|nen, er ord|ne|te •
die Ord|nung
das **Or|gan**, die Or|ga|ne
die **Or|ga|ni|sa|ti|on**,
die Or|ga|ni|sa|ti|o|nen
or|ga|ni|sie|ren,
sie or|ga|ni|sier|te
die **Or|gel**, die Or|geln
der **Ori|ent** • ori|en|ta|lisch
sich **ori|en|tie|ren**,
er ori|en|tier|te sich •
die Ori|en|tie|rung
das **Ori|gi|nal**, die Ori|gi|na|le
der **Or|kan**, die Or|ka|ne
der **Ort**, die Or|te
der **Os|ten**: im Osten
Os|tern
Ös|ter|reich •
ös|ter|rei|chisch
öst|lich
die **Ost|see**
der **Ot|ter**, die Ot|ter
(Marder) • der Fisch|ot|ter
die **Ot|ter**, die Ot|tern
(Schlange) • die Kreuz|ot|ter
oval
der **Over|all**, die Over|alls
der **Oze|an**, die Oze|a|ne

P p

paar: ein paar Wochen
das **Paar**, die Paa|re: ein Paar
Schuhe, aber: das ↗ Pärchen
die **Pacht**, die Pach|ten •
pach|ten, der Pacht|zins
das **Päck|chen**, die Päck|chen
pa|cken, sie pack|te •
die Pa|ckung
das **Pad|del**, die Pad|del •
pad|deln
das **Pa|ket**, die Pa|ke|te
der **Pa|last**, die Pa|läs|te
die **Pa|let|te**, die Pa|let|ten
die **Pal|me**, die Pal|men
die **Pam|pel|mu|se**,
die Pam|pel|mu|sen
pa|nie|ren, er pa|nier|te •
das Pa|nier|mehl
die **Pa|nik**, die Pa|ni|ken •
pa|nisch
die **Pan|ne**, die Pan|nen
pan|schen auch: pant|schen,
sie pansch|te auch: pantsch|te
der **Pan|ther** auch: Pan|ter,
die Pan|ther auch:
Pan|ter (Leopard)
der **Pan|tof|fel**, die Pan|tof|feln

Pa bis Pa

die **Pan|to|mi|me**,
   die Pan|to|mi|men
der **Pan|zer**, die Pan|zer
der **Pa|pa**, die Pa|pas
der **Pa|pa|gei**, die Pa|pa|gei|en
das **Pa|pier**, die Pa|pie|re
die **Pap|pe**, die Pap|pen • pap|pig
die **Pap|pel**, die Pap|peln
   (Laubbaum)
der/die **Pa|pri|ka**, die Pa|pri|ka/
   Pa|pri|kas
der **Papst**, die Päps|te
die **Pa|ra|bel**, die Pa|ra|beln
das **Pa|ra|dies**, die Pa|ra|die|se •
   pa|ra|die|sisch
pa|ral|lel • die Pa|ral|le|le
der **Pa|ra|sit**, die Pa|ra|si|ten
das **Pär|chen**, die Pär|chen,
   aber: das ↗ Paar
das **Par|füm**, die Par|füms
pa|rie|ren, er pa|rier|te
der **Park**, die Parks • **par|ken**,
   der Park|platz
das **Par|kett**, die Par|ket|te/
   Par|ketts
das **Par|la|ment**, die Par|la|men|te
die **Pa|ro|die**, die Pa|ro|di|en •
   pa|ro|die|ren
die **Pa|ro|le**, die Pa|ro|len
die **Par|tei**, die Par|tei|en •
   par|tei|isch
par|ter|re: parterre wohnen

der **Part|ner**, die Part|ner
die **Part|ne|rin**,
   die Part|ne|rin|nen
par|tout (unbedingt)
die **Par|ty**, die Par|tys
der **Pass**, die Päs|se
der **Pas|sa|gier**, die Pas|sa|gie|re
die **Pas|sa|gie|rin**,
   die Pas|sa|gie|rin|nen
das **Pas|sah** • das Pas|sah|fest
pas|sen, es pass|te •
   pas|send
pas|sie|ren, es ist pas|siert
pas|siv • die Pas|si|vi|tät
die **Pas|te**, die Pas|ten
die **Pas|te|te**, die Pas|te|ten
der **Pas|tor**, die Pas|to|ren
die **Pas|to|rin**, die Pas|to|rin|nen
der **Pa|te**, die Pa|ten
der **Pa|ti|ent**, die Pa|ti|en|ten
die **Pa|ti|en|tin**,
   die Pa|ti|en|tin|nen
die **Pa|tin**, die Pa|tin|nen
die **Pa|tro|ne**, die Pa|tro|nen
pat|zen, sie patz|te •
   der Pat|zer, pat|zig
die **Pau|ke**, die Pau|ken •
   pau|ken
pau|schal •
   die Pau|schal|rei|se
die **Pau|se**, die Pau|sen •
   pau|sie|ren

Pc bis Pe

der **Pa|zi|fik** (Ozean)
der **PC** (*kurz für:* **P**ersonal **C**omputer), die PCs
das **Pech** • **pech|schwarz**
das **Pe|dal**, die Pe|da|le
pein|lich
die **Peit|sche**, die Peit|schen
die **Pel|le**, die Pel|len • **pel|len**, die Pell|kar|tof|fel
der **Pelz**, die Pel|ze • **pel|zig**
das **Pen|del**, die Pen|del • **pen|deln**
der **Pe|nis**, die Pe|nis|se
die **Pen|si|on**, die Pen|si|o|nen
per|fekt • die Per|fek|ti|on
das **Per|fekt** (Zeitform des Verbs)
die **Pe|ri|o|de**, die Pe|ri|o|den • **pe|ri|o|disch**
die **Per|le**, die Per|len
die **Per|son**, die Per|so|nen • das Per|so|nal, die Per|so|nal|form (gebeugte Verbform), das Per|so|nal|pro|no|men
per|sön|lich • die Per|sön|lich|keit
die **Per|spek|ti|ve**, die Per|spek|ti|ven
die **Pe|rü|cke**, die Pe|rü|cken
das **Pes|sach** (Passah)
pes|si|mis|tisch (schwarzseherisch)
die **Pe|ter|si|lie**

Pe bis Pf

das **Pe|tro|le|um** (Brennstoff)
pet|zen, er petz|te
der **Pfad**, die Pfa|de
der **Pfahl**, die Pfäh|le
das **Pfand**, die Pfän|der / Pfan|de
die **Pfan|ne**, die Pfan|nen • der Pfann|ku|chen
der **Pfar|rer**, die Pfar|rer
die **Pfar|re|rin**, die Pfar|re|rin|nen
der **Pfau**, die Pfau|en
der **Pfef|fer** • die Pfef|fer|min|ze, **pfef|fern**
die **Pfei|fe**, die Pfei|fen
pfei|fen, sie pfeift, pfiff, hat ge|pfif|fen
der **Pfeil**, die Pfei|le
der **Pfei|ler**, die Pfei|ler
der **Pfen|nig**, die Pfen|ni|ge
das **Pferd**, die Pfer|de
sie **pfiff** ↗ pfeifen
der **Pfiff**, die Pfif|fe • **pfif|fig**
der **Pfif|fer|ling**, die Pfif|fer|lin|ge (Pilz)
Pfings|ten • das Pfingst|fest
der **Pfir|sich**, die Pfir|si|che
die **Pflan|ze**, die Pflan|zen • **pflan|zen**, die Pflan|zung
das **Pflas|ter**, die Pflas|ter • **pflas|tern**, die Pflas|te|rung
die **Pflau|me**, die Pflau|men
die **Pfle|ge** • **pfle|ge|be|dürf|tig**
pfle|gen, er pfleg|te

Pf bis Pi

die **Pflicht,** die Pflich|ten •
pflicht|be|wusst
der **Pflock,** die Pflö|cke
pflü|cken, sie pflück|te
der **Pflug,** die Pflü|ge
pflü|gen, er pflüg|te
die **Pfor|te,** die Pfor|ten
der **Pfos|ten,** die Pfos|ten
die **Pfo|te,** die Pfo|ten
der **Pfrop|fen,** die Pfrop|fen
(Verschluss)
pfui!
das **Pfund,** die Pfun|de
(2 Pfund = 1 Kilogramm)
pfu|schen, sie pusch|te ➔ 1
die **Pfüt|ze,** die Pfüt|zen
die **Phan|ta|sie** auch: ↗ Fantasie,
die Phan|ta|si|en •
phan|tas|tisch
das **Phan|tom,** die Phan|to|me
(Trugbild)
die **Phi|lo|so|phie,**
die Phi|lo|so|phi|en
die **Phy|sik** • **phy|si|ka|lisch**
der **Pi|ckel,** die Pi|ckel
pi|cken, er pick|te
das **Pick|nick,** die Pick|nicks
pie|pen auch: piep|sen,
es piep|te auch: pieps|te
pier|cen, sie pierc|te •
das Pier|cing
pi|kant

Pi bis Pl

die **Pil|le,** die Pil|len
der **Pi|lot,** die Pi|lo|ten
die **Pi|lo|tin,** die Pi|lo|tin|nen
der **Pilz,** die Pil|ze
der **Pin|gu|in,** die Pin|gu|i|ne
pink
die **Pinn|wand,** die Pinn|wän|de
der **Pin|sel,** die Pin|sel • **pin|seln**
die **Pin|zet|te,** die Pin|zet|ten
der **Pi|rat,** die Pi|ra|ten
die **Pi|ra|tin,** die Pi|ra|tin|nen
die **Pi|rou|et|te,** die Pi|rou|et|ten
pir|schen, er pirsch|te ➔ 4
die **Pis|te,** die Pis|ten
die **Pis|to|le,** die Pis|to|len
pitsch|nass
die **Piz|za,** die Piz|zas / Piz|zen •
die Piz|ze|ria
der **Pkw** (kurz für: P̱ersonen-
krafṯwagen), die Pkw / Pkws
die **Pla|ge,** die Pla|gen •
(sich) pla|gen
das **Pla|kat,** die Pla|ka|te
die **Pla|ket|te,** die Pla|ket|ten
der **Plan,** die Plä|ne • pla|nen,
plan|los, die Pla|nung
die **Pla|ne,** die Pla|nen •
der Plan|wa|gen
der **Pla|net,** die Pla|ne|ten
plan|schen auch:
plant|schen, sie plansch|te
auch: plantsch|te

Pl bis Po

plap|pern, er plap|per|te ➔ 6
plär|ren, sie plärr|te ➔ 9
die **Plas|te,** die Plas|ten (Plastik)
das **Plas|tik** (Kunststoff)
die **Plas|tik,** die Plas|ti|ken (Kunstwerk) • plas|tisch
plät|schern, es plät|scher|te
platt: Der Reifen ist platt.
das **Platt|deutsch** (Niederdeutsch)
die **Plat|te,** die Plat|ten
der **Platz,** die Plät|ze
das **Plätz|chen,** die Plätz|chen
plat|zen, es ist ge|platzt
plau|dern, er plau|der|te ➔ 6
das **Play-back,** die Play-backs
plei|te: Er ist pleite.
die **Plei|te,** die Plei|ten: Sie macht Pleite.
die **Plom|be,** die Plom|ben • plom|bie|ren
plötz|lich
plump • plumps, plump|sen
der **Plun|der**
plün|dern, sie plün|der|te • die Plün|de|rung
der **Plu|ral** (Mehrzahl)
plus
der **Plüsch,** die Plü|sche • plü|schig
der **Po** (*kurz für:* ↗ Popo), die Pos

Po bis Po

po|chen, er poch|te
die **Po|cke,** die Po|cken
das **Po|di|um,** die Po|di|en
das **Po|e|sie|al|bum,** die Po|e|sie|al|ben
der **Po|kal,** die Po|ka|le
der **Pol,** die Po|le • po|lar, der Po|lar|stern
Po|len • pol|nisch
po|lie|ren, sie po|lier|te
die **Po|li|tik** • der Po|li|ti|ker, die Po|li|ti|ke|rin, po|li|tisch
die **Po|li|zei** • po|li|zei|lich, der Po|li|zist, die Po|li|zis|tin
der **Pol|len,** die Pol|len (Blütenstaub)
das **Pols|ter,** die Pols|ter • pols|tern, die Pols|te|rung
pol|tern, es pol|ter|te
die **Pommes frites** (*kurz:* Pommes, Fritten)
das **Po|ny,** die Po|nys
der **Pool,** die Pools
der **Pop** • die Pop|mu|sik
der **Po|po,** die Po|pos
po|pu|lär (bekannt, beliebt)
die **Po|re,** die Po|ren • po|rös
der **Por|ree,** die Por|rees (Gemüse)
das **Porte|mon|naie** *auch:* ↗ Portmonee, die Porte|mon|naies

das **Port|fo|lio,** die Port|fo|li|os
die **Por|ti|on,** die Por|ti|o|nen
das **Port|mo|nee**
  auch: ↗ Portemonnaie,
  die Port|mo|nees
das **Por|to** • por|to|frei
Por|tu|gal • por|tu|gie|sisch
das **Por|zel|lan**
die **Po|si|ti|on,** die Po|si|ti|o|nen
po|si|tiv
die **Post** • der Post|bo|te,
  die Post|bo|tin
das **Pos|ter,** die Pos|ter
Pots|dam
die **Pracht**
präch|tig
das **Prä|di|kat,** die Prä|di|ka|te
  (Satzaussage)
prä|gen, er präg|te •
  die Prä|gung
prah|len, sie prahl|te
prak|tisch
die **Pra|li|ne,** die Pra|li|nen
prall • pral|len
die **Prä|mie,** die Prä|mi|en
die **Pran|ke,** die Pran|ken
die **Prä|po|si|ti|on,**
  die Prä|po|si|ti|o|nen
  (Verhältniswort)
das **Prä|sens** (Zeitform des Verbs)
die **Prä|sen|ta|ti|on,**
  die Prä|sen|ta|ti|o|nen

prä|sen|tie|ren,
  er prä|sen|tier|te
der **Prä|si|dent,**
  die Prä|si|den|ten
die **Prä|si|den|tin,**
  die Prä|si|den|tin|nen
pras|seln,
  es hat/ist ge|pras|selt
das **Prä|te|ri|tum**
  (Zeitform des Verbs)
die **Pra|xis,** die Pra|xen
pre|di|gen, sie pre|dig|te •
  die Pre|digt
der **Preis,** die Prei|se
die **Prei|sel|bee|re,**
  die Prei|sel|bee|ren
prel|len, er prell|te •
  die Prel|lung
die **Pres|se,** die Pres|sen
pres|sen, sie press|te
der **Pries|ter,** die Pries|ter
die **Pries|te|rin,**
  die Pries|te|rin|nen
pri|ma
die **Pri|mel,** die Pri|meln
pri|mi|tiv
der **Prinz,** die Prin|zen
die **Prin|zes|sin,**
  die Prin|zes|sin|nen
das **Prin|zip,** die Prin|zi|pi|en
pri|vat
das **Pri|vi|leg,** die Pri|vi|le|gi|en

Pr bis Pr

pro: 1. pro oder kontra;
2. pro Person bezahlen
die **Pro|be,** die Pro|ben •
pro|ben, pro|bie|ren ➜ 2
das **Pro|blem,** die Pro|ble|me
das **Pro|dukt,** die Pro|duk|te •
die Pro|duk|ti|on
pro|du|zie|ren,
sie pro|du|zier|te
der **Pro|fes|sor,**
die Pro|fes|so|ren
die **Pro|fes|so|rin,**
die Pro|fes|so|rin|nen
der **Pro|fi,** die Pro|fis
das **Pro|fil,** die Pro|fi|le
der **Pro|fit,** die Pro|fi|te
(Gewinn) • pro|fi|tie|ren
das **Pro|gramm,**
die Pro|gram|me •
pro|gram|mie|ren
das **Pro|jekt,** die Pro|jek|te
der **Pro|jek|tor,**
die Pro|jek|to|ren
pro|mi|nent
prompt
das **Pro|no|men,**
die Pro|no|men (Fürwort)
der **Pro|pel|ler,** die Pro|pel|ler
pro|sit/prost:
Prosit Neujahr!
der/das **Pros|pekt,** die Pros|pek|te
der **Pro|test,** die Pro|tes|te

Pr bis Pu

pro|tes|tan|tisch
der **Pro|tes|tan|tis|mus**
pro|tes|tie|ren,
er pro|tes|tier|te
die **Pro|the|se,** die Pro|the|sen
das **Pro|to|koll,**
die Pro|to|kol|le •
pro|to|kol|lie|ren
der **Pro|vi|ant** (Verpflegung)
pro|vo|zie|ren,
sie pro|vo|zier|te
das **Pro|zent,** die Pro|zen|te
der **Pro|zess,** die Pro|zes|se
prü|fen, er prüf|te •
die Prü|fung
die **Prü|gel** • die Prü|ge|lei,
(sich) prü|geln
prus|ten, sie prus|te|te
PS (kurz für: Pferdestärke)
der **Psalm,** die Psal|men
pst/pscht: Pst, es schläft!
psy|chisch (seelisch)
die **Pu|ber|tät**
das **Pu|bli|kum**
der **Pud|ding,** die Pud|din|ge/
Pud|dings
der **Pu|del,** die Pu|del
der **Pu|der,** die Pu|der •
pu|dern
der **Puf|fer,** die Puf|fer
der **Pul|lo|ver** (kurz: Pulli),
die Pul|lo|ver

Pu bis Py

der **Puls,** die Pul|se •
die Puls|ader, pul|sie|ren
das **Pult,** die Pul|te
das **Pul|ver,** die Pul|ver
pum|me|lig/pumm|lig
die **Pum|pe,** die Pum|pen •
pum|pen
der **Punkt,** die Punk|te
pünkt|lich
die **Pu|pil|le,** die Pu|pil|len
die **Pup|pe,** die Pup|pen
pur
das **Pü|ree,** die Pü|rees • pü|rie|ren
pur|zeln, er ist ge|pur|zelt
pus|ten, er pus|te|te
die **Pu|te,** die Pu|ten
der **Pu|ter,** die Pu|ter
put|zen, sie putz|te
put|zig
puz|zeln, er puz|zel|te
das **Puz|zle,** die Puz|zles
der **Py|ja|ma,** die Py|ja|mas
die **Py|ra|mi|de,** die Py|ra|mi|den

Qua bis Que

Qu qu

der **Qua|der,** die Qua|der
das **Qua|drat,** die Qua|dra|te •
qua|dra|tisch
qua|ken, er quak|te: Quak!
die **Qual,** die Qua|len
quä|len, sie quäl|te •
die Quä|le|rei
die **Qua|li|fi|ka|ti|on,**
die Qua|li|fi|ka|ti|o|nen
qua|li|fi|ziert
die **Qua|li|tät,** die Qua|li|tä|ten
die **Qual|le,** die Qual|len
der **Qualm** • qual|men
der **Quark**
das **Quar|tal,** die Quar|ta|le
(Vierteljahr)
das **Quar|tett,** die Quar|tet|te
das **Quar|tier,** die Quar|tie|re
quas|seln,
er quas|sel|te ➡ 6
der **Quatsch:**
Sie macht Quatsch.
quat|schen,
sie quatsch|te ➡ 6
die **Quel|le,** die Quel|len
quel|len, es quillt, quoll,
ist ge|quol|len

Que bis Quo

Ra bis Ra

quen|ge|lig /queng|lig
quen|geln,
er quen|gel|te ➡ 9
quer • que|ren, quer-
feld|ein, die Quer|flö|te,
der Quer|schnitt
quet|schen,
sie quetsch|te •
die Quet|schung
quick|le|ben|dig (munter)
quie|ken, es quiek|te
quiet|schen, es quietsch|te
es quillt ↗ quellen
der Quirl, die Quir|le •
quir|len
quitt: Jetzt sind wir quitt.
die Quit|te, die Quit|ten
quit|tie|ren, er quit|tier|te
die Quit|tung,
die Quit|tun|gen
das Quiz • die Quiz|fra|ge
es quoll ↗ quellen
die Quo|te, die Quo|ten
der Quo|ti|ent,
die Quo|ti|en|ten

R r

der Ra|batt, die Ra|bat|te
der Ra|be, die Ra|ben
die Ra|che: Rache nehmen
(sich) rä|chen, er räch|te (sich)
der Ra|chen, die Ra|chen
ra|ckern, sie ra|cker|te ➡ 1
das Rad, die Rä|der: Er fährt Rad.
der/das Ra|dar, die Ra|da|re •
die Ra|dar|fal|le ➡ 5
der Ra|dau (Lärm)
ra|die|ren, er ra|dier|te •
der Ra|dier|gum|mi
das Ra|dies|chen,
die Ra|dies|chen
ra|di|kal
das Ra|dio, die Ra|di|os
der Ra|di|us, die Ra|di|en
raf|fen, sie raff|te
raf|fi|niert
ra|gen, es rag|te
der Rahm (Sahne)
der Rah|men, die Rah|men
die Ra|ke|te, die Ra|ke|ten
die Ral|lye, die Ral|lyes
der Ra|ma|dan
ram|men, er ramm|te
die Ram|pe, die Ram|pen

Ra bis Ra   Ra bis Re

ran (heran)
der **Rand**, die Rän|der
sie **rang** ↗ ringen
der **Rang**, die Rän|ge
ran|gie|ren, sie ran|gier|te
die **Ran|ke**, die Ran|ken • ran|ken
es **rann** ↗ rinnen
sie **rann|te** ↗ rennen
der **Ran|zen**, die Ran|zen
ran|zig: ranziges Fett
der **Rap**, die Raps • rap|pen,
der Rap|per, die Rap|pe|rin
der **Rap|pe**, die Rap|pen
der **Raps** (Ölpflanze)
rar • die Ra|ri|tät
ra|sant
rasch
ra|scheln, es ra|schel|te
ra|sen, er ras|te
der **Ra|sen**, die Ra|sen
ra|sie|ren, sie ra|sier|te
ras|peln, er ras|pel|te
die **Ras|se**, die Ras|sen
die **Ras|sel**, die Ras|seln
ras|seln, sie ras|sel|te
die **Rast**, die Ras|ten
ras|ten, er ras|te|te • rast|los
der **Rat**: um Rat bitten
sie **rät** ↗ raten
die **Ra|te**, die Ra|ten
ra|ten, sie rät, riet,
hat ge|ra|ten

der **Rat|schlag**, die Rat|schlä|ge
das **Rät|sel**, die Rät|sel
die **Rat|te**, die Rat|ten
rat|tern, es rat|ter|te
rau • der Rau|reif
rau|ben, er raub|te
der **Räu|ber**, die Räu|ber
die **Räu|be|rin**,
die Räu|be|rin|nen
der **Rauch** • rau|chen
räu|chern, sie räu|cher|te
rauf (herauf)
rau|fen, er rauf|te •
die Rau|fe|rei
der **Raum**, die Räu|me
räu|men, sie räum|te
die **Rau|pe**, die Rau|pen
raus (heraus, hinaus)
der **Rausch**, die Räu|sche •
das Rausch|gift
rau|schen, es rausch|te
sich **räus|pern**,
er räus|per|te sich
re|agie|ren, sie re|agier|te
die **Re|ak|ti|on**,
die Re|ak|ti|o|nen
re|al (wirklich) •
re|a|lis|tisch, die Re|a|li|tät
die **Re|be**, die Re|ben
der **Re|chen**, die Re|chen
rech|nen, er rech|ne|te •
der Rech|ner, die Rech|nung

Re bis Re

recht: 1. recht nett sein;
2. Mir ist es recht.
das **Recht,** die Rech|te: im Recht
sein, zu Recht böse sein,
aber: ↗ zurechtfinden
rech|te, rech|ter, rech|tes:
die rechte Hand
das **Recht|eck,** die Recht|ecke
rechts: von rechts nach links
recht|zei|tig
das **Reck,** die Re|cke / Recks
(sich) **re|cken,** sie reck|te (sich)
re|cy|celn, er re|cy|cel|te
das **Re|cy|cling**
der **Re|dak|teur,**
die Re|dak|teu|re
die **Re|dak|teu|rin,**
die Re|dak|teu|rin|nen
die **Re|de,** die Re|den
re|den, sie re|de|te ➔ 6 •
der Red|ner, die Red|ne|rin
red|lich • die Red|lich|keit
das **Re|fe|rat,** die Re|fe|ra|te
die **Re|form,** die Re|for|men •
der Re|for|ma|ti|ons|tag,
re|for|mie|ren
der **Re|frain,** die Re|frains
das **Re|gal,** die Re|ga|le
die **Re|gel,** die Re|geln •
re|gel|mä|ßig, re|geln
(sich) **re|gen,** er reg|te (sich)
der **Re|gen** • der Re|gen|wurm

re|gie|ren, sie re|gier|te •
die Re|gie|rung
die **Re|gi|on,** die Re|gi|o|nen •
re|gi|o|nal
reg|nen, es reg|ne|te •
reg|ne|risch
das **Reh,** die Re|he
rei|ben, er reibt, rieb, hat
ge|rie|ben • die Rei|bung
reich • der/die Rei|che,
reich|lich, der Reich|tum
das **Reich,** die Rei|che
rei|chen, es reich|te ➔ 3
reif: reifes Obst
der **Reif** (gefrorener Tau)
der **Reif,** die Rei|fe (ring-
förmiges Schmuckstück)
der **Rei|fen,** die Rei|fen
der **Rei|gen,** die Rei|gen
die **Rei|he,** die Rei|hen
der **Reim,** die Rei|me • rei|men
rein (herein, hinein)
rein (sauber)
rei|ni|gen, sie rei|nig|te •
die Rei|ni|gung
der **Reis** • die Reis|waf|fel
die **Rei|se,** die Rei|sen
rei|sen, er ist ge|reist
das **Rei|sig** •
das Rei|sig|bün|del ➔ 2
rei|ßen, sie reißt, riss,
hat ge|ris|sen

Re bis Re

Re bis Ri

rei|ten, er rei|tet, ritt,
ist/hat ge|rit|ten
der **Reiz,** die Rei|ze
rei|zen, sie reiz|te • rei|zend
die **Re|kla|me,** die Re|kla|men
der **Re|kord,** die Re|kor|de
der **Re|kor|der,** die Re|kor|der
der **Rek|tor,** die Rek|to|ren
die **Rek|to|rin,** die Rek|to|rin|nen
re|la|tiv: Sie ist relativ groß
für ihr Alter.
die **Re|li|gi|on,** die Re|li|gi|o|nen •
re|li|gi|ös
die **Re|ling** (Schiffsgeländer)
die **Rem|pe|lei,** die Rem|pe|lei|en
rem|peln, er rem|pel|te
ren|nen, sie rennt, rann|te,
ist ge|rannt • das Ren|nen
re|no|vie|ren,
er re|no|vier|te •
die Re|no|vie|rung
die **Ren|te,** die Ren|ten •
der Rent|ner, die Rent|ne|rin
das **Ren|tier,** die Ren|tie|re
die **Re|pa|ra|tur,**
die Re|pa|ra|tu|ren
re|pa|rie|ren, sie re|pa|rier|te
der **Re|port,** die Re|por|te • die
Re|por|ta|ge, der Re|por|ter,
die Re|por|te|rin
das **Rep|til,** die Rep|ti|li|en
die **Re|pu|blik,** die Re|pu|bli|ken

die **Re|ser|ve,** die Re|ser|ven
re|ser|vie|ren,
er re|ser|vier|te •
die Re|ser|vie|rung
der **Res|pekt** • res|pek|tie|ren
der **Rest,** die Res|te
das **Res|tau|rant,**
die Res|tau|rants
das **Re|sul|tat,** die Re|sul|ta|te
ret|ten, sie ret|te|te •
die Ret|tung
der **Ret|tich,** die Ret|ti|che
das **Re|vier,** die Re|vie|re
die **Re|vo|lu|ti|on,**
die Re|vo|lu|ti|o|nen
das **Re|zept,** die Re|zep|te
der **Rha|bar|ber**
der **Rhein** (Strom)
Rhein|land-Pfalz •
rhein|land-pfäl|zisch
das **Rheu|ma** • rheu|ma|tisch
rhyth|misch
der **Rhyth|mus,** die Rhyth|men
rich|ten, er rich|te|te •
der Rich|ter, die Rich|te|rin
rich|tig
die **Rich|tung,** die Rich|tun|gen
er **rieb** ↗ reiben
rie|chen, es riecht, roch, hat
ge|ro|chen • der ↗ Geruch
sie **rief** ↗ rufen
der **Rie|gel,** die Rie|gel

Ri bis Ri Ri bis Ro

der **Rie|men,** die Rie|men
der **Rie|se,** die Rie|sen
    rie|seln, es hat/ist ge|rie|selt
    rie|sig
die **Rie|sin,** die Rie|sin|nen
sie **riet** ↗ raten
das **Riff,** die Rif|fe
die **Ril|le,** die Ril|len
das **Rind,** die Rin|der
die **Rin|de,** die Rin|den
der **Ring,** die Rin|ge
die **Rin|gel|nat|ter,**
    die Rin|gel|nat|tern
    (Schlange)
    rin|gen, sie ringt, rang,
    hat ge|run|gen •
    der Ring|kampf
    rings • rings|he|rum
die **Rin|ne,** die Rin|nen
    rin|nen, es rinnt, rann,
    ist ge|ron|nen • das Rinn|sal
die **Rip|pe,** die Rip|pen
das **Ri|si|ko,** die Ri|si|kos/
    Ri|si|ken • ris|kant, ris|kie|ren
sie **riss** ↗ reißen
der **Riss,** die Ris|se • ris|sig
er **ritt** ↗ reiten
der **Ritt,** die Rit|te
der **Rit|ter,** die Rit|ter
die **Rit|ze,** die Rit|zen
    rit|zen, er ritz|te
der **Ri|va|le,** die Ri|va|len

die **Ri|va|lin,** die Ri|va|lin|nen
die **Rob|be,** die Rob|ben
der **Ro|bo|ter,** die Ro|bo|ter
    ro|bust
es **roch** ↗ riechen
    rö|cheln, sie rö|chel|te
der **Rock,** die Rö|cke
der **Rock** (*kurz für:* 1. Rockmusik;
    2. Rock 'n' Roll) • ro|cken,
    der Ro|cker, die Ro|cke|rin
    ro|deln, er hat/ist ge|ro|delt
der **Rog|gen** (Getreide)
    roh • die Roh|kost
das **Rohr,** die Roh|re
die **Röh|re,** die Röh|ren
die **Rol|le,** die Rol|len
    rol|len, es roll|te
der **Rol|ler,** die Rol|ler
das **Rol|lo,** die Rol|los
der **Ro|man,** die Ro|ma|ne
    ro|man|tisch
    rönt|gen: Sie röntgte den
    Fuß. Er wurde geröntgt. •
    die Rönt|gen|strah|len
    ro|sa: das rosa Band
die **Ro|se,** die Ro|sen • ro|sig
die **Ro|si|ne,** die Ro|si|nen
das **Ross,** die Ros|se/Rös|ser
der **Rost,** die Ros|te • der
    Rost|bra|ten, der Lat|ten|rost
der **Rost** • ros|ten, rost|frei,
    ros|tig

Ro bis Ru

rös|ten: Er röstete das Brot.
rot, rö|ter/ro|ter,
am rö|tes|ten/ro|tes|ten:
das rote Haar, *aber:* das
Rote Kreuz • das Rot:
bei Rot anhalten
das Rot|kehl|chen,
die Rot|kehl|chen (Singvogel)
röt|lich
die Rou|te, die Rou|ten •
der Rou|ten|pla|ner
rub|beln, sie rub|bel|te
die Rü|be, die Rü|ben
rü|ber (herüber, hinüber)
der Ruck, die Ru|cke • ruck|ar|tig
rü|cken: 1. Er ist nach links
gerückt. / 2. Er hat den Stuhl
gerückt.
der Rü|cken, die Rü|cken • das
Rü|cken|mark, das Rück|grat
der Ruck|sack, die Ruck|sä|cke
die Rück|sicht, die Rück|sich|ten •
rück|sichts|los ➜ 10
rück|wärts
der Rü|de, die Rü|den
(männlicher Hund)
das Ru|del, die Ru|del
das Ru|der, die Ru|der • ru|dern
der Ruf, die Ru|fe
ru|fen, sie ruft, rief,
hat ge|ru|fen ➜ 6
die Rü|ge, die Rü|gen • rü|gen ➜ 6

Ru bis Ru

die Ru|he
ru|hen, er ruh|te • ru|hig
der Ruhm
rüh|ren, sie rühr|te •
rüh|rend, die Rüh|rung
die Ru|i|ne, die Ru|i|nen
ru|i|nie|ren,
er ru|i|nier|te ➜ 10
rum (herum)
Ru|mä|ni|en • ru|mä|nisch
der Rum|mel
der Rumpf, die Rümp|fe
rümp|fen: Sie rümpfte
ihre Nase.
rund • die Run|de,
rund|he|rum, rund|lich
run|ter (herunter, hinunter)
die Run|zel, die Run|zeln •
run|ze|lig/runz|lig, run|zeln
der Rü|pel, die Rü|pel
rup|fen, er rupf|te
rup|pig
der Ruß • ru|ßen, ru|ßig
der Rüs|sel, die Rüs|sel
rus|sisch
Russ|land
rüs|ten, sie rüs|te|te •
rüs|tig, die Rüs|tung
die Ru|te, die Ru|ten
die Rut|sche, die Rut|schen
rut|schen, er rutsch|te
rüt|teln, er rüt|tel|te

S bis Sa

Sa bis Sa

S s

s ↗ Sekunde
der **Saal,** die Sä|le
Saar|brü|cken
Saar|land • saar|län|disch
die **Saat,** die Saa|ten
der **Sab|bat,** die Sab|ba|te
die **Sa|che,** die Sa|chen •
die Sach|kun|de, sach|lich
säch|lich
Sach|sen • säch|sisch
Sach|sen-An|halt •
sach|sen-an|hal|ti|nisch/
sach|sen-an|hal|tisch
sacht/sach|te
der **Sach|un|ter|richt**
der **Sack,** die Sä|cke
sä|en, er sä|te
der/das **Safe,** die Safes
der **Saft,** die Säf|te • saf|tig
die **Sa|ge,** die Sa|gen •
sa|gen|haft
die **Sä|ge,** die Sä|gen
sa|gen, sie sag|te ➔ 6
sä|gen, er säg|te
es **sah** ↗ sehen
die **Sah|ne** (Rahm) • sah|nig
die **Sai|son,** die Sai|sons

die **Sai|te,** die Sai|ten,
aber: die ↗ Seite •
das Sai|ten|ins|tru|ment
der **Sa|la|man|der,**
die Sa|la|man|der
die **Sa|la|mi,** die Sa|la|mis
der **Sa|lat,** die Sa|la|te
die **Sal|be,** die Sal|ben
der **Sal|bei** • der Sal|bei|tee
der **Sa|lon,** die Sa|lons
sa|lopp
der **Sal|to,** die Sal|tos/Sal|ti
das **Salz,** die Sal|ze • sal|zig
der **Sa|men,** die Sa|men
sam|meln, sie sam|mel|te •
die Samm|lung
der **Sams|tag,** die Sams|ta|ge
(Sonnabend) • der Sams-
tag|abend, sams|tags
der **Samt** • sam|tig
sämt|lich
der **Sand** • san|dig
die **San|da|le,** die San|da|len
sie **sand|te** ↗ senden
das/der **Sand|wich,** die Sand|wichs/
Sand|wi|che/Sand|wi|ches
sanft • sanft|mü|tig
die **Sänf|te,** die Sänf|ten
sie **sang** ↗ singen
der **Sän|ger,** die Sän|ger
die **Sän|ge|rin,**
die Sän|ge|rin|nen

Sa bis Scha

der **Sa|ni|tä|ter,** die Sa|ni|tä|ter
die **Sa|ni|tä|te|rin,**
    die Sa|ni|tä|te|rin|nen
es **sank** ↗ sinken
der **Sarg,** die Sär|ge
er **saß** ↗ sitzen
der **Sa|tan** (Teufel) • sa|ta|nisch
der **Sa|tel|lit,** die Sa|tel|li|ten
satt
der **Sat|tel,** die Sät|tel • sat|teln
der **Sa|turn** (Planet)
der **Satz,** die Sät|ze •
    die Satz|aus|sa|ge (Prädikat),
    der Satz|ge|gen|stand ➔ 13
    (Subjekt), das Satz|glied,
    das Satz|zei|chen ➔ 11
die **Sau,** die Säue/Sau|en
sau|ber • die Sau|ber|keit
säu|bern, er säu|ber|te
die **Sau|ce** *auch:* ↗ Soße,
    die Sau|cen
sau|er
säu|er|lich
der **Sau|er|stoff**
sau|fen, sie säuft, soff,
    hat ge|sof|fen
sie **säuft** ↗ saufen
sau|gen, er saugt, sog/
    saug|te, hat ge|so|gen/
    ge|saugt
säu|gen, sie säug|te • das
    Säu|ge|tier, der Säug|ling

die **Säu|le,** die Säu|len
der **Saum,** die Säu|me
säu|men, er säum|te
die **Sau|na,** die Sau|nas/Sau|nen
die **Säu|re,** die Säu|ren
der **Sau|ri|er,** die Sau|ri|er
sau|sen, sie ist ge|saust ➔ 4
die **S-Bahn,** die S-Bah|nen
der **Scan|ner,** die Scan|ner

Du hörst am Wortanfang *sch*,
findest das Wort aber nicht
unter *sch*. Suche es auch unter
sh oder *ch* (z. B. das Shampoo,
der Champignon).

scha|ben, er schab|te
schä|big
die **Scha|blo|ne,**
    die Scha|blo|nen
das **Schach** • das Schach|brett,
    die Schach|fi|gur, schach|matt
der **Schacht,** die Schäch|te
die **Schach|tel,** die Schach|teln
scha|de
der **Schä|del,** die Schä|del
scha|den, sie scha|de|te
der **Scha|den,** die Schä|den
schä|di|gen, er schä|dig|te
schäd|lich
der **Schäd|ling,** die Schäd|lin|ge
das **Schaf,** die Scha|fe
der **Schä|fer,** die Schä|fer

die **Schä|fe|rin,**
die Schä|fe|rin|nen
schaf|fen, sie schafft, schuf,
hat ge|schaf|fen: Sie schuf
ein Kunstwerk. / schaff|te,
hat ge|schafft ➡ 1
der **Schaff|ner,** die Schaff|ner
die **Schaff|ne|rin,**
die Schaff|ne|rin|nen
die **Schaf|gar|be** (Pflanze)
der **Schal,** die Schals / Scha|le
die **Scha|le,** die Scha|len
schä|len, er schäl|te
der **Schall,** die Schal|le / Schäl|le • schall|dicht
schal|len, es schall|te
schal|ten, sie schal|te|te •
der Schal|ter, die Schal|tung
die **Scham:** vor Scham erröten
sich **schä|men,** er schäm|te sich
die **Schan|de**
die **Schan|ze,** die Schan|zen
die **Schar,** die Scha|ren
scharf, schär|fer,
am schärfs|ten
die **Schär|fe,** die Schär|fen •
schär|fen
der **Schar|lach** (Krankheit)
das **Schar|nier,** die Schar|nie|re
schar|ren, sie scharr|te
der/das **Schasch|lik,**
die Schasch|liks

der **Schat|ten,** die Schat|ten •
schat|tig
der **Schatz,** die Schät|ze
schät|zen, er schätz|te •
die Schät|zung
die **Schau,** die Schau|en
der **Schau|der,** die Schau|der
(1. Grauen; 2. Frösteln) •
schau|der|haft, schau|dern
schau|en, sie schau|te ➡ 7
der **Schau|er,** die Schau|er
(1. kurzer Regen; 2. Frösteln) •
schau|er|lich
die **Schau|fel,** die Schau|feln •
schau|feln
die **Schau|kel,** die Schau|keln •
schau|keln
der **Schaum,** die Schäu|me
schäu|men, es schäum|te
schau|mig
schau|rig: eine schaurige
Geschichte erzählen
das **Schau|spiel,** die Schau|spie|le
der **Scheck,** die Schecks
sche|ckig
die **Schei|be,** die Schei|ben
die **Schei|de,** die Schei|den
schei|den, er schei|det,
schied, hat / ist ge|schie|den •
die Schei|dung
der **Schein,** die Schei|ne
schein|bar

Sche bis Schi

schei|nen, es scheint, schien,
hat ge|schie|nen
das **Scheit,** die Schei|te
der **Schei|tel,** die Schei|tel
schei|tern, sie ist ge|schei|tert
der **Sche|mel,** die Sche|mel
der **Schen|kel,** die Schen|kel
schen|ken, er schenk|te ➡ 3
die **Scher|be,** die Scher|ben
die **Sche|re,** die Sche|ren
der **Scherz,** die Scher|ze
scher|zen, sie scherz|te
scheu • die Scheu
scheu|chen, er scheuch|te •
die Vo|gel|scheu|che
scheu|en: 1. Das Pferd scheu-
te. 2. Sie scheute keine Mühe.
scheu|ern, er scheu|er|te •
der Scheu|er|sand
die **Scheu|ne,** die Scheu|nen
das **Scheu|sal,** die Scheu|sa|le
scheuß|lich
der **Schi** auch: ↗ Ski, die Schi|er
die **Schicht,** die Schich|ten
schick auch: ↗ chic
schi|cken, sie schick|te
das **Schick|sal,** die Schick|sa|le
schie|ben, er schiebt, schob,
hat ge|scho|ben • der ↗ Schub
er schied ↗ scheiden
der **Schieds|rich|ter,**
die Schieds|rich|ter

Schi bis Schi

die **Schieds|rich|te|rin,**
die Schieds|rich|te|rin|nen
schief
schie|len, sie schiel|te ➡ 7
es **schien** ↗ scheinen
das **Schien|bein,**
die Schien|bei|ne
die **Schie|ne,** die Schie|nen •
schie|nen
schie|ßen, er schießt,
schoss, hat ge|schos|sen •
der ↗ Schuss
das **Schiff,** die Schif|fe •
schiff|bar, der Schiff|bruch,
die Schiff|fahrt ➡ 4
die **Schi|ka|ne,** die Schi|ka|nen •
schi|ka|nie|ren
der **Schild,** die Schil|de
(Schutzwaffe)
das **Schild,** die Schil|der
(Hinweistafel)
schil|dern, sie schil|der|te
➡ 6 • die Schil|de|rung
die **Schild|krö|te,**
die Schild|krö|ten
das **Schilf** (Grasart)
schil|lern, es schil|ler|te
der **Schim|mel,** die Schim|mel
(weißes Pferd)
der **Schim|mel** (heller
Pilzbelag) • schim|me|lig/
schimm|lig, schim|meln

Schi bis Schl

der **Schim|mer**
schim|mern, es schim|mer|te
der **Schim|pan|se,**
die Schim|pan|sen
schimp|fen,
er schimpf|te ➡ 6
der **Schin|ken,** die Schin|ken
die **Schip|pe,** die Schip|pen •
schip|pen
der **Schirm,** die Schir|me
die **Schlacht,** die Schlach|ten
schlach|ten, sie schlach|te|te
der **Schlaf**
die **Schlä|fe,** die Schlä|fen
schla|fen, er schläft, schlief,
hat ge|schla|fen
schlaff
schläf|rig
er **schläft** ↗ schlafen
der **Schlag,** die Schlä|ge •
schlag|ar|tig (plötzlich)
schla|gen, sie schlägt,
schlug, hat ge|schla|gen
schlag|fer|tig •
die Schlag|fer|tig|keit
sie **schlägt** ↗ schlagen
die **Schlag|zei|le,**
die Schlag|zei|len
der **Schlamm** • schlam|mig
schlam|pen, er
schlamp|te ➡ 1 • die
Schlam|pe|rei, schlam|pig

Schl bis Schl

sie **schlang** ↗ schlingen
die **Schlan|ge,** die Schlan|gen
sich **schlän|geln,**
sie schlän|gel|te sich
schlank
schlapp
der **Schlap|pen,** die Schlap|pen
das **Schla|raf|fen|land**
schlau
der **Schlauch,** die Schläu|che
die **Schlau|fe,** die Schlau|fen
schlecht • die Schlech|tig|keit
schle|cken, er schleck|te ➡ 2
schlei|chen, sie schleicht,
schlich, ist ge|schli|chen ➡ 4
der **Schlei|er,** die Schlei|er •
die Schlei|er|eu|le,
schlei|er|haft
die **Schlei|fe,** die Schlei|fen
schlei|fen, er schleift, schliff,
hat ge|schlif|fen: Er schliff
das Messer.
schlei|fen: Sie schleifte den
Sack hinter sich her.
der **Schleim,** die Schlei|me •
schlei|mig
schlem|men,
er schlemm|te ➡ 2
schlen|dern,
sie schlen|der|te ➡ 4 •
der Schlen|dri|an
die **Schlep|pe,** die Schlep|pen

Schl bis Schl Schl bis Schm

schlep|pen, er schlepp|te • schlep|pend, der Schlep|per
Schles|wig-Hol|stein • schles|wig-hol|stei|nisch
die **Schleu|der**, die Schleu|dern
schleu|dern, es schleu|der|te
schleu|nigst
die **Schleu|se**, die Schleu|sen • schleu|sen
sie **schlich** ↗ schleichen
schlicht
schlich|ten: Sie schlichtete den Streit.
er **schlief** ↗ schlafen
schlie|ßen, er schließt, schloss, hat ge|schlos|sen • das ↗ Schloss, der ↗ Schluss
schließ|lich
er **schliff** ↗ schleifen
der **Schliff**, die Schlif|fe
schlimm
die **Schlin|ge**, die Schlin|gen
der **Schlin|gel**, die Schlin|gel
schlin|gen,
sie schlingt, schlang, hat ge|schlun|gen ➡ 2
schlin|gern, es schlin|ger|te
der **Schlips**, die Schlip|se
der **Schlit|ten**, die Schlit|ten
schlit|tern, er ist ge|schlit|tert
der **Schlitt|schuh**, die Schlitt|schu|he

der **Schlitz**, die Schlit|ze
er **schloss** ↗ schließen
das **Schloss**, die Schlös|ser
(1. Türschloss;
2. Königsschloss)
schlot|tern: Sie schlotterte vor Angst.
die **Schlucht**, die Schluch|ten
schluch|zen,
er schluchz|te ➡ 9
der **Schluck**, die Schlu|cke
der **Schluck|auf**
schlu|cken, sie schluck|te
schlu|dern,
er schlu|der|te ➡ 1
sie **schlug** ↗ schlagen
der **Schlum|mer**
schlum|mern,
sie schlum|mer|te
schlüp|fen, er schlüpf|te • der Schlüp|fer, schlüpf|rig
schlur|fen, sie schlurf|te ➡ 4
schlür|fen, er schlürf|te
der **Schluss**, die Schlüs|se
der **Schlüs|sel**, die Schlüs|sel
der/das Schlüs|sel|bund ➡ 2
schmäch|tig
schmack|haft
schmal
das **Schmalz** • schmal|zig
schmat|zen,
sie schmatz|te ➡ 2

Schm bis Schn

  schmau|sen,
    er schmaus|te ➔ 2
  sche|cken, es schmeck|te
die Schmei|che|lei,
    die Schmei|che|lei|en
  schmei|cheln,
    sie schmei|chel|te
  schmei|ßen, er schmeißt,
    schmiss, hat ge|schmis|sen
  schmel|zen, es schmilzt,
    schmolz, ist ge|schmol|zen •
    der ➚ Schmalz
der Schmerz, die Schmer|zen •
    schmer|zen, schmerz|haft
    schmerz|lich, schmerz|los
der Schmet|ter|ling,
    die Schmet|ter|lin|ge
  schmet|tern,
    sie schmet|ter|te
  schmie|den, er schmie|de|te
  schmie|ren, sie schmier|te •
    schmie|rig
 es schmilzt ➚ schmelzen
die Schmin|ke, die Schmin|ken
  schmin|ken, er schmink|te
  schmir|geln,
    sie schmir|gel|te •
    das Schmir|gel|pa|pier
 er schmiss ➚ schmeißen
der Schmö|ker, die Schmö|ker •
    schmö|kern
  schmol|len, er schmoll|te
 es schmolz ➚ schmelzen
  schmo|ren, es schmor|te
der Schmuck
  schmü|cken, sie schmück|te
  schmug|geln,
    er schmug|gel|te
  schmun|zeln,
    sie schmun|zel|te ➔ 5
  schmu|sen, er schmus|te
der Schmutz • schmut|zig
der Schna|bel, die Schnä|bel
die Schna|ke, die Schna|ken
die Schnal|le, die Schnal|len •
    schnal|len
  schnal|zen, sie schnalz|te
  schnap|pen, er schnapp|te
der Schnaps, die Schnäp|se
  schnar|chen, sie schnarch|te
  schnat|tern,
    er schnat|ter|te ➔ 6
  schnau|ben, es schnaub|te
  schnau|fen, sie schnauf|te
die Schnau|ze, die Schnau|zen •
    schnau|zen ➔ 6
sich schnäu|zen: Er schnäuzte
    sich die Nase.
die Schne|cke, die Schne|cken
der Schnee •
    das Schnee|glöck|chen
  schnei|den, sie schnei|det,
    schnitt, hat ge|schnit|ten
der Schnei|der, die Schnei|der

Schn bis Schn　　　　　Schn bis Schr

die **Schnei|de|rin,**
　　die Schnei|de|rin|nen
　schnei|en, es schnei|te
　schnell • die Schnel|lig|keit
der/das **Schnip|pel,** die Schnip|pel
　schnip|peln, er schnip|pel|te
　schnip|pen: Sie schnippte
　mit dem Finger.
　schnip|pisch: eine
　schnippische Antwort
　schnipp, schnapp!
der/das **Schnip|sel,** die Schnip|sel
　schnip|seln, er schnip|sel|te
　schnip|sen, es schnips|te
sie **schnitt** ↗ schneiden
der **Schnitt,** die Schnit|te
die **Schnit|te,** die Schnit|ten:
　eine Schnitte Brot
der **Schnitt|lauch**
das/der **Schnit|zel,** die Schnit|zel
　schnit|zeln, sie schnit|zel|te
　schnit|zen, er schnitz|te
der **Schnor|chel,** die Schnor|chel •
　schnor|cheln
der **Schnör|kel,** die Schnör|kel
　schnüf|feln, sie schnüf|fel|te
der **Schnul|ler,** die Schnul|ler
der **Schnup|fen,** die Schnup|fen
　schnup|pe (gleichgültig):
　Das ist mir schnuppe.
　schnup|pern,
　er schnup|per|te

die **Schnur,** die Schnü|re
　schnü|ren, sie schnür|te •
　der Schnür|sen|kel
der **Schnurr|bart,**
　die Schnurr|bär|te
　schnur|ren, er schnurr|te
er **schob** ↗ schieben
der **Schock,** die Schocks •
　scho|ckie|ren, scho|ckiert
die **Scho|ko|la|de,**
　die Scho|ko|la|den
die **Schol|le,** die Schol|len
　schon
　schön • die Schön|heit
　scho|nen, sie schon|te •
　die Scho|nung
　schöp|fen, er schöpf|te •
　die Schöp|fung
der **Schorf,** die Schor|fe
der **Schorn|stein,**
　die Schorn|stei|ne
er **schoss** ↗ schießen
der **Schoß,** die Schö|ße
die **Scho|te,** die Scho|ten
der **Schot|ter** • schot|tern

Wenn du am Wortanfang
schp hörst, schlage unter *sp*
nach (z. B. das Spiel, spülen).

　schräg • die Schrä|ge
die **Schram|me,** die Schram|men
der **Schrank,** die Schrän|ke

Schr bis Schr   Schu bis Schu

die **Schran|ke,** die Schran|ken
die **Schrau|be,** die Schrau|ben •
    schrau|ben
der **Schreck**/Schre|cken,
    die Schre|cken • schreck|lich
der **Schrei,** die Schreie
    schrei|ben, sie schreibt,
    schrieb, hat ge|schrie|ben → 9
    schrei|en, er schreit, schrie,
    hat ge|schrien → 6
    schrei|ten, sie schrei|tet,
    schritt, ist ge|schrit|ten → 4
er **schrie** ↗ schreien
sie **schrieb** ↗ schreiben
die **Schrift,** die Schrif|ten •
    schrift|lich → 9
    schrill
die **Schrip|pe,** die Schrip|pen
sie **schritt** ↗ schreiten
der **Schritt,** die Schrit|te
    schroff
der/das **Schrot** • schro ten
der **Schrott** • der Schrott|platz
    schrub|ben, er schrubb|te •
    der Schrub|ber
    schrul|lig
    schrump|fen,
    es ist ge|schrumpft

Wenn du am Wortanfang *scht* hörst, schlage unter *st* nach (z. B. der S<u>t</u>ock, s<u>t</u>ill).

der **Schub,** die Schü|be •
    das Schub|fach,
    die Schub|kar|re,
    die Schub|la|de
der **Schubs,** die Schub|se •
    schub|sen
    schüch|tern •
    die Schüch|tern|heit
sie **schuf** ↗ schaffen
der **Schuft,** die Schuf|te
    schuf|ten, sie schuf|te|te → 1
der **Schuh,** die Schu|he
    schuld: Ich bin schuld daran.
die **Schuld,** die Schul|den:
    1. Es ist meine Schuld. Ich
    habe Schuld daran. 2. Er hat
    Schulden bei der Bank.
    schul|dig
die **Schu|le,** die Schu|len
der **Schü|ler,** die Schü|ler
die **Schü|le|rin,**
    die Schü|le|rin|nen
die **Schul|ter,** die Schul|tern
    schum|meln,
    er schum|mel|te
die **Schup|pe,** die Schup|pen
der **Schup|pen,** die Schup|pen
    schü|ren: Sie schürte
    seine Eifersucht.
    schür|fen, er schürf|te •
    die Schürf|wun|de
die **Schür|ze,** die Schür|zen

Schu bis Schw

der **Schuss,** die Schüs|se
die **Schüs|sel,** die Schüs|seln
  schus|se|lig/schuss|lig
der **Schus|ter,** die Schus|ter
die **Schus|te|rin,**
  die Schus|te|rin|nen
der **Schutt** • die Schutt|hal|de
  schüt|teln, sie schüt|tel|te
  schüt|ten, er schüt|te|te
der **Schutz**
der **Schüt|ze,** die Schüt|zen
  schüt|zen, sie schütz|te •
  der Schütz|ling
die **Schüt|zin,** die Schüt|zin|nen
  schwach, schwä|cher,
  am schwächs|ten
die **Schwä|che,** die Schwä|chen
  schwäch|lich
der **Schwäch|ling,**
  die Schwäch|lin|ge
der **Schwa|ger,** die Schwä|ger
die **Schwä|ge|rin,**
  die Schwä|ge|rin|nen
die **Schwal|be,** die Schwal|ben
  (1. Singvogel; 2. Vortäuschen
  eines Fouls beim Fußball)
der **Schwall:** ein Schwall Wasser
  er **schwamm** ↗ schwimmen
der **Schwamm,** die Schwäm|me •
  schwam|mig
der **Schwan,** die Schwä|ne
  (Schwimmvogel)

Schw bis Schw

es **schwang** ↗ schwingen
  schwan|ger •
  die Schwan|ger|schaft
  schwan|ken, er schwank|te
  ⇒ 4 • die Schwan|kung
der **Schwanz,** die Schwän|ze
  schwän|zen, sie schwänz|te
der **Schwarm,** die Schwär|me
  schwär|men,
  er schwärm|te • die Schwär-
  me|rei, schwär|me|risch
die **Schwar|te,** die Schwar|ten
  schwarz, schwär|zer, am
  schwär|zes|ten: schwarzes
  Haar, aber: das Schwarze
  Meer • das Schwarz: ein
  tiefes Schwarz, in Schwarz
  gehen
  schwat|zen, sie schwatz|te
  ⇒ 6 • schwatz|haft
  schwe|ben,
  es hat/ist ge|schwebt
  Schwe|den • schwe|disch
der **Schweif,** die Schwei|fe
  schwei|gen, er schweigt,
  schwieg, hat ge|schwie|gen •
  schweig|sam
das **Schwein,** die Schwei|ne
der **Schweiß**
  schwei|ßen, sie schweiß|te •
  der Schwei|ßer,
  die Schwei|ße|rin

Schw bis Schw

die **Schweiz** • schwei|ze|risch
schwe|len:
Das Feuer schwelte.
schwel|len, es schwillt, schwoll, ist ge|schwol|len • die Schwel|lung
schwem|men,
er schwemm|te
schwen|ken, sie schwenk|te
schwer • die Schwe|re, schwe|re|los, die Schwe|re|lo|sig|keit, schwer|fäl|lig, schwer|hö|rig
Schwe|rin
das **Schwert,** die Schwer|ter
die **Schwes|ter,** die Schwes|tern
sie **schwieg** ↗ schweigen
die **Schwie|ger|el|tern**
schwie|rig •
die Schwie|rig|keit
es **schwillt** ↗ schwellen
schwim|men,
er schwimmt, schwamm, ist/hat ge|schwom|men
der **Schwin|del** • schwin|del|frei, schwin|de|lig/schwind|lig
schwin|deln,
sie schwin|del|te
schwin|gen,
es schwingt, schwang, hat/ist ge|schwun|gen • die Schwin|gung

Schw bis Se

schwir|ren: Der Pfeil ist durch die Luft geschwirrt./ Die Luft hat geschwirrt.
schwit|zen, er schwitz|te
es **schwoll** ↗ schwellen
sie **schwor** ↗ schwören
schwö|ren, sie schwört, schwor, hat ge|schwo|ren • der ↗ Schwur
schwül • die Schwü|le
der **Schwung,** die Schwün|ge
der **Schwur,** die Schwü|re
sechs: um halb sechs, sechs mal vier, *aber:* sechsmal laufen • die Sechs: eine Sechs schreiben; sechs|mal, sechs|te: die sechste Reihe; sech|zehn, sech|zig
der **See,** die Se|en • die Se|en|plat|te
die **See** (Meer) • see|krank
die **See|le,** die See|len • see|lisch
das **Se|gel,** die Se|gel • se|geln
der **Se|gen,** die Se|gen • seg|nen
se|hen, es sieht, sah, hat ge|se|hen: Sieh mal! ➡ 7 ➡ 10
die **Seh|ne,** die Seh|nen
sich **seh|nen,** er sehn|te sich • die Sehn|sucht, sehn|süch|tig
sehr: sehr gut
seicht

ihr **seid** ↗ sein: Seid vorsichtig!
aber: ↗ seit einem Jahr
die **Sei|de,** die Sei|den • sei|dig
die **Sei|fe,** die Sei|fen • sei|fig
das **Seil,** die Sei|le
sein, ich bin, du bist, es ist,
wir sind, ihr seid, es war,
ist ge|we|sen: jung sein
sein, sei|ne, sei|ner: sein Sohn
sei|ner|zeit
seit: seit einem Jahr,
aber: ihr ↗ seid • seit|dem
die **Sei|te,** die Sei|ten,
aber: die ↗ Saite • sei|tens,
seit|lich, seit|wärts
der **Se|kre|tär,** die Se|kre|tä|re
das **Se|kre|ta|ri|at,**
die Se|kre|ta|ri|a|te
die **Se|kre|tä|rin,**
die Se|kre|tä|rin|nen
der **Sekt,** die Sek|te
(Schaumwein)
die **Sek|te,** die Sek|ten
(religiöse Gemeinschaft)
die **Se|kun|de,** die Se|kun|den:
fünf Sekunden / 5 s
sel|ber
selbst • selbst|be|wusst
der Selbst|laut (Vokal),
selbst|stän|dig *auch:*
selb|stän|dig ➔ 13
selbst|ver|ständ|lich ➔ 13

se|lig • die Se|lig|keit
der/die **Sel|le|rie,** die Sel|le|rie /
Sel|le|ries
sel|ten • die Sel|ten|heit
selt|sam
das **Se|mi|ko|lon,** die
Se|mi|ko|lons (Strichpunkt)
die **Sem|mel,** die Sem|meln
der **Se|nat,** die Se|na|te • der
Se|na|tor, die Se|na|to|rin
sen|den, sie sen|det, sand|te /
sen|de|te, hat ge|sandt /
ge|sen|det • der Sen|der,
die Sen|dung
der **Senf** • die Senf|gur|ke
der **Se|ni|or,** die Se|ni|o|ren
die **Se|ni|o|rin,** die Se|ni|o|rin|nen
sen|ken, er senk|te
senk|recht
die **Sen|sa|ti|on,** die Sen|sa-
ti|o|nen • sen|sa|ti|o|nell
die **Sen|se,** die Sen|sen
sen|si|bel (empfindsam)
der **Sep|tem|ber**
Ser|bi|en • ser|bisch
die **Se|rie,** die Se|ri|en
die **Ser|pen|ti|ne,**
die Ser|pen|ti|nen
das **Ser|vice,** die Ser|vi|ce
(Geschirr)
der/das **Ser|vice,** die Ser|vi|ces •
das Ser|vice|zen|trum

Se bis Si

servieren, er servierte • die Serviette
der Sessel, die Sessel → 11
sesshaft → 11
der/das Set, die Sets
(sich) setzen, sie setzte (sich) • die Setzerei, der Setzling → 11
die Seuche, die Seuchen
seufzen, er seufzte → 9 • der Seufzer
das Shampoo, die Shampoos
der Sheriff, die Sheriffs • der Sheriffstern
das Shirt, die Shirts
der Shop, die Shops • shoppen
die Shorts
die Show, die Shows • der Showmaster, die Showmasterin
sich: Sie ruhen sich aus.
die Sichel, die Sicheln • sichelförmig, die Mondsichel
sicher: sicher sein • die Sicherheit, sicherlich, sichern, die Sicherung
die Sicht • sichtbar → 10
sickern, es sickerte
sie: Sie ist sehr groß.
aber: Sieh mal! ↗ sehen
das Sieb, die Siebe • sieben

Si bis Si

sieben: um halb sieben, sieben mal vier, aber: siebenmal zaubern • die Sieben: die böse Sieben; siebenmal, siebte: die siebte Reihe; siebzehn, siebzig
siedeln, sie siedelte • die Siedlung
sieden, es siedete • siedend, der Siedepunkt
der Sieg, die Siege • siegen, der Sieger, die Siegerin
das Siegel, die Siegel
es sieht ↗ sehen
das Signal, die Signale
die Silbe, die Silben • die Silbentrennung
das Silber • silbern
das Silo, die Silos
Silvester
simsen, er simste
wir sind ↗ sein
singen, sie singt, sang, hat gesungen
der Singular (Einzahl)
der Singvogel, die Singvögel
sinken, es sinkt, sank, ist gesunken
der Sinn, die Sinne • sinnen, das Sinnesorgan, sinnig, sinnlich, sinnlos, sinnvoll

die **Sint|flut** → 7
die **Sip|pe,** die Sip|pen
die **Si|re|ne,** die Si|re|nen
der **Si|rup**
die **Sit|te,** die Sit|ten
der **Sit|tich,** die Sit|ti|che (Papagei)
die **Si|tu|a|ti|on,** die Si|tu|a|ti|o|nen
der **Sitz,** die Sit|ze → 11
    sit|zen, er sitzt, saß, hat ge|ses|sen • die Sit|zung → 11
die **Ska|la,** die Ska|len/Ska|las
der **Skan|dal,** die Skan|da|le • skan|da|lös
der **Skat** • das Skat|spiel
das **Skate|board,** die Skate|boards
das **Ske|lett,** die Ske|let|te
    skep|tisch (zweifelnd)
der **Sketch,** die Sket|che: einen Sketch aufführen
der **Ski** *auch:* ↗ Schi, die Ski|er
die **Skiz|ze,** die Skiz|zen • skiz|zie|ren
der **Skla|ve,** die Skla|ven • die Skla|ve|rei
die **Skla|vin,** die Skla|vin|nen
der **Skor|pi|on,** die Skor|pi|o|ne
der **Sla|lom,** die Sla|loms
der **Sla|we,** die Sla|wen
die **Sla|win,** die Sla|win|nen
    sla|wisch
der **Slip,** die Slips

der **Slo|gan,** die Slo|gans (Werbespruch)
    Slo|wa|kei • slo|wa|kisch
    Slo|we|ni|en • slo|we|nisch
der **Slum,** die Slums
das **Smart|phone** *auch:* Smart Phone, die Smart|phones *auch:* Smart Phones
das **Smi|ley,** die Smi|leys
der **Smog,** die Smogs • der Smog|alarm
die **SMS,** die SMS: eine SMS verschicken
der **Snack,** die Snacks (Imbiss)
das **Snow|board,** die Snow|boards
    so
    so|bald
die **So|cke,** die So|cken
der **So|ckel,** die So|ckel
    so|dass *auch:* so dass
    so|eben
das **So|fa,** die So|fas
    sie **soff** ↗ saufen
    so|fort
    soft (weich) • das Soft|eis
die **Soft|ware,** die Soft|wares
    er **sog** ↗ saugen
    so|gar
    so|ge|nannt *auch:* so ge|nannt
    so|gleich

So bis So

die **Sohle,** die Sohlen
(1. Fußsohle; 2. Schuhsohle;
3. Talsohle), *aber:* die ↗ Sole
der **Sohn,** die Söhne
die/das **Soja** • die Sojabohne
solange: bleiben, solange
man möchte, *aber:*
so lange bleiben, bis …
solar • die Solarenergie
solch, solche, solcher,
solches: solch ein Glück
der **Soldat,** die Soldaten
die **Soldatin,** die Soldatinnen
die **Sole,** die Solen (Kochsalz-
lösung), *aber:* die ↗ Sohle
solidarisch •
die Solidarität
sollen, es sollte
solo (allein) • das Solo,
die Solokarriere
der **Sommer,** die Sommer •
sommerlich
die **Sonde,** die Sonden

> **Sonder-:** Suche von Wörtern
> mit *Sonder-*, die du hier nicht
> findest, den zweiten Wortteil
> (z. B. das Sonderangebot
> ↗ Angebot).

sonderbar
sondern
der **Song,** die Songs

der **Sonnabend,** die
Sonnabende (Samstag) •
der Sonnabendmittag,
sonnabends
die **Sonne,** die Sonnen •
sich sonnen, sonnig
Sonntag, die Sonntage •
der Sonntagabend,
sonntags
sonst
sooft: etwas tun, sooft
man kann, *aber:* es so
oft tun, bis …
der **Sopran,** die Soprane •
die Sopranflöte,
die Sopranstimme
der **Sorbe,** die Sorben
die **Sorbin,** die Sorbinnen
die **Sorge,** die Sorgen •
(sich) sorgen, die
Sorgfalt, sorgfältig,
sorglos
die **Sorte,** die Sorten •
sortieren
das **SOS** (Notsignal)
die **Soße** *auch:* ↗ Sauce,
die Soßen
der **Sound,** die Sounds
das **Souvenir,** die Souvenirs
(Reiseandenken)
soviel: soviel ich weiß,
aber: so viel wissen, dass …

So bis Spa

so|weit: soweit ich weiß, *aber:* so weit laufen, bis ...
so|wie
so|wie|so
so|wohl: sowohl ... als auch
so|zi|al • die So|zi|al|hil|fe
so|zu|sa|gen
der Spach|tel, die Spach|tel • spach|teln ➔ 2
der/das Spa|gat, die Spa|ga|te
die Spa|get|ti *auch:* Spa|ghet|ti
spä|hen, sie späh|te ➔ 7
das Spa|lier, die Spa|lie|re
der Spalt, die Spal|te
die Spal|te, die Spal|ten
spal|ten, er spal|te|te
der Span, die Spä|ne
die Span|ge, die Span|gen
Spa|ni|en • spa|nisch
er spann ➚ spinnen
span|nen, sie spann|te •
span|nend, die Span|nung
spa|ren, er spar|te
der Spar|gel, die Spar|gel
spär|lich
spar|sam • die Spar|sam|keit
der Spaß, die Spä|ße • spa|ßen, spa|ßig
spät • spä|tes|tens
der Spa|ten, die Spa|ten
der Spatz, die Spat|zen (Sperling)

Spa bis Spi

spa|zie|ren, sie ist spa|ziert ➔ 4 • der Spa|zier|gang
der Specht, die Spech|te • der Bunt|specht
der Speck • spe|ckig
der Speer, die Spee|re
die Spei|che, die Spei|chen
der Spei|chel (Spucke)
der Spei|cher, die Spei|cher
spei|chern, es spei|cher|te
die Spei|se, die Spei|sen
spei|sen, er speis|te ➔ 2
die Spen|de, die Spen|den
spen|den, sie spen|de|te ➔ 3 • spen|die|ren ➔ 3
der Sper|ber, die Sper|ber (Greifvogel)
der Sper|ling, die Sper|lin|ge (Singvogel)
sper|ren, er sperr|te • der Sperr|müll, die Sper|rung
spe|zi|al • der Spe|zi|a|list, die Spe|zi|a|lis|tin, die Spe|zi|a|li|tät, spe|zi|ell
spi|cken, sie spick|te • der Spick|zet|tel
der Spie|gel, die Spie|gel • (sich) spie|geln, die Spie|ge|lung
das Spiel, die Spie|le
spie|len, es spiel|te • der Spie|ler, die Spie|le|rei, die Spie|le|rin, spie|le|risch

Spi bis Spr

der **Spieß,** die Spie|ße
der **Spi|nat**
der/das **Spind,** die Spin|de
die **Spin|del,** die Spin|deln •
  spin|del|dürr
die **Spin|ne,** die Spin|nen
  spin|nen, er spinnt, spann,
  hat ge|spon|nen
der **Spi|on,** die Spi|o|ne
die **Spi|o|na|ge**
  spi|o|nie|ren, sie spi|o|nier|te
die **Spi|o|nin,** die Spi|o|nin|nen
die **Spi|ra|le,** die Spi|ra|len
  spitz • die Spit|ze, der
  Spit|zel, spit|zeln, spit|zen,
  der Spit|zer (Anspitzer)
der **Split|ter,** die Split|ter •
  split|tern
  spon|tan
die **Spo|re,** die Spo|ren
der **Sport** • der Sport|ler,
  die Sport|le|rin, sport|lich
der **Spot,** die Spots •
  der Wer|be|spot
der **Spott** • spott|bil|lig
  spot|ten, er spot|te|te ➔ 6
  spöt|tisch
sie **sprach** ↗ sprechen
die **Spra|che,** die Spra|chen
  sprach|lich, sprach|los ➔ 12
sie **sprang** ↗ springen
der/das **Spray,** die Sprays

Spr bis Spr

spre|chen, sie spricht,
  sprach, hat ge|spro|chen:
  Sprich! ➔ 6 • der Spre|cher,
  die Spre|che|rin ➔ 12
die **Spree** • der Spree|wald
  spren|gen, er spreng|te •
  die Spren|gung
die **Spreu**
sie **spricht** ↗ sprechen
das **Sprich|wort,**
  die Sprich|wör|ter ➔ 12
  sprie|ßen, es sprießt,
  spross, ist ge|spros|sen
  sprin|gen, sie springt,
  sprang, ist ge|sprun|gen
  sprin|ten, er ist ge|sprin|tet •
  der Sprin|ter, die Sprin|te|rin
der **Sprit:** Sprit sparen
die **Sprit|ze,** die Sprit|zen
  sprit|zen, es spritz|te
  sprö|de
es **spross** ↗ sprießen
der **Spross,** die Spros|se/
  Spros|sen
die **Spros|se,** die Spros|sen •
  die Spros|sen|lei|ter
der **Spruch,** die Sprü|che ➔ 12
der **Spru|del,** die Spru|del
  spru|deln,
  es hat/ist gesprudelt
  sprü|hen, sie sprüh|te •
  der Sprüh|re|gen

Spr bis Sta

der **Sprung,** die Sprün|ge •
   sprung|**haft**
die **Spu**|**cke** (Speichel)
   spu|**cken,** er spuck|te
der **Spuk** • spu|ken,
   das Spuk|schloss
die **Spu**|**le,** die Spu|len • spu|len
   spü|**len,** sie spül|te •
   die Spü|lung
die **Spur,** die Spu|ren
   spü|**ren,** er spür|te
   …**spu**|**rig** • drei|spu|rig
der **Spurt,** die Spurts
   spur|**ten,**
   sie ist/hat ge|spur|tet
sich **spu**|**ten,** er spu|te|te sich
der **Staat,** die Staa|ten • **staat**|**lich**
der **Stab,** die Stä|be
   sta|**bil** • die Sta|bi|li|tät
 er **stach** ↗ stechen
der **Sta**|**chel,** die Sta|cheln •
   sta|che|lig/stach|lig
das **Sta**|**di**|**on,** die Sta|di|en
die **Stadt,** die Städ|te, *aber:*
   die ↗ Stätte
   städ|**tisch**
die **Staf**|**fel,** die Staf|feln •
   der Staf|fel|lauf
 sie **stahl** ↗ stehlen
der **Stahl,** die Stäh|le •
   der Stahl|be|ton,
   das Stahl|werk

Sta bis Sta

der **Stall,** die Stäl|le
der **Stamm,** die Stäm|me
   stam|**meln,**
   es stam|mel|te ⇒ 6
   stam|**men,** sie stamm|te
   stäm|**mig**
   stampf|**en,**
   er hat/ist ge|stampft ⇒ 4
 er **stand** ↗ stehen
der **Stand,** die Stän|de:
   im Stande sein *auch:*
   ↗ imstande ⇒ 13
der **Stan**|**dard,** die Stan|dards
das **Ständ**|**chen,**
   die Ständ|chen ⇒ 13
der **Stän**|**der,** die Stän|der ⇒ 13
   stän|**dig** ⇒ 13
die **Stan**|**ge,** die Stan|gen
der **Stän**|**gel,** die Stän|gel
 es **stank** ↗ stinken
   stän|**kern,**
   sie stän|ker|te ⇒ 6
der **Sta**|**pel,** die Sta|pel •
   sta|peln
   stapf|**en,** er stapf|te ⇒ 4 •
   die Fuß|stap|fen
der **Star,** die Sta|re (Singvogel)
der **Star** (Augenkrankheit)
der **Star,** die Stars •
   der Star|gast, der Film|star
 sie **starb** ↗ sterben
   stark, stär|ker, am stärks|ten

Sta bis Ste

die **Stär|ke,** die Stär|ken
(sich) **stär|ken,** sie stärk|te (sich) •
die Stär|kung
starr • star|ren ➡ 7
der **Start,** die Starts
star|ten,
er ist/hat ge|star|tet
die **Sta|ti|on,** die Sta|ti|o|nen
das **Sta|tiv,** die Sta|ti|ve
statt (anstelle von, anstatt)
die **Statt** • die Werk|statt
statt|des|sen
die **Stät|te,** die Stät|ten,
aber: die Städte ↗ Stadt •
die Ge|denk|stät|te
statt|fin|den,
sie fin|det statt, fand statt,
hat statt|ge|fun|den
statt|lich
die **Sta|tue,** die Sta|tu|en
der **Stau,** die Staus
der **Staub** • stau|ben, stau|big
die **Stau|de,** die Stau|den
stau|en, er stau|te •
der Stau|see
stau|nen, sie staun|te
das **Steak,** die Steaks
ste|chen, er sticht, stach,
hat ge|sto|chen
ste|cken, sie steck|te •
der Ste|cker, der Steck|ling
der **Steg,** die Ste|ge

Ste bis Ste

ste|hen, er steht, stand,
hat/ist ge|stan|den ➡ 13
steh|len, sie stiehlt, stahl,
hat ge|stoh|len
steif
stei|gen, er steigt, stieg,
ist ge|stie|gen • die Stei|gung
stei|gern, sie stei|ger|te •
die Stei|ge|rung
steil
der **Stein,** die Stei|ne • stei|nern,
stei|nig, die Stein|koh|le,
die Stein|zeit
die **Stel|le,** die Stel|len
stel|len, er stell|te
…stel|lig • drei|stel|lig
stell|ver|tre|tend
die **Stel|ze,** die Stel|zen
stem|men, sie stemm|te
der **Stem|pel,** die Stem|pel •
stem|peln
die **Step|pe,** die Step|pen
step|pen, er stepp|te
(1. nähen; 2. tanzen) •
die Stepp|ja|cke,
der Stepp|tanz
ster|ben, sie stirbt, starb,
ist ge|stor|ben
die **Ste|reo|an|la|ge,**
die Ste|reo|an|la|gen
ste|ril (keimfrei)
der **Stern,** die Ster|ne

Ste bis Sti

stet • ste|tig, stets
die **Steu|er**, die Steu|ern •
steu|er|frei, die Steu|er|klas|se
das **Steu|er**, die Steu|er •
der Steu|er|knüp|pel
steu|ern, er steu|er|te •
die Steu|e|rung
sti|bit|zen, sie sti|bitz|te
der **Stich**, die Sti|che •
sti|cheln ➔ 6
der **Stich|ling**,
die Stich|lin|ge (Fisch)
er **sticht** ↗ stechen
sti|cken, er stick|te •
die Sti|cke|rei
der **Sti|cker**, die Sti|cker •
das Sti|cker|al|bum
sti|ckig
der **Stie|fel**, die Stie|fel •
stie|feln ➔ 4
die **Stief|el|tern** • die Stief|mut|ter,
der Stief|va|ter
er **stieg** ↗ steigen
der **Stieg|litz**, die Stieg|lit|ze
(Singvogel)
sie **stiehlt** ↗ stehlen
der **Stiel**, die Stie|le: ein Eis
am Stiel, aber: der ↗ Stil
der **Stier**, die Stie|re (männliches
Rind) • stie|ren ➔ 7
er **stieß** ↗ stoßen
der **Stift**, die Stif|te

Sti bis Sto

stif|ten, sie stif|te|te ➔ 3 •
die Stif|tung
der **Stil**, die Sti|le (Art der Ge-
staltung), aber: der ↗ Stiel
still • die Stil|le, stil|len
die **Stim|me**, die Stim|men •
stim|men, die Stim|mung
stin|ken, es stinkt, stank,
hat ge|stun|ken
sie **stirbt** ↗ sterben
die **Stirn**, die Stir|nen •
das Stirn|band ➔ 2
stö|bern, er stö|ber|te
sto|chern, sie sto|cher|te
der **Stock**, die Stö|cke
stock|dun|kel
sto|cken, er stock|te
... **stö|ckig** • vier|stö|ckig
das **Stock|werk**, die Stock|wer|ke
der **Stoff**, die Stof|fe
stöh|nen, sie stöhn|te ➔ 9
die **Stol|le**/der Stol|len,
die Stol|len (Weihnachts-
gebäck)
der **Stol|len**, die Stol|len
(unterirdischer Gang)
stol|pern,
er ist ge|stol|pert ➔ 4
stolz • der Stolz,
stol|zie|ren ➔ 4
stop|fen, sie stopf|te •
der Stop|fen, das Stopf|garn

Sto bis Str

der **Stopp,** die Stopps
die **Stop|pel,** die Stop|peln •
 der Stop|pel|bart,
 stop|pe|lig/stopp|lig
stop|pen, er stopp|te •
das Stopp|schild (Aufschrift:
STOP), die Stopp|uhr
der **Stöp|sel,** die Stöp|sel •
 stöp|seln
der **Storch,** die Stör|che
 (Schreitvogel)
stö|ren, sie stör|te •
die Stö|rung
stör|risch
die **Sto|ry,** die Sto|rys
der **Stoß,** die Stö|ße
sto|ßen, er stößt, stieß,
 hat/ist ge|sto|ßen
 er **stößt** ↗ stoßen
stot|tern, sie stot|ter|te ➡ 6
stracks • schnur|stracks
die **Stra|fe,** die Stra|fen
stra|fen, er straf|te
straff • straf|fen
der **Strahl,** die Strah|len •
 strah|len ➡ 5, die Strah|lung
die **Sträh|ne,** die Sträh|nen •
 sträh|nig
stramm
stram|peln, es stram|pel|te
der **Strand,** die Strän|de
der **Strang,** die Strän|ge

Str bis Str

die **Stra|pa|ze,** die Stra|pa|zen •
 stra|pa|zie|ren
die **Stra|ße,** die Stra|ßen
die **Stra|te|gie,** die Stra|te-
 gi|en • stra|te|gisch
(sich) **sträu|ben,**
 sie sträub|te (sich)
der **Strauch,** die Sträu|cher
strau|cheln, er strau|chel|te
der **Strauß,** die Sträu|ße
 (Bund Blumen)
der **Strauß,** die Strau|ße
 (afrikanischer Laufvogel)
stre|ben, sie streb|te •
 stre|ber|haft, streb|sam
die **Stre|cke,** die Stre|cken
(sich) **stre|cken,** er streck|te (sich)
der **Streich,** die Strei|che
strei|cheln, sie strei|chel|te
strei|chen, er streicht,
 strich, hat ge|stri|chen •
 das Streich|holz
die **Strei|fe,** die Strei|fen •
 der Strei|fen|wa|gen
strei|fen, sie streif|te
der **Strei|fen,** die Strei|fen •
 strei|fig, ge|streift
der **Streik,** die Streiks • strei|ken
der **Streit**
strei|ten, er strei|tet, stritt,
 hat ge|strit|ten ➡ 8 •
 die Strei|tig|kei|ten

Str bis Stu

streng • die Stren|ge
der **Stress** • stres|sig
streu|en, sie streu|te
streu|nen, er streun|te
der **Streu|sel,** die Streu|sel
er **strich** ↗ streichen
der **Strich,** die Stri|che •
der Strich|punkt
der **Strick,** die Stri|cke
stri|cken, sie strick|te
der **Strie|gel,** die Strie|gel •
strie|geln
strikt: Er war strikt dagegen.
die **Strip|pe,** die Strip|pen
er **stritt** ↗ streiten
das **Stroh** • der Stroh|halm
der **Strolch,** die Strol|che •
strol|chen
der **Strom,** die Strö|me,
strö|men, erström|te •
die Strö|mung
die **Stro|phe,** die Stro|phen
strot|zen, sie strotz|te •
kraft|strot|zend
strub|be|lig/strubb|lig
der **Stru|del,** die Stru|del
(1. Wasserwirbel; 2. Gebäck)
die **Struk|tur,** die Struk|tu|ren
der **Strumpf,** die Strümp|fe
strup|pig
die **Stu|be,** die Stu|ben
das **Stück,** die Stü|cke

Stu bis Stu

der **Stu|dent,** die Stu|den|ten
die **Stu|den|tin,**
die Stu|den|tin|nen
stu|die|ren, er stu|dier|te
das **Stu|dio,** die Stu|di|os
das **Stu|di|um,** die Stu|di|en
die **Stu|fe,** die Stu|fen
der **Stuhl,** die Stüh|le
die **Stul|le,** die Stul|len
die **Stul|pe,** die Stul|pen
stül|pen, sie stülp|te
stumm
der **Stum|mel,** die Stum|mel
stumpf
der **Stumpf,** die Stümp|fe
die **Stun|de,** die Stun|den:
drei Stunden / 3 h •
der Stun|den|plan
stünd|lich
stu|pid/stu|pi|de
(stumpfsinnig)
der **Stups,** die Stup|se • stup|sen,
die Stups|na|se
stur • die Stur|heit
der **Sturm,** die Stür|me
stür|men, es stürm|te
stür|misch
der **Sturz,** die Stür|ze
stür|zen, es stürz|te
die **Stu|te,** die Stu|ten
(weibliches Pferd)
Stutt|gart

Stu bis Su

die **Stüt|ze**, die Süt|zen
stut|zen, er stutz|te •
stut|zig: Er wurde stutzig.
stüt|zen, sie stütz|te
das **Sty|ro|por**®
das **Sub|jekt**, die Sub|jek|te
sub|jek|tiv (parteiisch) •
die Sub|jek|ti|vi|tät
das **Sub|stan|tiv**,
die Sub|stan|ti|ve
(Namenwort, Nomen)
sub|tra|hie|ren,
er sub|tra|hier|te (ab-
ziehen) • die Sub|trak|ti|on
die **Su|che**, die Su|chen
su|chen, sie such|te •
die Such|ma|schi|ne
die **Sucht**, die Süch|te
süch|tig
der **Sü|den** • süd|lich,
der Süd|pol
die **Sül|ze**, die Sül|zen
die **Sum|me**, die Sum|men •
sum|mie|ren
sum|men, er summ|te
der **Sumpf**, die Sümp|fe •
sump|fig
die **Sün|de**, die Sün den •
sün|dig, sün|di|gen
su|per
der **Su|per|markt**,
die Su|per|märk|te

Su bis Sz

die **Sup|pe**, die Sup|pen
sur|fen, sie hat/ist ge|surft
sur|ren, es surr|te
süß • die Sü|ßig|keit,
süß|lich
das **Sweat|shirt**,
die Sweat|shirts
der **Swim|ming|pool**,
die Swim|ming|pools
das **Sym|bol**, die Sym|bo|le •
sym|bo|lisch
sym|me|trisch
(deckungsgleich)
die **Sym|pa|thie**,
die Sym|pa|thi|en •
sym|pa|thisch
das **Symp|tom**, die Symp|to|me
(Anzeichen)
die **Sy|na|go|ge**,
die Sy|na|go|gen
das **Sys|tem**, die Sys|te|me •
sys|te|ma|tisch
die **Sze|ne**, die Sze|nen

T t

Du hörst am Wortanfang *t*, findest das Wort aber nicht unter *t*. Suche es auch unter *th* (z. B. das <u>Theater</u>, die <u>Theke</u>).

t ↗ Tonne
der **Ta|bak** • die Ta|bak|pflan|ze
die **Ta|bel|le**, die Ta|bel|len
das **Ta|blet** (*kurz für:* <u>Tablet</u>-PC), die Ta|blets
das **Ta|blett**, die Ta|bletts / Ta|blet|te
die **Ta|blet|te**, die Ta|blet|ten
der **Ta|cho** (*kurz für:* der/das <u>Tachometer</u>), die Ta|chos
der **Ta|del**, die Ta|del • ta|del|los, ta|deln ➡ 6
die **Ta|fel**, die Ta|feln
der **Tag**, die Ta|ge • ta|ge|lang **täg|lich**
die **Tail|le**, die Tail|len • tail|liert
der **Takt**, die Tak|te • takt|los, die Takt|lo|sig|keit
die **Tak|tik**, die Tak|ti|ken
das **Tal**, die Tä|ler
das **Ta|lent**, die Ta|len|te • ta|len|tiert (begabt)

der **Ta|ler**, die Ta|ler
der **Ta|lis|man**, die Ta|lis|ma|ne
die **Talk|show**, die Talk|shows
das **Tam|bu|rin**, die Tam|bu|ri|ne
der **Tam|pon**, die Tam|pons
das **Tan|dem**, die Tan|dems
der **Tank**, die Tanks • tan|ken, der Tan|ker, die Tank|stel|le
die **Tan|ne**, die Tan|nen (Nadelbaum)
die **Tan|te**, die Tan|ten
der **Tanz**, die Tän|ze **tan|zen**, er hat/ist ge|tanzt
der **Tän|zer**, die Tän|zer
die **Tän|ze|rin**, die Tän|ze|rin|nen
die **Ta|pe|te**, die Ta|pe|ten • ta|pe|zie|ren
tap|fer • die Tap|fer|keit
tap|pen, sie tapp|te ➡ 4
täp|pisch
tap|sen, er taps|te ➡ 4 • tap|sig
der **Ta|rif**, die Ta|ri|fe • der Ta|rif|lohn, der Han|dy|ta|rif
tar|nen, sie tarn|te • die Tarn|kap|pe, die Tar|nung
die **Ta|sche**, die Ta|schen
die **Tas|se**, die Tas|sen
die **Tas|ta|tur**, die Tas|ta|tu|ren
die **Tas|te**, die Tas|ten

tas|ten, er tas|te|te
er tat ↗ tun
die Tat, die Ta|ten
 tä|tig • die Tä|tig|keit
 tä|to|wie|ren,
 sie tä|to|wier|te •
 die Tä|to|wie|rung
die Tat|sa|che, die Tat|sa|chen
 tat|säch|lich
 tät|scheln, er tät|schel|te
 tat|te|rig/tatt|rig
das Tat|too, die Tat|toos
die Tat|ze, die Tat|zen
der Tau (Niederschlag) •
 tau|en, tau|frisch,
 das Tau|wet|ter
das Tau, die Taue (starkes
 Seil) • das Tau|zie|hen ➔ 15
 taub: Er stellte sich taub.
die Tau|be, die Tau|ben
 tau|chen,
 sie ist/hat ge|taucht
die Tau|fe, die Tau|fen
 tau|fen, er tauf te
 tau|gen, es taug|te •
 taug|lich
 tau|meln, sie hat/ist
 ge|tau|melt ➔ 4
der Tausch, die Tau|sche
 tau|schen, er tausch|te
 täu|schen, sie täusch|te •
 täu|schend, die Täu|schung

tau|send (eintausend):
 bis tausend zählen •
 das Tau|send: ein halbes
 Tausend; tau|send|mal,
 das Tau|sends|tel
die Ta|xe, die Ta|xen
das Ta|xi, die Ta|xis
das Team, die Teams
die Tech|nik, die Tech|ni|ken •
 der Tech|ni|ker,
 die Tech|ni|ke|rin, tech|nisch
der Ted|dy, die Ted|dys
der Tee, die Tees
der Teen|ager, die Teen|ager
der Teer • tee|ren
der Teich, die Tei|che
der Teig, die Tei|ge • tei|gig
der/das Teil, die Tei|le • das Teil|chen
 tei|len, er teil|te
 ...tei|lig • mehr|tei|lig
die Teil|nah|me,
 die Teil|nah|men ➔ 8
 teil|neh|men, sie nimmt
 teil, nahm teil, hat
 teil|ge|nom|men ➔ 8
 teils: teils ... teils
 teil|wei|se
das Te|le|fon, die Te|le|fo|ne •
 te|le|fo|nie|ren, te|le|fo|nisch
das Te|le|gramm,
 die Te|le|gram|me
das Te|le|skop, die Te|le|sko|pe

Te bis Th

der **Tel|ler**, die Tel|ler
der **Tem|pel**, die Tem|pel
das **Tem|pe|ra|ment**,
   die Tem|pe|ra|men|te
die **Tem|pe|ra|tur**,
   die Tem|pe|ra|tu|ren
das **Tem|po**, die Tem|pos / Tem|pi
das **Ten|nis**
der **Te|nor**, die Te|nö|re •
   die Te|nor|flö|te,
   die Te|nor|stim|me
der **Tep|pich**, die Tep|pi|che
der **Ter|min**, die Ter|mi|ne
das **Ter|ra|ri|um**, die Ter|ra|ri|en
die **Ter|ras|se**, die Ter|ras|sen
der **Ter|ror** • der Ter|ro|ris|mus,
   der Ter|ro|rist, die Ter|ro|ris|tin
der **Test**, die Tests / Tes|te
das **Tes|ta|ment**, die Tes|ta|men|te
tes|ten, er tes|te|te
teu|er: eine teure Hose
der **Teu|fel**, die Teu|fel
die **Teu|fe|lin**, die Teu|fe|lin|nen
der **Text**, die Tex|te
die **Tex|ti|lie**, die Tex|ti|li|en
das **The|a|ter**, die The|a|ter
die **The|ke**, die The|ken
das **The|ma**, die The|men •
   the|ma|tisch, the|ma|ti|sie|ren
the|o|re|tisch
die **The|o|rie**, die The|o|ri|en
die **The|ra|pie**, die The|ra|pi|en

Th bis To

das **Ther|mo|me|ter**,
   die Ther|mo|me|ter
die **Ther|mos|fla|sche**,
   die Ther|mos|fla|schen
die **Tho|ra**
der **Thril|ler**, die Thril|ler
der **Thron**, die Thro|ne
der **Thun|fisch** *auch:* Tun|fisch,
   die Thun|fi|sche
   auch: Tun|fi|sche
Thü|rin|gen: der Thüringer
   Wald • thü|rin|gisch
der **Thy|mi|an**
ti|cken: Die Uhr tickte.
das **Ti|cket**, die Ti|ckets
tief • die Tie|fe
das **Tier**, die Tie|re • tie|risch
der **Ti|ger**, die Ti|ger
til|gen, er tilg|te •
   die Til|gung
die **Tin|te**, die Tin|ten
der **Tipp**, die Tipps
tip|pen, es tipp|te
tipp|topp
der **Tisch**, die Ti|sche •
   der Tisch|ler, die Tisch|le|rei,
   die Tisch|le|rin
der **Ti|tel**, die Ti|tel
der **Toast**, die Toas|te / Toasts
   (1. geröstete Weißbrot-
   scheibe; 2. Trinkspruch) •
   toas|ten

to|ben, sie tob|te
die Toch|ter, die Töch|ter
der Tod, *aber:* ↗ to<u>t</u> • tod|krank
töd|lich
das To|hu|wa|bo|hu,
die To|hu|wa|bo|hus
die Toi|let|te, die Toi|let|ten
to|le|rant (großzügig, aufgeklärt) • die To|le|ranz
toll • tol|len
der Toll|patsch, die Toll|pat|sche • toll|pat|schig
die Toll|wut • toll|wü|tig
die To|ma|te, die To|ma|ten
die Tom|bo|la, die Tom|bo|las
der Ton, die To|ne •
die Ton|er|de, der Ton|krug
der Ton, die Tö|ne • die Ton|art, das Ton|band|ge|rät ➡ 2
tö|nen: 1. Das Instrument tönte laut. 2. Er tönte seine Haare rot. • die Tö|nung
die Ton|ne, die Ton|nen: zwei Tonnen / 2 t
das Top, die Tops
der Topf, die Töp|fe
die Töp|fe|rei, die Töp|fe|rei|en
top|fit
das Tor, die To|re • der Tor|wart
der Tor, die To|ren (Narr)
der Torf • das Torf|moor
tö|richt

tor|keln, sie hat/ist ge|tor|kelt ➡ 4
die Tor|te, die Tor|ten
die Tor|tel|li|ni
to|sen, es tos|te
tot, *aber:* der ↗ Tod
to|tal
der/die To|te, die To|ten
tö|ten, er tö|te|te
sich tot|la|chen, sie lach|te sich tot ➡ 5
der Touch|screen, die Touch|screens
die Tour, die Tou|ren • der Tou|ris|mus, der Tou|rist, die Tou|ris|tin, die Tour|nee
tra|ben, er ist/hat ge|trabt
die Tracht, die Trach|ten ➡ 14
träch|tig ➡ 14
die Tra|di|ti|on, die Tra|di|ti|o|nen • tra|di|ti|o|nell
sie traf ↗ treffen
der Tra|fo (*kurz für:* Trans|for|mator), die Tra|fos
träg/trä|ge • die Träg|heit
die Tra|ge, die Tra|gen ➡ 14
tra|gen, sie trägt, trug, hat ge|tra|gen ➡ 14
die Tra|gik (Leid, Trauer) • tra|gisch, die Tra|gö|die
sie trägt ↗ tragen
der Trai|ner, die Trai|ner

die **Trai|ne|rin,** die Trai|ne|rin|nen
trai|nie|ren, er trai|nier|te •
das Trai|ning
der **Trak|tor,** die Trak|to|ren
träl|lern, sie träl|ler|te
tram|peln,
er hat/ist ge|tram|pelt ➜ 4
das **Tram|po|lin,** die Tram|po|li|ne
die **Trä|ne,** die Trä|nen:
Tränen vergießen ➜ 9
er **trank** ↗ trinken
die **Trän|ke,** die Trän|ken •
trän|ken: Sie tränkt die Tiere.
trans|pa|rent (durchsichtig) •
die Trans|pa|renz
der **Trans|port,** die Trans|por|te
trans|por|tie|ren,
er trans|por|tier|te
das **Tra|pez,** die Tra|pe|ze
er **trat** ↗ treten
trat|schen, sie tratsch|te ➜ 6
die **Trau|be,** die Trau|ben
(sich) **trau|en,** er trau|te (sich) •
die Trau|ung
die **Trau|er** • trau|ern
träu|feln: Sie träufelte etwas
Olivenöl auf die Tomaten.
der **Traum,** die Träu|me
träu|men, er träum|te
trau|rig • die Trau|rig|keit
der **Tre|cker,** die Tre|cker
(Traktor)

tref|fen, sie trifft, traf,
hat ge|trof|fen • der Tref|fer
trei|ben, er treibt, trieb,
hat ge|trie|ben •
das Treib|haus
der **Trend,** die Trends
tren|nen, sie trenn|te •
die Tren|nung
die **Tren|se,** die Tren|sen
die **Trep|pe,** die Trep|pen
der **Tre|sor,** die Tre|so|re
tre|ten, er tritt, trat, ist/hat
ge|tre|ten: Tritt mich nicht!
treu • die Treue, treu|los
die/der **Tri|an|gel,** die Tri|an|gel/
Tri|an|geln
die **Tri|bü|ne,** die Tri|bü|nen
der **Trich|ter,** die Trich|ter
der **Trick,** die Tricks • trick|sen
er **trieb** ↗ treiben
der **Trieb,** die Trie|be
trie|fen, es ist/hat
ge|trieft • trief|nass
trie|zen, sie triez|te (quälen)
sie **trifft** ↗ treffen
trif|tig (sehr überzeugend)
das **Tri|kot,** die Tri|kots
der **Tril|ler,** die Tril|ler • tril|lern
trin|ken, er trinkt, trank,
hat ge|trun|ken
das **Trio,** die Tri|os
der **Trip,** die Trips (Ausflug)

trip|peln,
    sie ist ge|trip|pelt ➔ 4
er **tritt** ↗ treten
der **Tritt,** die Trit|te
der **Tri|umph,** die Tri|um|phe •
    tri|um|phie|ren
tro|cken • die Tro|cken|heit
trock|nen,
    er hat/ist ge|trock|net
die **Trod|del,** die Trod|deln
der **Trö|del** • der Trö|del|markt
trö|deln, sie hat/ist
    ge|trö|delt ➔ 4
der **Trog,** die Trö|ge
der **Troll,** die Trol|le (Kobold) •
    (sich) trol|len
die **Trom|mel,** die Trom|meln •
    trom|meln
die **Trom|pe|te,** die Trom|pe|ten
die **Tro|pen** • tro|pisch
tröp|feln,
    es ist/hat ge|tröp|felt
der **Trop|fen,** die Trop|fen •
    trop|fen
der **Trost**
trös|ten, er trös|te|te
der **Trot|tel,** die Trot|tel
trot|ten,
    sie ist ge|trot|tet ➔ 4
der **Trotz** • trotz: trotz der
    Kälte; trotz|dem, trot|zen:
    der Kälte trotzen; trot|zig

trüb/trü|be
der **Tru|bel**
tru|deln, sie tru|del|te
sie **trug** ↗ tragen
die **Tru|he,** die Tru|hen
die **Trüm|mer**
der **Trumpf,** die Trümp|fe
die **Trup|pe,** die Trup|pen

Du hörst am Wortanfang *tsch*, findest das Wort aber nicht unter *tsch*. Suche es auch unter *c* oder *ch* (z. B. das C̲ello, c̲hatten).

tschau!
Tsche|chi|en • tsche|chisch
tschüs! *auch:* tschüss!
das **T-Shirt,** die T-Shirts
die **Tu|be,** die Tu|ben
das **Tuch,** die Tü|cher
tüch|tig • die Tüch|tig|keit
die **Tü|cke,** die Tü|cken •
    tü|ckisch
tüf|teln, er tüf|tel|te •
    der Tüft|ler, die Tüft|le|rin
die **Tu|gend,** die Tu|gen|den
die **Tul|pe,** die Tul|pen (Blume)
sich **tum|meln,**
    sie tum|mel|te sich
der **Tu|mor,** die Tu|mo|re
der **Tüm|pel,** die Tüm|pel
der **Tu|mult,** die Tu|mul|te

Tu bis Ty

tun, er tut, tat, hat ge|tan
die Tu|ni|ka, die Tu|ni|ken
tun|ken, sie tunk|te
der Tun|nel, die Tun|nel / Tun|nels
tup|fen, er tupf|te •
der Tup|fen, der Tup|fer
die Tür, die Tü|ren
der Tur|ban, die Tur|ba|ne
die Tur|bi|ne, die Tur|bi|nen
der Tur|bo (kurz für: Turbolader, Turbomotor), die Tur|bos
tur|bu|lent • die Tur|bu|lenz
die Tür|kei • tür|kisch
tür|kis
der Turm, die Tür|me
tür|men, sie ist ge|türmt
tur|nen, er turn|te
das Tur|nier, die Tur|nie|re
die Tu|sche • der Tusch|kas|ten
tu|scheln, sie tu|schel|te ➔ 6
die Tü|te, die Tü|ten
tu|ten, es tu|te|te
das TV (kurz für: Television) •
der TV-Auf|tritt
der Typ, die Ty|pen • ty|pisch
der Ty|rann, die Ty|ran|nen
die Ty|ran|nin, die Ty|ran|nin|nen
ty|ran|nisch

Ub bis Ub

die U-Bahn (kurz für: Untergrundbahn), die U-Bah|nen
übel • das Übel, die Übel|keit
üben, sie üb|te • die ➚ Übung
über

über-: Suche von Wörtern mit über-, die du hier nicht findest, den zweiten Wortteil (z. B. übermorgen ➚ morgen).

über|all
über|drüs|sig
über|ei|nan|der
der Über|fall, die Über|fäl|le ➔ 5
über|flüs|sig ➔ 7
über|haupt
über|le|gen, er über|leg|te •
die Über|le|gung
über|lis|ten, sie über|lis|te|te
über|mit|teln,
er über|mit|tel|te
über|mü|tig
über|nach|ten,
sie über|nach|te|te •
die Über|nach|tung
über|que|ren,
er über|quer|te

Ub bis Ul

über|ra|schen,
sie über|rasch|te •
die Über|ra|schung
über|rei|chen,
er über|reich|te ➔ 3
über|rum|peln,
sie über|rum|pel|te
die Über|schrift,
die Über|schrif|ten ➔ 9
die Über|schwem|mung
die Über|schwem|mun|gen
die Über|set|zung,
die Über|set|zun|gen ➔ 11
über|sicht|lich ➔ 10
über|zeu|gen, sie über-
zeug|te • die Über|zeu|gung
üb|lich • üb|li|cher|wei|se
das U-Boot (kurz für: Unter-
seeboot), die U-Boo|te
üb|rig
üb|ri|gens
die Übung, die Übun|gen
das Ufer, die Ufer
das Ufo, die Ufos
die Uhr, die Uh|ren • die
Uhr|zeit, aber: die ➚ Urzeit
der Uhu, die Uhus
UKW (kurz für:
Ultrakurzwelle)
der Ulk • ul|kig
die Ul|me, die Ul|men
(Laubbaum)

Ul bis Un

der Ul|tra|schall (für Menschen
nicht hörbarer Schall)
um

um-: Suche von Wörtern mit
um-, die du hier nicht findest,
den zweiten Wortteil (z. B.
umfallen ➚ fallen).

um|ar|men, er um|arm|te
der Um|fang, die Um|fän|ge •
um|fang|reich
die Um|ge|bung,
die Um|ge|bun|gen
um|ge|kehrt
um|her (ringsum, im Umkreis)
um|keh|ren, sie kehr|te um
der Um|laut, die Um|lau|te
der Um|riss, die Um|ris|se
ums (um das)
der Um|schlag, die Um|schlä|ge
um|so: umso besser
um|sonst
um|ständ|lich ➔ 13
der Um|weg, die Um|we|ge
die Um|welt •
der Um|welt|schutz
der Um|zug, die Um|zü|ge ➔ 15

un-: Suche von Wörtern mit
un-, die du hier nicht findest,
den zweiten Wortteil (z. B.
unklar ➚ klar).

Un bis Un

un|auf|hör|lich
un|aus|steh|lich ➜ 13
un|be|dingt
un|be|hol|fen (ungeschickt)
und
un|end|lich
un|ent|gelt|lich (kostenlos)
un|ent|schie|den
un|ent|wegt (stetig)
un|er|hört
un|fair
der **Un|fall,** die Un|fäl|le ➜ 5
der **Un|fug**
un|ga|risch
Un|garn
un|ge|fähr
das **Un|ge|heu|er,** die Un|ge|heu|er • un|ge|heu|er|lich
un|ge|stüm
das **Un|ge|tüm,** die Un|ge|tü|me
das **Un|ge|zie|fer**
un|ge|zo|gen (frech, unartig)
un|glaub|lich
das **Un|glück,** die Un|glü|cke • un|glück|lich
un|heim|lich
die **Uni|form,** die Uni|for|men
die **Uni|ver|si|tät,** die Uni|ver|si|tä|ten
das **Uni|ver|sum,** die Uni|ver|sen (Weltall)
das **Un|kraut,** die Un|kräu|ter

das **Un|recht**
uns
die **Un|schuld** • un|schul|dig
un|ser, un|se|re, un|se|res
der **Un|sinn** • un|sin|nig
un|ten: nach unten gehen
un|ter

unter-: Suche von Wörtern mit *unter-*, die du hier nicht findest, den zweiten Wortteil (z. B. unter<u>scheiden</u> ↗ scheiden).

die **Un|ter|bre|chung,** die Un|ter|bre|chun|gen ➜ 3
un|te|re, un|te|rer, un|te|res
un|ter|ei|nan|der
der **Un|ter|halt**
er un|ter|hält (sich)
↗ unterhalten
(sich) **un|ter|hal|ten,** er un|ter|hält (sich), un|ter|hielt (sich), hat (sich) un|ter|hal|ten ➜ 6 •
die Un|ter|hal|tung
er un|ter|hielt (sich)
↗ unterhalten
die **Un|ter|kunft,** die Un|ter|künf|te
un|term (unter dem)
der **Un|ter|richt**
un|ter|rich|ten,
sie un|ter|rich|te|te
un|ters (unter das)

der **Un|ter|schied,**
   die Un|ter|schie|de •
   un|ter|schied|lich
die **Un|ter|schrift,**
   die Un|ter|schrif|ten ➔ 9
   un|ter|wegs
   un|un|ter|bro|chen ➔ 3
   un|ver|schämt
   un|ver|se|hens ➔ 10
das **Un|wet|ter,** die Un|wet|ter
   un|zäh|lig
   üp|pig
   ur|alt
der **Ura|nus** (Planet)
die **Ur|groß|el|tern**
der **Urin**
die **Ur|kun|de,** die Ur|kun|den
der **Ur|laub,** die Ur|lau|be
die **Ur|sa|che,** die Ur|sa|chen
der **Ur|sprung,** die Ur|sprün|ge
   ur|sprüng|lich
das **Ur|teil,** die Ur|tei|le •
   ur|tei|len
der **Ur|wald,** die Ur|wäl|der
die **Ur|zeit,** *aber:* die ↗ Uhrzeit
die **USA** *(kurz für:* United States
   of America / Vereinigte
   Staaten von Amerika*)*
der **USB-Stick,** die USB-Sticks
die **UV-Strah|len** *(kurz für:*
   ultraviolette Strahlen*)*

V ↗ Volt
va|ge (ungenau)
die **Va|gi|na,** die Va|gi|nen
der **Vam|pir,** die Vam|pi|re
die **Va|nil|le** • das Va|nil|le|eis
die **Va|ri|an|te,** die Va|ri|an|ten
die **Va|se,** die Va|sen
der **Va|ter,** die Vä|ter •
   das Va|ter|un|ser
ve|ge|ta|risch: vegetarisch
   (pflanzlich) essen
das **Veil|chen,** die Veil|chen
das **Ven|til,** die Ven|ti|le
der **Ven|ti|la|tor,**
   die Ven|ti|la|to|ren
die **Ve|nus** (Planet)

> **ver-:** Suche von Wörtern mit
> *ver-,* die du hier nicht findest,
> den zweiten Wortteil (z. B.
> verändern ↗ ändern).

(sich) **ver|ab|re|den,**
   sie ver|ab|re|de|te (sich) •
   die Ver|ab|re|dung
(sich) **ver|ab|schie|den,**
   er ver|ab|schie|de|te (sich) •
   die Ver|ab|schie|dung

ver|ach|ten, sie ver|ach|te|te •
die Ver|ach|tung
die **Ve|ran|da,** die Ve|ran|den
ver|än|der|lich
ver|an|stal|ten,
er ver|an|stal|te|te •
die Ver|an|stal|tung
ver|ant|wort|lich
die **Ver|ant|wor|tung** •
ver|ant|wor|tungs|be|wusst
das **Verb,** die Ver|ben
(Tätigkeitswort) • ver|bal
der **Ver|band,**
die Ver|bän|de ⇨ 2
ver|bes|sern,
sie ver|bes|ser|te •
die Ver|bes|se|rung
ver|bie|ten, er ver|bie|tet,
ver|bot, hat ver|bo|ten
ver|bind|lich ⇨ 2
die **Ver|bin|dung,**
die Ver|bin|dun|gen ⇨ 2
ver|blüf|fen, sie ver|blüff|te
er **ver|bot** ↗ verbieten
das **Ver|bot,** die Ver|bo|te
ver|bo|ten ↗ verbieten
ver|brannt ↗ verbrennen
sie **ver|brann|te** ↗ verbrennen
ver|brau|chen,
er ver|brauch|te
das **Ver|bre|chen,**
die Ver|bre|chen ⇨ 3

ver|bren|nen, sie
ver|brann|te, ist/hat
ver|brannt ⇨ 10 •
die Ver|bren|nung
sich **ver|bün|den,**
er ver|bün|de|te sich •
die Ver|bün|de|ten ⇨ 2
der **Ver|dacht,** die Ver|dach|te/
Ver|däch|te • ver|däch|tig,
ver|däch|ti|gen
es **ver|darb** ↗ verderben
ver|dau|en, sie ver|dau|te •
die Ver|dau|ung
ver|der|ben, es ver|dirbt,
ver|darb, ist ver|dor|ben:
Die Milch ist verdorben./
hat ver|dor|ben ⇨ 10 •
ver|derb|lich
ver|die|nen, er ver|dien|te
das **Ver|dienst,** die Ver|diens|te
(Leistung)
der **Ver|dienst,** die Ver|diens|te
(Einkommen)
es **ver|dirbt** ↗ verderben
ver|dor|ben ↗ verderben
ver|dor|ren: Das Gras ist in
der großen Hitze verdorrt.
ver|drü|cken,
sie ver|drück|te ⇨ 2
ver|duns|ten,
es ist ver|duns|tet •
die Ver|duns|tung

Ve bis Ve

ver|durs|ten,
sie ist ver|durs|tet
ver|dutzt: ein verdutztes
Gesicht machen
ver|eh|ren, er ver|ehr|te •
die Ver|eh|rung
der Ver|ein, die Ver|ei|ne
ver|ein|ba|ren,
sie ver|ein|bar|te •
die Ver|ein|ba|rung
ver|ei|nen, er ver|ein|te
ver|ei|teln, sie ver|ei|tel|te
(verhindern)
die Ver|fas|sung,
die Ver|fas|sun|gen
ver|flixt
ver|fol|gen, er ver|folg|te •
die Ver|fol|gung
die Ver|gan|gen|heit
ver|gäng|lich
sie ver|gaß ↗ vergessen
ver|ge|bens
ver|geb|lich
ver|ges|sen, sie ver|gisst,
ver|gaß, hat ver|ges|sen:
Vergiss es! • ver|gess|lich,
die Ver|gess|lich|keit
ver|geu|den: Er vergeudete
sein Taschengeld für Firlefanz.
das Ver|giss|mein|nicht, die
Ver|giss|mein|nicht (Blume)
sie ver|gisst ↗ vergessen

der Ver|gleich, die Ver|glei|che
ver|glei|chen, sie ver|gleicht,
ver|glich, hat ver|gli|chen
sie ver|glich ↗ vergleichen
ver|gli|chen ↗ vergleichen
sich ver|gnü|gen, er ver|gnüg|te
sich • ver|gnüg|lich
ver|haf|ten, sie ver|haf|te|te •
die Ver|haf|tung
das Ver|hält|nis, die Ver|hält|nis|se
ver|hee|rend: verheerende
Schäden durch Unwetter
ver|hei|ra|tet
ver|hext
ver|hü|ten, er ver|hü|te|te •
die Ver|hü|tung
ver|kau|fen, sie ver|kauf|te
der Ver|käu|fer, die Ver|käu|fer
die Ver|käu|fe|rin,
die Ver|käu|fe|rin|nen
der Ver|kehr
ver|kehrt
ver|kün|den, er ver|kün|de|te •
die Ver|kün|di|gung
ver|lan|gen, sie ver|lang|te
ver|län|gern, er ver|län|ger|te
ver|le|gen • die Ver|le|gen|heit
ver|let|zen, sie ver|letz|te •
die Ver|let|zung
ver|liebt
ver|lie|ren, er ver|liert, ver|lor,
hat ver|lo|ren • der ↗ Verlust

Ve bis Ve

sich **ver|lo|ben,** sie ver|lob|te
sich • die Ver|lo|bung
er **ver|lor** ↗ verlieren
ver|lo|ren ↗ verlieren
ver|lo|sen, er ver|los|te •
die Ver|lo|sung
der **Ver|lust,** die Ver|lus|te
ver|mas|seln,
sie ver|mas|sel|te ⇒ 10
(sich) **ver|meh|ren,** er ver|mehr|te
(sich) • die Ver|meh|rung
ver|mis|sen, sie ver|miss|te
das **Ver|mö|gen,** die Ver|mö|gen
(sich) **ver|mum|men,**
es ver|mumm|te (sich)
ver|mu|ten, er ver|mu|te|te •
die Ver|mu|tung
ver|nich|ten,
sie ver|nich|te|te ⇒ 10 •
die Ver|nich|tung
die **Ver|nunft:** zur Vernunft
bringen • ver|nünf|tig
ver|pa|cken, er ver|pack|te •
die Ver|pa|ckung
die **Ver|pfle|gung,**
die Ver|pfle|gun|gen
ver|pönt (unerwünscht)
der **Ver|rat**
sie **ver|rät** ↗ verraten
ver|ra|ten, sie ver|rät,
ver|riet, hat ver|ra|ten •
ver|rä|te|risch

ver|rei|sen, er ist ver|reist
(sich) **ver|ren|ken,** sie ver|renk|te
(sich) • die Ver|ren|kung
ver|rie|geln, er ver|rie|gel|te
sie **ver|riet** ↗ verraten
ver|rin|gern,
sie ver|rin|ger|te
ver|rot|ten, es ist ver|rot|tet
ver|rückt • die Ver|rückt|heit
der **Vers,** die Ver|se
die **Ver|samm|lung,**
die Ver|samm|lun|gen
der **Ver|sand**
ver|säu|men,
er ver|säum|te •
das Ver|säum|nis
ver|schie|den
(sich) **ver|schlech|tern,**
sie ver|schlech|ter|te (sich)
ver|schmitzt
ver|schmut|zen,
er hat/ist ver|schmutzt •
die Ver|schmut|zung
ver|schol|len
ver|schro|ben
ver|schrum|peln,
es ist ver|schrum|pelt
er **ver|schwand** ↗
verschwinden
ver|schwen|den,
sie ver|schwen|de|te •
ver|schwen|de|risch

Ve bis Ve

ver|schwin|den, er
ver|schwin|det, ver|schwand,
ist ver|schwun|den
ver|schwun|den
↗ verschwinden
das **Ver|se|hen,** die Ver|se|hen •
ver|se|hent|lich ➔ 10
ver|seucht: verseuchte Erde
die **Ver|si|che|rung,**
die Ver|si|che|run|gen
die **Ver|si|on,** die Ver|si|o|nen
(sich) **ver|söh|nen,** sie ver|söhn|te
(sich) • die Ver|söh|nung
sich **ver|spä|ten,** er ver|spä|te|te
sich • die Ver|spä|tung
das **Ver|spre|chen,**
die Ver|spre|chen ➔ 12
sie **ver|stand** ↗ verstehen
der **Ver|stand** ➔ 13
ver|stan|den ↗ verstehen
(sich) **ver|stän|di|gen,** sie
ver|stän|dig|te (sich) ➔ 6 •
die Ver|stän|di|gung ➔ 13
ver|ständ|lich ➔ 13
das **Ver|ständ|nis** •
ver|ständ|nis|los ➔ 13
sich **ver|stau|chen,**
er ver|stauch|te sich
das **Ver|steck,** die Ver|ste|cke
(sich) **ver|ste|hen,** sie ver|steht
(sich), ver|stand (sich), hat
(sich) ver|stan|den ➔ 13

ver|stum|men,
er ver|stumm|te
der **Ver|such,** die Ver|su|che
ver|su|chen, es ver|such|te
ver|tei|di|gen,
sie ver|tei|dig|te •
die Ver|tei|di|gung
ver|ti|kal (senkrecht)
ver|til|gen, er ver|tilg|te ➔ 2
ver|trackt (schwierig)
der **Ver|trag,** die Ver|trä|ge ➔ 14
ver|trau|en, sie ver|trau|te •
das Ver|trau|en, ver|trau|lich
ver|un|glü|cken,
er ist ver|un|glückt
ver|wah|ren, sie ver|wahr|te
ver|wal|ten, er ver|wal|te|te •
die Ver|wal|tung
ver|wandt •
der/die Ver|wand|te,
die Ver|wandt|schaft
ver|wech|seln,
sie ver|wech|sel|te •
die Ver|wechs|lung
der **Ver|weis,** die Ver|wei|se
ver|wel|ken: Die Blume ist
verwelkt.
ver|we|sen, es ist ver|west
ver|wirrt (durcheinander)
ver|wit|wet
ver|wöh|nen, er ver|wöhn|te
ver|wun|dert

Ve bis Vi

ver|wun|det
ver|wüs|ten,
es ver|wüs|te|te ➔ 10
ver|zeh|ren,
sie ver|zehr|te ➔ 2
das **Ver|zeich|nis,**
die Ver|zeich|nis|se
ver|zei|hen, er ver|zeiht,
ver|zieh, hat ver|zie|hen •
die Ver|zei|hung
der **Ver|zicht**
ver|zich|ten,
sie ver|zich|te|te
er **ver|zieh** ↗ verzeihen
ver|zie|hen ↗ verziehen
ver|zwei|felt (hoffnungslos)
die **Ver|zweif|lung**
die **Ves|per,** die Ves|pern
der **Vet|ter,** die Vet|tern
das **Vi|deo,** die Vi|de|os
das **Vieh**
viel, mehr, am meis|ten:
viele Kinder, viel arbeiten,
aber: sie f̲iel ↗ fallen
viel|fäl|tig
viel|leicht
viel|mals
vier: um halb vier, vier mal
fünf, *aber:* ↗ viermal laufen;
auf allen vieren krabbeln
die **Vier,** die Vie|ren:
eine Vier würfeln

Vi bis Vo

das **Vier|eck,** die Vier|ecke •
vier|eckig
vier|mal: viermal laufen,
aber: ↗ vier mal fünf
vier|tel: eine viertel Million
das **Vier|tel,** die Vier|tel •
die Vier|tel|stun|de,
das Stadt|vier|tel
vier|zehn
vier|zig
die **Vil|la,** die Vil|len
vi|o|lett
die **Vi|o|li|ne,** die Vi|o|li|nen
(Geige)
das/der **Vi|rus,** die Vi|ren
(1. Krankheitserreger;
2. *kurz für:* Computervirus)
das **Vi|sum,** die Vi|sa / Vi|sen
das **Vi|ta|min,** die Vi|ta|mi|ne
der **Vo|gel,** die Vö|gel
die **Vo|ka|bel,** die Vo|ka|beln
der **Vo|kal,** die Vo|ka|le
(Selbstlaut)
das **Volk,** die Völ|ker
voll: ein volles Glas,
voll des Lobes sein
der **Vol|ley|ball** •
das Vol|ley|ball|spiel
völ|lig
voll|kom|men
voll|stän|dig ➔ 13
voll|wer|tig

voll|zäh|lig
das **Volt:** Die elektrische Spannung beträgt 5 Volt/5 V.
das **Vo|lu|men,** die Vo|lu|mi|na/Vo|lu|men • vo|lu|mi|nös
vom (von dem): vom ersten Augenblick an
von: von der Seite
von|ei|nan|der
vor: vor dem Haus

> **vor-:** Suche von Wörtern mit *vor-* (auch: *voran-, voraus-, vorbei-, vorher-, vorüber-, vorweg-*), die du hier nicht findest, den zweiten Wortteil (z. B. vor<u>lesen</u> ↗ lesen).

vo|ran
vo|raus
die **Vo|raus|set|zung,** die Vo|raus|set|zun|gen ➔ 11
vo|raus|sicht|lich ➔ 10
der **Vor|bau,** die Vor|bau|ten ➔ 1
vor|bei
die **Vor|be|rei|tung,** die Vor|be|rei|tun|gen
vor|bild|lich
vor|de|re: im vorderen Teil des Hauses wohnen • der Vor|der|grund, das Vor|der|rad
vor|ei|lig

die **Vor|fahrt:** die Vorfahrt beachten ➔ 4
der **Vor|hang,** die Vor|hän|ge
vor|her
vor|hin
vo|ri|ge: vorige Woche
vor|läu|fig
vor|laut
vorm (vor dem): vorm Haus
der **Vor|mit|tag,** die Vor|mit|ta|ge: gestern Vormittag • vor|mit|tags
vorn/vor|ne: von vorn beginnen, vorn sitzen
der **Vor|na|me,** die Vor|na|men
vor|nehm ➔ 8
der **Vor|rat,** die Vor|rä|te • vor|rä|tig
vor|sätz|lich (mit Absicht) ➔ 11
der **Vor|schlag,** die Vor|schlä|ge
die **Vor|schrift,** die Vor|schrif|ten ➔ 9
die **Vor|sicht** • vor|sich|tig ➔ 10
der **Vor|teil,** die Vor|tei|le
der **Vor|trag,** die Vor|trä|ge ➔ 14
vo|rü|ber • vo|rü|ber|ge|hend
das **Vor|ur|teil,** die Vor|ur|tei|le
vor|wärts
der **Vor|wurf,** die Vor|wür|fe
der **Vul|kan,** die Vul|ka|ne

Du hörst am Wortanfang *w*, findest das Wort aber nicht unter *w*. Suche es auch unter *v* (z. B. der Vulkan).

W ↗ Watt
die **Waa|ge,** die Waa|gen •
waa|ge|recht/waag|recht
wab|be|lig/wabb|lig
wab|beln, es wab|bel|te
die **Wa|be,** die Wa|ben
wach • wa|chen, wach|sam, die Wach|sam|keit
das **Wachs** • wach|sen: Sie wachste ihre Skier.; die Wachs|ker|ze
wach|sen, er wächst, wuchs, ist ge|wach|sen • das Wachs|tum
er **wächst** ↗ wachsen
der **Wäch|ter,** die Wäch|ter
die **Wäch|te|rin,** die Wäch|te|rin|nen
wa|cke|lig/wack|lig
wa|ckeln, es wa|ckel|te ➡ 4
die **Wa|de,** die Wa|den • der Wa|den|krampf

die **Waf|fe,** die Waf|fen
die **Waf|fel,** die Waf|feln
wa|gen, sie wag|te • wag-hal|sig, die Wag|hal|sig|keit, das Wag|nis
der **Wa|gen,** die Wa|gen
der **Wag|gon** *auch:* Wa|gon, die Wag|gons *auch:* Wa|gons
die **Wahl,** die Wah|len
wäh|len, er wähl|te • der Wäh|ler, die Wäh|le|rin, wäh|le|risch
der **Wahn|sinn** • wahn|sin|nig
wahr (1. nicht falsch; 2. wirklich): wahr sein, *aber:* er war ↗ sein
wäh|rend • wäh|rend|des|sen
die **Wahr|heit,** die Wahr|hei|ten
die **Wahr|neh|mung,** die Wahr|neh|mun|gen ➡ 8
wahr|schein|lich
die **Wäh|rung,** die Wäh|run|gen
das **Wahr|zei|chen,** die Wahr|zei|chen
die **Wai|se,** die Wai|sen (Kind ohne Eltern), *aber:* die ↗ Weise
der **Wal,** die Wa|le
der **Wald,** die Wäl|der • wal|dig
das **Wal|king** (sportliches Gehen)
der **Wall,** die Wäl|le

die **Wal|nuss**, die Wal|nüs|se
die **Wal|ze**, die Wal|zen • wal|zen
(sich) **wäl|zen**, er wälz|te (sich)
der **Wal|zer**, die Wal|zer
sie **wand** (sich) ↗ winden
die **Wand**, die Wän|de
wan|deln, sie wan|del|te ⇒ 4 • die Wand|lung
wan|dern, er ist ge|wan|dert ⇒ 4 • die Wan|de|rung
sie **wand|te** (sich) ↗ wenden
die **Wan|ge**, die Wan|gen
wan|ken, sie hat/ist ge|wankt ⇒ 4
wann
die **Wan|ne**, die Wan|nen
die **Wan|ze**, die Wan|zen
das **Wap|pen**, die Wap|pen • das Wap|pen|tier
es **war** ↗ sein, *aber: es ist* ↗ wahr
er **warb** ↗ werben
die **Wa|re**, die Wa|ren
es **wäre** ↗ sein
sie **warf** ↗ werfen
warm, wär|mer, am wärms|ten
die **Wär|me** • wär|men
war|nen, er warn|te • die War|nung
war|ten, sie war|te|te

der **Wär|ter**, die Wär|ter
die **Wär|te|rin**, die Wär|te|rin|nen
wa|rum (weshalb)
die **War|ze**, die War|zen • das War|zen|schwein
was: Was willst du?
die **Wä|sche**, die Wä|schen
wa|schen, er wäscht, wusch, hat ge|wa|schen
er **wäscht** ↗ waschen
das **Was|ser**, die Was|ser/Wäs|ser • was|ser|dicht, die Was|ser|lei|tung
wäss|rig
wa|ten, sie wa|te|te ⇒ 4
wat|scheln, er ist ge|wat|schelt
das **Watt**, die Wat|ten • das Wat|ten|meer
das **Watt**, die Watt: eine Glühlampe mit 60 Watt/60 W
die **Wat|te** • der Wat|te|bausch
das **WC**, die WCs
das **Web** (*kurz für:* World Wide Web) *auch:* ↗ WWW • die Web|ad|res|se, die Web|cam, die Web|site
we|ben, sie web|te • die We|be|rei
der **Wech|sel**, die Wech|sel
wech|seln, er wech|sel|te

We bis We

we|cken, sie weck|te •
der We|cker
we|deln, er we|del|te
we|der: weder jung noch alt
weg: sehr weit weg sein,
aber: der ↗ Weg

> **weg-:** Suche von Wörtern mit *weg-*, die du hier nicht findest, den zweiten Wortteil (z. B. weg**laufen** ↗ laufen).

der **Weg,** die We|ge
we|gen
weh: weh tun *auch:* ↗ wehtun
die **We|he,** die We|hen
we|hen, es ist/hat ge|weht
sich **weh|ren,** sie wehr|te sich •
wehr|los
weh|tun *auch:* ↗ weh tun, es tut weh, tat weh, hat weh|ge|tan
das **Weib,** die Wei|ber •
das Weib|chen, weib|lich
weich • weich|lich
die **Wei|che,** die Wei|chen
wei|chen, er weicht, wich, ist ge|wi|chen
die **Wei|de,** die Wei|den •
das Wei|den|kätz|chen
die **Wei|de,** die Wei|den •
das Wei|de|land

wei|den: Das Vieh weidete.
sich **wei|gern,** sie wei|ger|te sich • die Wei|ge|rung
die **Wei|he,** die Wei|hen •
die Ju|gend|wei|he
wei|hen, er weih|te
der **Wei|her,** die Wei|her (kleiner, flacher See)
die **Weih|nacht:** eine geseg-nete Weihnacht wünschen
Weih|nach|ten
weih|nacht|lich
weil
das **Weil|chen:** Warte doch bitte ein Weilchen!
der **Wein,** die Wei|ne
wei|nen, sie wein|te ⇒ 9 •
wei|ner|lich
wei|se (klug) • der/die Wei|se, die Weis|heit
die **Wei|se,** die Wei|sen (1. Art und Weise; 2. Melodie), *aber:* die ↗ Waise
wei|sen, er weist, wies, hat ge|wie|sen • die Wei|sung
weiß • das Weiß: ein strah-lendes Weiß; das Wei|ße: das Weiße im Auge; die Wei|ße: Berliner Weiße (Weißbier); wei|ßeln, wei|ßen, weiß|lich
sie **weiß** ↗ wissen

We bis We — We bis Wi

weit: weit und breit • die Wei|te, wei|ten, wei|ter|hin, weit|sich|tig → 10
der **Wei|zen** (Getreide)
welch, wel|che, wel|cher, wel|ches
welk: Die Blume ist welk. • wel|ken: Sie ist gewelkt.
die **Wel|le,** die Wel|len • wel|lig
der **Wel|pe,** die Wel|pen
der **Wels,** die Wel|se (Fisch)
die **Welt,** die Wel|ten • das Welt|all, die Welt|meister-schaft, der Welt|raum
wem: Wem gehört das?
wen: Wen magst du?
die **Wen|de,** die Wen|den
(sich) **wen|den:** sie wen|det (sich), wen|de|te/wand|te (sich), hat (sich) ge|wen|det/ge|wandt • wen|dig, die Wen|dung
we|nig • we|nigs|tens
wenn
wer: Wer hilft mir?
wer|ben, er wirbt, warb, hat ge|wor|ben • die Wer|bung
wer|den, es wird, wur|de, ist ge|wor|den
wer|fen, sie wirft, warf, hat ge|wor|fen: Wirf den Ball! • der ↗ Wurf

die **Werft,** die Werf|ten (Anlage für Schiffbau)
das **Werk,** die Wer|ke • wer|keln, die Werk|statt, das Werk|zeug
der **Wert,** die Wer|te • **wert:** viel wert sein; wer|ten, wert|los, die Wer|tung
das **We|sen,** die We|sen • we|sent|lich
die **We|ser** (Strom)
wes|halb (warum)
die **Wes|pe,** die Wes|pen
wes|sen
die **Wes|te,** die Wes|ten
der **Wes|ten** • der Wes|tern, west|lich
wes|we|gen
der **Wett|be|werb,** die Wett|be|wer|be
die **Wet|te,** die Wet|ten • wet|ten, der Wett|kampf
das **Wet|ter** • wet|ter|füh|lig
wet|zen, er wetz|te
er **wich** ↗ weichen
der **Wich|tel,** die Wich|tel • das Wich|tel|männ|chen
wich|tig
die **Wi|cke,** die Wi|cken (Pflanze)
wi|ckeln, sie wi|ckel|te • der Wick|ler
der **Wid|der,** die Wid|der (männliches Schaf)

Wi bis Wi

wi|der (gegen): wider Erwarten, *aber:* ↗ w<u>ie</u>der

wider-, *aber:* ↗ w<u>ie</u>der: Suche von Wörtern mit *wider-*, die du hier nicht findest, den zweiten Wortteil (z. B. wider<u>legen</u> ↗ legen).

wi|der|bors|tig (störrisch)
der **Wi|der|hall,**
   die Wi|der|hal|le (Echo) •
   wi|der|hal|len
wi|der|lich (unangenehm)
wi|der|spens|tig (störrisch)
wi|der|spie|geln,
   es spie|gel|te wi|der
der **Wi|der|spruch,**
   die Wi|der|sprü|che •
   wi|der|sprüch|lich ➡ 12
der **Wi|der|stand,**
   die Wi|der|stän|de ➡ 13
   wi|der|wär|tig (abstoßend)
der **Wi|der|wil|le** • wi|der|wil|lig
(sich) **wid|men,** er wid|me|te
   (sich) • die Wid|mung
wid|rig (ungünstig): widrige Umstände • die Wid|rig|keit
wie: wie lange, wie viel, so groß wie, wie zum Beispiel
wie|der (ein weiteres Mal): wieder einmal, immer wieder, *aber:* ↗ w<u>i</u>der

wieder-, *aber:* ↗ w<u>i</u>der: Suche von Wörtern mit *wieder-*, die du hier nicht findest, den zweiten Wortteil (z. B. wieder<u>finden</u> ↗ finden).

wie|der|hol|bar
wie|der|ho|len,
   sie wie|der|hol|te •
   die Wie|der|ho|lung
das **Wie|der|se|hen,**
   die Wie|der|se|hen ➡ 10
wie|de|rum
die **Wie|der|ver|ei|ni|gung**
die **Wie|ge,** die Wie|gen
(sich) **wie|gen,** es wieg|te (sich)
   (hin- und herbewegen)
wie|gen, er wiegt, wog, hat ge|wo|gen
   (1. ein Gewicht haben;
   2. ein Gewicht feststellen)
wie|hern, es wie|her|te ➡ 5
er wies ↗ weisen
Wies|ba|den
die **Wie|se,** die Wie|sen
das **Wie|sel,** die Wie|sel (kleines Raubtier) • wie|sel|flink
wie|so
wild • das Wild, wil|dern, wild|fremd, die Wild|nis, das Wild|schwein
er will ↗ wollen

der **Wil|le** / Wil|len: etwas wider Willen tun, seinen Willen durchsetzen • **wil|len**: um einer Sache willen; **wil|lent|lich, wil|lig**
will|kom|men: Herzlich willkommen!
die **Will|kür** • **will|kür|lich**
wim|meln, es wim|mel|te
wim|mern, es wim|mer|te ➡ 9
der **Wim|pel**, die Wim|pel
die **Wim|per**, die Wim|pern
der **Wind**, die Win|de • **win|dig**
die **Win|de**, die Win|den
die **Win|del**, die Win|deln
(sich) **win|den**, sie win|det (sich), wand (sich), hat (sich) ge|wun|den
die **Wind|po|cken** (ansteckende Krankheit)
der **Win|kel**, die Win|kel • **win|ke|lig / wink|lig**
win|ken, er winkt, wink|te, hat ge|winkt / ge|wun|ken
win|seln, sie win|sel|te
der **Win|ter**, die Win|ter • **win|ter|lich**
der **Win|zer**, die Win|zer
die **Win|ze|rin**, die Win|ze|rin|nen
win|zig

der **Wip|fel**, die Wip|fel
die **Wip|pe**, die Wip|pen
wip|pen, er wipp|te
wir
der **Wir|bel**, die Wir|bel
wir|beln, es ist / hat ge|wir|belt
er **wirbt** ↗ werben
es **wird** ↗ werden
sie **wirft** ↗ werfen
wir|ken, es wirk|te
wirk|lich • die Wirk|lich|keit
wirk|sam • die Wirk|sam|keit
die **Wir|kung**, die Wir|kun|gen
wirr • der Wirr|warr
der **Wir|sing** • der Wir|sing|kohl
der **Wirt**, die Wir|te
die **Wir|tin**, die Wir|tin|nen
die **Wirt|schaft**, die Wirt|schaf|ten • **wirt|schaft|lich**
wi|schen, sie wisch|te
wis|pern, er wis|per|te (flüstern) ➡ 6
wis|sen, sie weiß, wuss|te, hat ge|wusst • das Wis|sen, die Wis|sen|schaft
wit|tern, es wit|ter|te • die Wit|te|rung
die **Wit|we**, die Wit|wen
der **Wit|wer**, die Wit|wer
der **Witz**, die Wit|ze • der Witz|bold, **wit|zeln**, **wit|zig**

Wl bis Wo

das **WLAN,** die WLANs (drahtloses Computernetzwerk)
wo
wo|an|ders
die **Wo|che,** die Wo|chen •
wo|chen|lang
wö|chent|lich
wo|für
er **wog** ↗ wiegen
die **Wo|ge,** die Wo|gen
wo|her
wo|hin
wohl • das Wohl, wohl|an, wohl|auf, wohl|be|hal|ten, wohl|ha|bend, woh|lig, der Wohl|stand → 13, wohl|wol|lend
woh|nen, er wohn|te • wohn|lich, die Woh|nung
(sich) **wöl|ben,** sie wölb|te (sich) • die Wöl|bung
der **Wolf,** die Wöl|fe
die **Wol|ke,** die Wol|ken • der Wol|ken|bruch → 3, der Wol|ken|krat|zer, wol|kig
die **Wol|le:** sich in der Wolle liegen → 8 • wol|lig
wol|len, er will, woll|te, hat ge|wollt
wo|mit
wo|mög|lich
wo|nach

Wo bis Wu

die **Won|ne,** die Won|nen • won|nig
wo|ran
wo|rauf
wo|raus
der **Work|shop,** die Work|shops
das **World Wide Web** (kurz: ↗ WWW, ↗ Web): Informationssystem im Internet
das **Wort,** die Wor|te: 1. Worte des Trostes sprechen/ Wörter: 2. Der Satz besteht aus sechs Wörtern. • der Wort|bruch → 3
das **Wör|ter|buch,** die Wör|ter|bü|cher
wört|lich: etwas wörtlich meinen, die wörtliche Rede
wo|rü|ber
wo|rum
wo|von
wo|zu
das **Wrack,** die Wracks
sie **wrang** ↗ wringen
wrin|gen, sie wringt, wrang, hat ge|wrun|gen
wu|chern, er ist/hat ge|wu|chert • die Wu|che|rung
er **wuchs** ↗ wachsen
der **Wuchs**
die **Wucht** • wuch|ten, wuch|tig

wüh|len, sie wühl|te •
die Wühl|maus
wund: wunde Füße •
die Wun|de
das **Wun|der**, die Wun|der •
wun|der|bar, wun|der|lich,
sich wun|dern
der **Wunsch**, die Wün|sche
wün|schen, er wünsch|te
es **wur|de** ↗ werden
die **Wür|de** • wür|dig
der **Wurf**, die Wür|fe
der **Wür|fel**, die Wür|fel •
wür|feln
wür|gen, sie würg|te
der **Wurm**, die Wür|mer
die **Wurst**, die Würs|te
die **Wür|ze** • wür|zen, wür|zig
die **Wur|zel**, die Wur|zeln
er **wusch** ↗ waschen
wu|sche|lig/wusch|lig
sie **wuss|te** ↗ wissen
wüst • die Wüs|te
die **Wut** (großer Zorn)
wü|ten, er wü|te|te •
wü|tend
das **WWW** (kurz für: World
Wide Web) auch: ↗ Web

die **X-Bei|ne** • x-bei|nig
x-be|lie|big
x-fach
x-mal
das **Xy|lo|fon** auch: Xy|lo|phon,
die Xy|lo|fo|ne
auch: Xy|lo|pho|ne

die **Yacht** auch: ↗ Jacht,
die Yach|ten
der/das **Yak**, die Yaks
der **Ye|ti**, die Ye|tis
(Schneemensch)
der/das **Yo|ga** auch: ↗ Joga
das **Yo-Yo** auch: ↗ Jo-Jo,
die Yo-Yos
das **Yp|si|lon**, die Yp|si|lons
die **Yuc|ca**, die Yuc|cas •
die Yuc|ca|pal|me

Z z

die **Za|cke**/der **Za|cken**,
die Za|cken • za|ckig
zag|haft
zäh • zäh|flüs|sig ➔ 7
die **Zahl**, die Zah|len • zah|len,
zahl|reich, die Zah|lung
zäh|len, er zähl|te •
der Zäh|ler, die Zäh|lung
zahm
zäh|men, sie zähm|te •
die Zäh|mung
der **Zahn**, die Zäh|ne •
die Zahn|bürs|te, zah|nen
der **Zan|der**, die Zan|der (Fisch)
die **Zan|ge**, die Zan|gen
der **Zank**
sich **zan|ken**, er zank|te sich ➔ 8
zän|kisch
das **Zäpf|chen**, die Zäpf|chen
der **Zap|fen**, die Zap|fen
zap|pe|lig/**zapp|lig**
zap|peln, sie zap|pel|te
zart
zärt|lich • die Zärt|lich|keit
der **Zau|ber**, die Zau|ber
der **Zau|be|rer**, die Zau|be|rer
zau|ber|haft

die **Zau|ber|in**,
die Zau|be|rin|nen
zau|bern, er zau|ber|te
zau|dern, sie zau|der|te
der **Zaun**, die Zäu|ne
z. B. (zum Beispiel)
das **Ze|bra**, die Ze|bras •
der Ze|bra|strei|fen
die **Ze|che**, die Ze|chen
(1. Rechnung; 2. Bergwerk)
die **Ze|cke**, die Ze|cken
der **Zeh**/die **Ze|he**, die Ze|hen
zehn: um halb zehn, zehn
mal acht, *aber*: zehnmal
springen • die Zehn,
der Zeh|ner, zehn|fach,
zehn|mal, zehn|te: die
zehnte Reihe; das Zehn|tel
das **Zei|chen**, die Zei|chen •
die Zei|chen|spra|che ➔ 12
zeich|nen, er zeich|ne|te •
die Zeich|nung
zei|gen, sie zeig|te •
der Zei|ger
die **Zei|le**, die Zei|len
die **Zeit**, die Zei|ten: eine Zeit
lang *auch*: Zeitlang; zur Zeit
der Römer, *aber*: ↗ zurzeit
krank sein • zei|tig,
zeit|le|bens, die Zeit|lu|pe
die **Zeit|schrift**,
die Zeit|schrif|ten ➔ 9

Ze bis Ze

die **Zei|tung**, die Zei|tun|gen
die **Zel|le**, die Zel|len
das **Zelt**, die Zel|te • zel|ten
der **Ze|ment** • ze|men|tie|ren
der **Ze|nit:** im Zenit stehen
zen|sie|ren, er zen|sier|te
die **Zen|sur**, die Zen|su|ren
der **Zen|ti|me|ter:** Das Lineal misst neun Zentimeter / 9 cm.
der **Zent|ner**, die Zent|ner: Drei Zentner sind 150 kg.
zen|tral • die Zen|tra|le
das **Zen|trum**, die Zen|tren
der **Zep|pe|lin**, die Zep|pe|li|ne

> **zer-:** Suche von Wörtern mit *zer-*, die du hier nicht findest, den zweiten Wortteil (z. B. zerreißen ↗ reißen).

sie **zer|brach** ↗ zerbrechen
zer|bre|chen, sie zer|bricht, zer|brach, ist/hat zer|bro|chen ➔ 10 ➔ 3
sie **zer|bricht** ↗ zerbrechen
zer|bro|chen ↗ zerbrechen
zer|fet|zen, er zer|fetz|te ➔ 10
zer|furcht
zer|knirscht (schuldbewusst)
zer|lumpt
zer|ren, sie zerr|te • die Zer|rung

Ze bis Zi

zer|stö|ren, er zer|stör|te ➔ 10 • die Zer|stö|rung
zer|streut (unaufmerksam)
ze|tern, sie ze|ter|te ➔ 9
der **Zet|tel**, die Zet|tel
das **Zeug**
der **Zeu|ge**, die Zeu|gen
zeu|gen, er zeug|te
die **Zeu|gin**, die Zeu|gin|nen
das **Zeug|nis**, die Zeug|nis|se
die **Zi|cke**, die Zi|cken • zi|ckig
zick|zack • der Zick|zack: im Zickzack laufen, *aber:* zickzack den Berg hinunterlaufen
die **Zie|ge**, die Zie|gen
der **Zie|gel**, die Zie|gel
zie|hen, es zieht, zog, hat ge|zo|gen ➔ 15
das **Ziel**, die Zie|le • zie|len
ziem|lich
zie|pen, es ziep|te
die **Zier** • die Zier|de
(sich) **zie|ren**, sie zier|te (sich)
zier|lich
die **Zif|fer**, die Zif|fern
zig: Es kamen zig Leute. • zig|fach, zig|mal
die **Zi|ga|ret|te**, die Zi|ga|ret|ten
die **Zi|gar|re**, die Zi|gar|ren
das **Zim|mer**, die Zim|mer
zim|mern: Die Zimmerleute zimmerten einen Dachstuhl.

Zi bis Zo

zim|per|lich (empfindlich)
der **Zimt**
das **Zink** • das Zink|blech
der **Zin|ken**, die Zin|ken
das **Zinn** (Metall) •
der Zinn|sol|dat
der **Zins**, die Zin|sen
der **Zip|fel**, die Zip|fel
zir|ka *auch:* ↗ circa (ungefähr)
der **Zir|kel**, die Zir|kel
der **Zir|kus** *auch:* ↗ Circus, die Zir|kus|se
zir|pen: Die Grille zirpte.
zi|schen, es zisch|te ➔ 6
das **Zi|tat**, die Zi|ta|te
zi|tie|ren, er zi|tier|te (wörtlich wiederholen)
die **Zi|tro|ne**, die Zi|tro|nen
zit|tern, sie zit|ter|te
die **Zit|ze**, die Zit|zen
der **Zi|vi** (*kurz für:* Zivildienstleistende), die Zi|vis
zi|vil • die Zi|vil|cou|ra|ge, die Zi|vi|li|sa|ti|on
der **Zoff** • sich zof|fen ➔ 8
es **zog** ↗ ziehen
zö|gern, er zö|ger|te
der **Zoll**, die Zöl|le
die **Zo|ne**, die Zo|nen
der **Zoo** (*kurz für:* zoologischer Garten), die Zoos

Zo bis Zu

der **Zopf**, die Zöp|fe
der **Zorn** • zor|nig
die **Zot|tel**, die Zot|teln • der Zot|tel|bär, zot|te|lig/zott|lig
zot|teln, sie zot|tel|te ➔ 4
zu: zu Ende, zu Fuß, zu viel, zu wenig

zu-: Suche von Wörtern mit *zu-*, die du hier nicht findest, den zweiten Wortteil (z. B. zuhören ↗ hören).

zu|al|ler|erst
zu|al|ler|letzt
das **Zu|be|hör**, die Zu|be|hö|re
die **Zuc|chi|ni**, die Zuc|chi|ni (Gemüse)
die **Zucht**, die Zuch|ten ➔ 15
züch|ten, er züch|te|te •
die Züch|tung ➔ 15
zu|cken, sie zuck|te •
die Zu|ckung
zü|cken: Er zückte sein Messer.
der **Zu|cker** • das Zu|cker|fest, zu|ckern, zu|cker|süß
zu|dem
zu|ei|nan|der
zu|erst
der **Zu|fall**, die Zu|fäl|le ➔ 5
zu|fäl|lig ➔ 5
zu|frie|den

Zu bis Zu

der **Zug**, die Zü|ge → 15
der **Zü|gel**, die Zü|gel •
    zü|geln → 15
    zu|gig → 15
    zü|gig (rasch) → 15
    zu|gleich
    zu|grun|de *auch:*
    zu Grunde ↗ Grund
    zu|guns|ten *auch:*
    zu Gunsten ↗ Gunst
    (zu jemandes Vorteil)
    zu|hau|se
    auch: zu Hause ↗ Haus
die **Zu|kunft** • zu|künf|tig
    zu|läs|sig (erlaubt)
    zu|letzt
    zu|lie|be: Tu es mir zuliebe!
    zum (zu dem)
    zu|mal
    zu|meist
    zu|min|dest
    zu|mu|te
    auch: zu Mute ↗ Mut:
    Mir ist komisch zumute.
die **Zu|mu|tung**,
    die Zu|mu|tun|gen
    zu|nächst
die **Zu|nah|me**,
    die Zu|nah|men → 8
der **Zu|na|me**, die Zu|na|men
    (Familienname)
    zün|deln, sie zün|del|te

    zün|den, er zün|de|te •
    das Zünd|holz, die Zün|dung
die **Zun|ge**, die Zun|gen
    zu|nich|te|ma|chen, sie
    mach|te zu|nich|te → 10
    zup|fen, er zupf|te
    das Zupf|in|stru|ment
    zur (zu der): zur Tür gehen
sich **zu|recht|fin|den**, sie fin|det
    sich zu|recht, fand sich
    zu|recht, hat sich zu|recht-
    ge|fun|den, *aber:* zu ↗ Recht
    böse sein
    zür|nen, er zürn|te
    zu|rück: Sie ist wieder zurück.
    zu|rück|kom|men, sie kommt
    zu|rück, kam zu|rück,
    ist zu|rück|ge|kom|men
    zur|zeit (momentan):
    zurzeit krank sein,
    aber: zur ↗ Zeit der Römer
    zu|sam|men:
    Sie sind zusammen.
die **Zu|sam|men|fas|sung**,
    die Zu|sam|men|fas|sun|gen
    zu|sam|men|ge|setzt → 11
    zu|sätz|lich → 11
    zu|schau|en,
    er schau|te zu → 7
    zu|se|hends → 10
der **Zu|stand**, die Zu|stän|de •
    zu|stän|dig → 13

Zu bis Zw   Zw bis Zy

zu|ste|cken,
sie steck|te zu ➔ 3
zu|stim|men, er stimm|te zu
die Zu|tat, die Zu|ta|ten
zu|tiefst (sehr):
zutiefst traurig sein
zu|trau|lich
zu|ver|läs|sig
zu|ver|sicht|lich ➔ 10
zu|wi|der: Dieses Essen
ist mir zuwider.
sie zwang ↗ zwingen
der Zwang, die Zwän|ge •
zwang|los, zwangs|läu|fig
zwan|zig: Mitte zwanzig
sein • der Zwan|zi|ger,
zwan|zig|fach,
das Zwan|zigs|tel
zwar
der Zweck, die Zwe|cke •
zweck|los
zwei: um halb zwei, zwei
mal vier *aber*: zweimal
raten • die Zwei: eine Zwei
schreiben; zwei|hun|dert,
zwei|mal, zweit: zu zweit
spielen; zwei|te: zum zwei-
ten Mal, *aber*: der Zweite
Weltkrieg
der Zwei|fel, die Zwei|fel •
zwei|fel|haft, zwei|feln
der Zweig, die Zwei|ge

der Zwerg, die Zwer|ge
die Zwet|sche / Zwetsch|ge, die
Zwet|schen / Zwetsch|gen
(Pflaume)
zwi|cken, es zwick|te
der Zwie|back, die Zwie|bä|cke
die Zwie|bel, die Zwie|beln
der Zwie|laut, die Zwie|lau|te
zwie|lich|tig:
ein zwielichtiger Mensch
der Zwil|ling, die Zwil|lin|ge
zwin|gen, sie zwingt,
zwang, hat ge|zwun|gen •
zwin|gend, der Zwin|ger
(Tierkäfig)
zwin|kern, er zwin|ker|te
der Zwirn, die Zwir|ne
zwi|schen • zwi|schen|durch,
der Zwi|schen|fall ➔ 5
der Zwist, die Zwis|te (Streit)
zwit|schern,
sie zwit|scher|te
zwölf: um halb zwölf, zwölf
mal vier, *aber*: zwölfmal
läuten • die Zwölf, zwölf-
mal, zwölf|te: das zwölfte
Mal; ein Zwölf|tel
der Zy|lin|der, die Zy|lin|der
Zy|pern • zy|pri|o|tisch /
zy|prisch
die Zy|pres|se, die Zy|pres|sen

Wortwissen

➡ Wortfelder 250
➡ Wortfamilien 260

Wortfelder

Wörter mit gleicher oder ähnlicher Bedeutung lassen sich in Wortfeldern zusammenfassen. Mithilfe von Wortfeldern kannst du lernen, Texte abwechslungsreich zu gestalten. Die Beispielsätze helfen dir, beim Schreiben deiner Texte das treffende Verb zu finden.

Um dir die Auswahl zu erleichtern, sind manche Wortfelder in Abschnitte untergliedert. So findest du im sechsten Wortfeld „sagen, sprechen" auch viele verschiedene Verben zur Einleitung der wörtlichen Rede. Bevor du ein Verb auswählst, solltest du entscheiden, auf welche Weise die Person in deinem Text etwas sagt. Spricht sie sehr leise, dann könntest du sie z. B. *flüstern* oder *wispern* lassen. Spricht sie dagegen eher undeutlich, dann solltest du genau überlegen, ob du sie lieber *brummen* oder *nuscheln* oder *stottern* lassen willst.

1 arbeiten

arbeiten	Sie **arbeitet** in einem großen Unternehmen.
beschäftigt sein	Er **ist** in einer großen Bank **beschäftigt**.
jobben	Meine Schwester **jobbt** in den Sommerferien.
schaffen	Meine Brüder **schaffen** in einer Gärtnerei.

• schwer

ackern	Sie **ackert** von früh bis spät auf dem Feld.
malochen	Die Arbeiter **malochen** auf der Baustelle.
rackern	Die Spielerinnen **rackerten** 90 Minuten bis zum Sieg.
schuften	Die Gefangenen **schuften** im Steinbruch.

• nachlässig

murksen	Der neue Gärtner **murkst** griesgrämig im Garten.
pfuschen	Die Regierung hat bei dem neuen Gesetz **gepfuscht**.
schlampen	Sie hat beim Annähen der Knöpfe **geschlampt**.
schludern	Die Handwerker **schluderten** beim Einbau der Tür.

Wortfelder

 2 essen

sich ernähren	Viele Menschen **ernähren sich** völlig fleischlos.
essen	Sie **essen** gerne Obst und Gemüse.
frühstücken	Sonntags **frühstücken** wir erst um zehn.
löffeln	Vorsichtig **löffelte** Michael die heiße Suppe.
speisen	An Feiertagen **speisen** wir oft im Restaurant.
verzehren	In der Pause **verzehrten** sie ihre belegten Brote.

• eher große Mengen

futtern	Karl **futtert** den ganzen Tag Süßigkeiten.
schlemmen	Die Reichen **schlemmen**, die Armen werden nicht satt.
schmausen	Sie **schmausten** mit großem Appetit.
spachteln	Er hat heute Mittag ganz schön **gespachtelt**.
verdrücken	Tante Jenny hat ganz alleine die halbe Torte **verdrückt**.
vertilgen	Die Mannschaft **vertilgte** ein ganzes Spanferkel.

• eher kleine Mengen

knabbern	Beim Fernsehen **knabbert** Kilian gerne Nüsse.
kosten	Mutti **kostet** von meiner Käsetorte.
nagen	Lustlos **nagte** Betty an der trockenen Brotrinde.
naschen	Er **naschte** von dem Schokoladenpudding.
probieren	Regina **probiert** Christophs Nudelauflauf.
schlecken	Die Kinder **schlecken** heimlich von der Schokolade.

• unschön, geräuschvoll

fressen	Stephan **fraß** am Mittag gierig für drei.
knuspern	Im Kino **knuspern** viele Zuschauer Kartoffelchips.
mampfen	Er **mampfte** mit vollem Mund eine Banane.
schlingen	Beim Abendessen **schlang** sie hastig ihre Suppe.
schmatzen	Das Baby **schmatzte** seinen Brei.

Wortfelder

3 geben

aushändigen	Das Fundbüro **händigte** ihm seinen Schirm **aus**.
bescheren	Oma **beschert** die Enkel unterm Christbaum.
geben	Mein Vater **gibt** mir jede Woche 3 € Taschengeld.
liefern	Das Versandhaus **liefert** die Bestellung ins Haus.
reichen	„**Reich** mir bitte den Brotkorb", bat Opa.
schenken	Die Eltern **schenken** Susi zum Geburtstag ein Pony.
spenden	Die Firma **spendete** viel Geld für den Tierschutz.
spendieren	Meine Freundin **spendierte** mir ein Eis.
stiften	Die Rektorin **stiftete** den Hauptpreis für die Tombola.
überreichen	Zum Abschied **überreichen** sie ihr einen Blumenstrauß.
zustecken	Seine Oma **steckt** ihm unauffällig einen Zehner **zu**.

4 gehen

• langsam oder mit normalem Tempo

bummeln	Nachmittags **bummeln** sie durch die Fußgängerzone.
gehen	Bei Grün **gehen** wir über die Straße.
latschen	Der Junge **latschte** achtlos durchs Blumenbeet.
pirschen	Der Jäger **pirscht** durchs dichte Unterholz.
schleichen	Sie **schleichen** vorsichtig ums Haus.
schlendern	Gemächlich **schlenderten** wir durch die Gassen.
schlurfen	In der Früh **schlurft** er in Pantoffeln zum Briefkasten.
schreiten	Feierlich **schreitet** das Brautpaar zum Altar.
spazieren	Oma **spaziert** mit ihrer Freundin durchs Dorf.
stolzieren	Er **stolzierte** wie ein Gockel durch den Park.
trödeln	Wie jeden Morgen **trödelte** Jelena zur Schule.
trotten	Till **trottet** gelangweilt hinter seinen Eltern her.
wandeln	Andächtig **wandeln** sie durch das Kirchenschiff.
wandern	Die Touristen **wanderten** stundenlang flussaufwärts.

➔ Wortfelder

waten   Die Jungs **waten** durch den Bach ans andere Ufer.
zotteln   Murat **zottelt** gelangweilt hinter seinen Eltern her.

• schnell

eilen   Die Angestellten **eilen** morgens in die Büros.
flitzen   Martin **flitzte** mit seinem Zeugnis sofort nach Hause.
hasten   Nach Büroschluss **hasten** viele noch zum Einkaufen.
hetzen   Mutter **hetzt** nach der Arbeit zum Bäcker.
huschen   Die Frau **huschte** lautlos durch die Gassen.
laufen   Sie will mit dem Brief noch eben zur Post **laufen**.
sausen   Mutter **sauste** in die Küche, weil die Milch überkochte.
trippeln   Kiras kleine Schwester **trippelte** vor ihr her.

• mit schweren, kräftigen Schritten

marschieren   Die Soldaten **marschieren** über den Kasernenhof.
stampfen   Breitbeinig **stampfte** der Seemann übers Deck.
stapfen   Der Bauer **stapfte** über den Hof zum Kuhstall.
stiefeln   Missmutig **stiefelte** der Riese von Stadt zu Stadt.
trampeln   Rücksichtslos **trampelt** er über das frische Beet.

• mit unsicheren Schritten

hinken   Am Arm ihres Vaters **hinkt** Ellen über die Straße.
humpeln   Verletzt **humpelte** der Spieler vom Platz.
kraxeln   Mühsam **kraxelten** wir auf den Berg.
schwanken   Der Patient **schwankte** orientierungslos durchs Haus.
stolpern   Großmutter **stolperte** vom Bett ins Badezimmer.
tappen   Unbeholfen **tappte** sie durch den dunklen Flur.
tapsen   Jan und Leo **tapsten** orientierungslos durchs Gebüsch.
taumeln   Benommen **taumelten** sie aus der Höhle ins Freie.
torkeln   Ein Betrunkener **torkelte** über den Marktplatz.
wackeln   Beim Trommelwirbel **wackelte** der Clown in die Manege.
wanken   Mit Schreck in den Augen **wankte** er ins Zimmer.

Wortfelder

 5 lachen

• hörbar

auslachen	Niemand mag es, **ausgelacht** zu werden.
kichern	Die kleinen Mädchen **kicherten** verlegen.
lachen	Die Zuschauer **lachen** über den lustigen Clown.
losprusten	Bei Bens komischem Anblick **prustete** Cora sofort **los**.
sich totlachen	Fast hätte sie **sich totgelacht**, so lustig sah Ben aus.
wiehern	Während des Films **wieherten** alle vor Vergnügen.

• unhörbar

feixen	Uwe **feixte** schadenfroh übers ganze Gesicht.
grinsen	Als er Sina im Ballettkostüm sah, musste Jan **grinsen**.
lächeln	Die Verkäuferin **lächelte** freundlich.
schmunzeln	Oma **schmunzelte** und gab mir einen Zehner.
strahlen	Sie **strahlte** wie ein Honigkuchenpferd.

 6 sagen, sprechen

antworten	„Ja", **antwortete** sie, „die Hausaufgaben sind fertig."
sich äußern	Sie **äußerte sich** abfällig über ihren Kollegen.
aussprechen	Er **sprach** das Wort besonders deutlich **aus**.
bemerken	„Deine Frisur ist hübsch", **bemerkt** die Mutter.
berichten	Die Kinder **berichten** vor der Klasse von dem Unfall.
bitten	„Lass uns wieder Freunde sein!", **bittet** Ole flehend.
entgegnen	Der Fahrgast **entgegnet**: „Ich komme aus Leipzig."
erklären	Der Trainer **erklärte** dem Kind die Spielregeln.
sich erkundigen	„Wo kommen Sie denn her?", **erkundigt** sie **sich**.
erwähnen	Seinen Erfolg **erwähnte** er lediglich beiläufig.
erwidern	„Nein", **erwidert** Jason, „ich möchte nicht mitkommen."
erzählen	Der Großvater **erzählt** Lisa eine Geschichte.

➲ Wortfelder

fragen	„Wohin fahren wir in Urlaub?", **fragt** Tom seine Eltern.
mitteilen	In der Pause **teilte** er ihr die Neuigkeit gleich **mit**.
sagen	Am Ende **sagte** Simone erleichtert: „Einverstanden!"
schildern	Der Zeuge **schildert** der Polizistin den Unfallhergang.

• bestimmt, nachdrücklich

auffordern	„Schreibt den Satz ab!", **forderte** der Lehrer sie **auf**.
behaupten	Uli **behauptet**: „Das ist mein Fußball, nicht deiner."
befehlen	„Hört sofort mit dem Unsinn auf!", **befahl** Papa uns.
feststellen	„Du bist schon wieder gewachsen", **stellt** Mama **fest**.

• miteinander

besprechen	Sie **besprechen** die Angelegenheit eingehend.
kommunizieren	Die Nachbarn **kommunizieren** selten miteinander.
plaudern	Die Freunde **plaudern** über ihren Museumsbesuch.
reden	Sie **reden** viel über den bevorstehenden Umzug.
sprechen	Die beiden **sprechen** selten über Probleme.
sich unterhalten	Sie **unterhalten sich** angeregt über den Unterricht.
sich verständigen	Sie **verständigten sich** mithilfe der Zeichensprache.

• pausenlos, wortreich

plappern	Amelie **plappert** von morgens bis abends.
quasseln	Die alten Freunde **quasselten** über ihre Schulzeit.
quatschen	Sie **quatschten** stundenlang über Gott und die Welt.
schnattern	Sie saßen herum und **schnatterten** fröhlich.
schwatzen	Die beiden **schwatzten** munter auf Englisch.

• sehr laut

brüllen	Das Kind **brüllt** aus Leibeskräften: „Papa! Papa!"
grölen	„Schneller!", **grölten** die begeisterten Zuschauer.
jauchzen	„Gewonnen!", **jauchzten** die Kinder der Klasse 3a.

Wortfelder →

johlen	„Aufhören!", **johlten** die Demonstranten.
jubeln	„Tor!", **jubelten** die Fußballspieler.
krakeelen	Samstagnacht **krakeelten** Jugendliche auf der Straße.
kreischen	„Zugabe, Zugabe!", **kreischten** ihre Fans.
rufen	„Ich komme mit zum Spielplatz", **ruft** Tanja nach unten.
schreien	„Lass mich in Ruhe!", **schreit** Jasmin wütend.

• sehr leise

flüstern	Ihre Schulfreundin **flüsterte** ihr die Antwort ins Ohr.
hauchen	„Ich mag dich auch", **hauchte** er fast unhörbar.
tuscheln	Während des Films **tuscheln** die Mädchen leise.
wispern	„Hier hat alles angefangen", **wisperte** er geheimnisvoll.

• undeutlich, kaum verständlich

brummen	Der Großvater **brummt** unfreundlich vor sich hin.
grunzen	Im Vorbeilaufen **grunzte** er kaum hörbar einen Gruß.
krächzen	Mit heiserer Stimme **krächzte** er: „Tschüss!"
lallen	Der Betrunkene **lallte** seine Bestellung.
lispeln	Susi **lispelte** einen Abschiedsgruß und verschwand.
murmeln	Im Vorbeihuschen **murmelte** sie: „Guten Morgen."
nuscheln	„Das war doch nicht nötig", **nuschelte** er verlegen.
stammeln	Er **stammelte** rasch eine Entschuldigung.
stottern	Sein Bruder **stotterte** aufgeregt: „K-K-Keine Zeit!"

• ärgerlich, gereizt, unzufrieden

fauchen	„Gib mir den Roller zurück!", **fauchte** sie.
keifen	„Verschwinde endlich!", **keifte** sie wütend.
knurren	„Lass mir meine Ruhe!", **knurrte** Louis unwillig.
kritisieren	„Das ist Pfusch", **kritisierte** er die Arbeit des Azubis.
mahnen	„Seid ein bisschen ruhiger!", **mahnt** die Lehrerin.
mäkeln	„Das neue Auto ist unbequem", **mäkelte** Jonas.
maulen	„Es schmeckt so fad", **mault** Jenny.

Wortfelder

meckern	Auf dem Markt **meckert** er: „Das Obst ist viel zu teuer."
murren	„Nicht schon wieder Erbsensuppe!", **murrt** Elias.
nörgeln	„Der Auflauf ist schon kalt", **nörgelt** Camill beim Essen.
rügen	„Schon wieder eine Fünf!", **rügt** Oma ihren Enkel Jan.
schimpfen	„Räum endlich dein Zimmer auf!", **schimpft** Papa.
schnauzen	„Geh mir aus dem Weg!", **schnauzte** er.
tadeln	Opa **tadelte** ihn streng: „Nie wieder machst du das!"
zischen	„Lass mich in Ruhe!", **zischte** sie ärgerlich.

• boshaft

klatschen	Sie **klatschte** den ganzen Tag über die Nachbarn.
lästern	Er **lästert** unablässig über seinen Vorgesetzten.
spotten	„Was soll das denn sein?", **spottet** Lisa höhnisch.
stänkern	Sie **stänkert** in der Firma gegen ihre Kollegin.
sticheln	Ständig **stichelt** er: „Du wirst das nie lernen."
tratschen	Die Kundinnen **tratschen** über den neuen Friseur.

7 sehen

anschauen	Die Verkäuferin **schaut** den Kunden freundlich **an**.
bemerken	Jenny **bemerkte**, dass der Lehrer die Klasse betrat.
beobachten	Die Leute **beobachten** den Fremden argwöhnisch.
besichtigen	Im Urlaub haben wir mehrere Burgen **besichtigt**.
betrachten	Wir **betrachteten** das Kunstwerk ganz genau.
blicken	Der Angeklagte **blickte** starr auf den Boden.
blinzeln	Sie **blinzelt** im hellen Sonnenlicht.
entdecken	Kim **entdeckt** im Wimmelbild acht Einhörner.
gaffen	An der Unfallstelle **gafften** viele Passanten.
glotzen	Er **glotzte** verblüfft auf den kaputten Fahrradreifen.
gucken	Andi **guckt** angestrengt durchs Schlüsselloch.
mustern	Neugierig **musterte** der Richter die Angeklagte.

Wortfelder

schauen	Er **schaute** seinem Gegenüber fest in die Augen.
schielen	Jan **schielte** zu seinem Banknachbarn.
sehen	Oma kann nicht mehr so gut **sehen**.
spähen	Der Jäger **spähte** aufmerksam durch sein Fernrohr.
starren	Sie **starrte** wie gebannt ins Dunkel.
stieren	Der Verwirrte **stiert** seit Stunden ins Leere.
zuschauen	Die Kinder **schauten** den lustigen Clowns **zu**.

8 streiten

aneinandergeraten	Die Spieler sind beim Training **aneinandergeraten**.
sich balgen	Die Söhne **balgten sich** um das Erbe.
diskutieren	Hitzig **diskutierten** meine Eltern den Wahlausgang.
sich kabbeln	Die Kinder **kabbeln sich** auf der Rückbank.
streiten	Die Kinder **streiten** den ganzen Tag miteinander.
sich in der Wolle liegen	Die beiden Nachbarn **liegen sich in der Wolle**.
sich zanken	Die Geschwister **zanken sich** pausenlos.
sich zoffen	Sie **zoffen sich** wirklich um jede Kleinigkeit.

9 weinen, klagen

greinen	Das Neugeborene **greinte** mit dünnem Stimmchen.
heulen	Als sie nicht anrief, fing er bitterlich zu **heulen** an.
jammern	„Lass mich nicht allein!", **jammert** sie tränenüberströmt.
jaulen	Der Dackel **jaulte** herzzerreißend vor Schmerz.
klagen	„Die Schmerzen sind unerträglich", **klagt** die Patientin.
lamentieren	Sie **lamentierten** endlos über den Verlust des Pokals.
plärren	Die Kinder hörten gar nicht mehr auf zu **plärren**.

Wortfelder

quengeln	Im Auto **quengelte** der Kleine in seinem Kindersitz.
schluchzen	„Kai hat meine Puppe kaputt gemacht", **schluchzt** Sina.
seufzen	„Ach", **seufzte** sie, „ich bin sehr, sehr traurig."
stöhnen	„Ich kann wirklich nicht mehr", **stöhnte** er verzweifelt.
Tränen vergießen	Die Angehörigen **vergossen** am Grab bittere **Tränen**.
weinen	Einsam und allein **weint** sich das Kind in den Schlaf.
wimmern	Mit blutendem Knie **wimmerte** er leise vor sich hin.
zetern	„Das tut so weh!", **zeterte** der Junge.

10 zerstören

abreißen	Das alte Haus musste **abgerissen** werden.
demolieren	Voller Wut **demolierte** er den Fahrradständer.
kaputt machen	Die Kinder haben das Spielzeug **kaputt gemacht**.
ruinieren	Der Alkohol hat seine Gesundheit **ruiniert**.
verbrennen	Sie haben alle Unterlagen **verbrannt**.
verderben	Er hat uns das ganze Spiel **verdorben**.
vermasseln	Sie ließ sich von ihm nicht den Urlaub **vermasseln**.
vernichten	Das Feuer **vernichtete** einen Hektar Waldfläche.
verwüsten	Der Sturm **verwüstete** die halbe Insel.
zerbrechen	Vor Aufregung **zerbrach** er den Bleistift.
zerfetzen	Beim Unfall wurden beide Hinterreifen **zerfetzt**.
zerstören	Der Tornado **zerstörte** die gesamte Stromversorgung.
zunichtemachen	Ihm wurden alle Hoffnungen **zunichtegemacht**.

Wortfamilien

Wörter mit gleichem oder ähnlichem Wortstamm sind miteinander verwandt. Zusammen bilden sie eine Wortfamilie.

Mithilfe von Wortfamilien lernst du, richtig zu schreiben, dir die Bedeutung von Wörtern zu erschließen und neue Wörter zu bilden.

1 bauen

der **Bau** des Fuchses
Bauer und **Bäu**erin
einen Vogel im **Bau**er halten
ein **bau**fälliges Haus
Acker**bau** und Viehzucht
einen An**bau** errichten
Rüben an**bau**en
ein Ge**bäu**de planen
einen Vor**bau** errichten

2 binden

einen **Bind**estrich setzen
die **Bind**ung an die Eltern
von einer Pflicht ent**bind**en
auf die Ent**bind**ung warten
ein ver**bind**licher Vertrag
eine Ver**bind**ung eingehen
das gewebte **Band**
zwei **Bänd**e Karl May

die weiße **Band**age
bandagiert werden
ein buntes Stirn**band**
Opas altes Ton**band**gerät
der Ver**band** um seine Hand
zu einer **Band**e gehören
ein Raubtier **bänd**igen
zwei **Bund** Maiglöckchen
die Schlüssel**bunde** verlieren
einen **Bund** schließen
der deutsche **Bund**eskanzler
die deutsche **Bund**eskanzlerin
die Tabelle der **Bund**esliga
die **Bund**esregierung in Berlin
die **Bund**esrepublik Deutschland
die Soldaten der **Bund**eswehr
sein **Bünd**el schnüren
das Reisig**bünd**el
seine Sachen **bünd**eln
sich mit jemandem ver**bünd**en
Ver**bünd**ete sein
ein **Bünd**nis schließen

Wortfamilien

3 brechen

Der Saal ist **brech**end voll.
schwere **Brech**er auf See
die Beziehung ab**brech**en
in ein Haus ein**brech**en
Ein**brech**er und Ein**brech**erin
der ge**brech**liche Alte
eine Unter**brech**ung anordnen
ein Ver**brech**en begehen
sich den Kopf zer**brech**en
ge**broch**enes Englisch sprechen
Es regnete ununter**broch**en.
der **Bruch** des Knochens
der Ab**bruch** der Zelte
der Ein**bruch** der Dämmerung
ein sintflutartiger Wolken**bruch**
einen Wort**bruch** begehen
eine **brüch**ige Freundschaft

4 fahren

auf große **Fahr**t gehen
die **fahr**planmäßige Ab**fahr**t
Christi / Mariä Himmel**fahr**t
die Schiff**fahr**t
die Vor**fahr**t beachten
einer **Fähr**te folgen
Ge**fähr**te und Ge**fähr**tin
der **Fahr**er des Wagens
die **Fahr**erin des Busses
pünktlich ab**fahr**en

ein be**fahr**barer Weg
Gerechtigkeit er**fahr**en
eine neue Er**fahr**ung machen
die **Fähr**e nehmen
ein neues **Fahr**rad
das **Fahr**zeug abstellen
das Kraft**fahr**zeug
sich in Ge**fahr** begeben
ein ge**fähr**liches Spiel
ein lebensge**fähr**licher Sport
eine **Fuhr**e Heu
ein schwer beladenes **Fuhr**werk

5 fallen

ein tiefer **Fall**
Ab**fall** recyceln
einen An**fall** auslösen
ein bau**fäll**iges Gebäude
Bei**fall** klatschen
sich bei**fäll**ig äußern
schlimmen Durch**fall** haben
einen guten Ein**fall** haben
eine Radar**fall**e aufstellen
einen Über**fall** planen
ein schwerer Un**fall**
So ein Zu**fall**!
sich zu**fäll**ig treffen
ein bedauerlicher Zwischen**fall**
in die **Fall**e gehen
eine Mause**fall**e aufstellen
ein **fäll**iger Kredit

Wortfamilien

falls du morgen kommst
Ich komme eben**fall**s.
Ich jeden**fall**s werde kommen.
keines**fall**s auf**fall**en
sich auf**fall**end ruhig verhalten
sich auf**fäll**ig verhalten
Der Film hat mir ge**fall**en.
jemandem ge**fäll**ig sein
eine Ge**fäll**igkeit erweisen
Lass das ge**fäll**igst!
ein hin**fäll**iger Plan / Greis
einen Baum / ein Urteil **fäll**en

 **6** fliegen

die **Flieg**e an der Wand
den **Flieg**er verpassen
seine Liebe zur **Flieg**erei
einen Aus**flug** planen
der **Flug** nach Mallorca
einen Charter**flug** buchen
die **Flüg**el ausbreiten
Die Jungvögel sind **flügg**e.
das **Flug**zeug starten
ein Stall voller Ge**flüg**el
der Kot**flüg**el des Autos

 **7** fließen

fließend Englisch sprechen
ein **Floß** zimmern
die **Floss**en des Hais

den **Fluss** überqueren
ein verstopfter Ab**fluss**
eine Entscheidung beein**fluss**en
großen Ein**fluss** haben
einen Text **flüss**ig lesen
eine übel riechende **Flüss**igkeit
sich über**flüss**ig fühlen
ein zäh**flüss**iger Sirup
die **Flut** abwarten
eine drohende Sint**flut**

 8 nehmen

fünf Kilo ab**nehm**en
ein Geschenk an**nehm**en
ein ange**nehm**es Klima
sich gut be**nehm**en
eine Demonstration ge**nehm**igen
eine Ge**nehm**igung erteilen
die Zahl mit sich selbst mal**nehm**en
an einem Fest teil**nehm**en
ein vor**nehm**er Herr
die öffentliche Wahr**nehm**ung
die Auf**nahm**e in den Verein
Mach mal eine Aus**nahm**e!
etwas nur aus**nahm**sweise tun
die Ein**nahm**e des Medikaments
Maß**nahm**en ergreifen
die kostenlose Teil**nahm**e
die Zu**nahm**e der Bevölkerung

Wortfamilien

9 schreiben

einen Text ab**schreib**en
ein Bild be**schreib**en
eine sehr genaue Be**schreib**ung
einen Kugel**schreib**er verwenden
eine leserliche **Schrift** haben
etwas **schrift**lich übermitteln
eine Ab**schrift** anfertigen
die An**schrift** notieren
eine schöne Hand**schrift**
eine Über**schrift** formulieren
eine eigenhändige Unter**schrift**
die Vor**schrift**en beachten
in einer Zeit**schrift** blättern

10 sehen

schön aus**seh**en
den ganzen Tag fern**seh**en
digitales Fern**seh**en
den Fern**seh**er einschalten
sich unver**seh**ens wiederfinden
etwas aus Ver**seh**en tun
die Datei ver**seh**entlich löschen
ein unverhofftes Wieder**seh**en
zu**seh**ends verwildern
die **Sicht** versperren
böse Ab**sicht**en unterstellen
etwas ab**sicht**lich tun
seine An**sicht** kundtun
die Auf**sicht** führen

die Aus**sicht** genießen
eine aus**sicht**slose Sache
einen Einwand berück**sicht**igen
ein Schloss be**sicht**igen
die Be**sicht**igung des Schlosses
ein durch**sicht**iger Behälter
das Ge**sicht** verziehen
kurz**sicht**ige Augen
ganz offen**sicht**lich falsch sein
Nimm bitte Rück**sicht**!
sich rück**sicht**slos verhalten
kilometerweit **sicht**bar sein
eine über**sicht**liche Gliederung
voraus**sicht**lich stattfinden
etwas mit Vor**sicht** genießen
Sei vor**sicht**ig!
weit**sicht**ig handeln
zuver**sicht**lich bleiben

11 sitzen, setzen

der **Sitz** neben dem Fahrer
an einer **Sitz**ung teilnehmen
nicht viel be**sitz**en
das Ge**säß**
der **Sess**el
Sie sind **sess**haft geworden.
den Präsidenten ab**setz**en
sich damit auseinander**setz**en
ein Haus be**setz**en
Hier ist be**setz**t!
ein ent**setz**liches Unglück

Wortfamilien

entsetzt aufschreien
den Stürmer ersetzen
das Spiel fortsetzen
die Fortsetzung des Films
das Gesetz brechen
gesetzliche Grundlagen
die Artikel des Grundgesetzes
sich irgendwo hinsetzen
eine gelungene Übersetzung
die Voraussetzung erfüllen
ein zusammengesetztes Wort
in einer Setzerei arbeiten
einen Setzling einpflanzen
einen Satz schreiben
die Satzaussage
der Satzgegenstand
die Satzglieder umstellen
Vergiss die Satzzeichen nicht!
auf dem Absatz kehrtmachen
Anspruch auf Ersatz haben
Gegensätze ziehen sich an
grundsätzlich zustimmen
vorsätzliche Brandstiftung
ein zusätzliches Angebot

 **12** sprechen

Sprecher und **Sprecherin**
ein Problem ansprechen
ein Wort aussprechen
etwas besprechen
eine Besprechung abhalten

ein Versprechen einhalten
die deutsche Sprache
eine Ansprache halten
die Aussprache des Fremdwortes
eine Fremdsprache beherrschen
eine Zeichensprache verwenden
ein sprachliches Problem
Sie ist völlig sprachlos.
ein Gespräch führen
ziemlich gesprächig sein
ein altes Sprichwort
der Spruch fürs Poesiealbum
große Ansprüche stellen
sehr anspruchsvoll sein
Widerspruch einlegen
eine widersprüchliche Aussage
ein ausgesprochen mildes Urteil

 13 stehen

früh aufstehen
eine Prüfung bestehen
ein Verbrechen gestehen
unausstehlich sein
einander verstehen
der Stand der Dinge
großen Abstand halten
keinen Anstand haben
sich anständig verhalten
etwas umständlich formulieren
ein Ständchen singen
ein Ständer für Postkarten

Wortfamilien

Sie weint ständig.
mit etwas einverstanden sein
ein Geständnis ablegen
mit einem stumpfen Gegenstand
den Satzgegenstand bestimmen
Sie ist zu allem imstande.
selbstständig arbeiten
Er tut das selbstverständlich gerne.
seinen Verstand gebrauchen
Sie verständigen sich auf Englisch.
Die Verständigung brach ab.
Er drückt sich verständlich aus.
kein Verständnis aufbringen
verständnislos reagieren
eine Aufgabe vollständig lösen
Widerstand leisten
in großem Wohlstand leben
der Zustand des Hauses
für etwas nicht zuständig sein

14 tragen

die Trage für den Kranken
einen Antrag stellen
einen Auftrag erteilen
Asyl beantragen
eine großen Betrag spenden
sich schlecht betragen
nachträglich gratulieren
ein unerträgliches Verhalten
einen Vertrag schließen
einen Vortrag halten

eine Tracht Prügel
die trächtige Kuh

15 ziehen

die Ziehung der Lottozahlen
den Zündschlüssel abziehen
die Alleinerziehenden
eine Jacke anziehen
eine Beziehung beenden
beziehungsweise
Kinder erziehen
die Erziehung der Kinder
ein Tauziehen veranstalten
etwas Zug um Zug erledigen
der Abzug des Kamins
einen Anzug tragen
den Aufzug nehmen
niemanden bevorzugen
die Bevorzugung
Bezug nehmen auf etwas
einen Klimmzug machen
den Umzug vorbereiten
die Zügel locker lassen
seine Fantasie zügeln
ein zugiger Bahnsteig
zügig vorankommen
ein großzügiges Geschenk
die Zucht seltener Blumen
Pferde züchten
eine besondere Züchtung

Sprachwissen

SU Sprache untersuchen 268
RS Richtig schreiben 277

Sprache untersuchen SU

Buchstaben – Laute – Silben – Wörter

Buchstaben sehen, lesen und schreiben wir.

Wir verwenden ein **Alphabet** mit **26 Groß- und Kleinbuchstaben** und dem **ß**, das es nur als **Kleinbuchstaben** gibt.

A a	B b	C c	D d		
E e	F f	G g	H h		
I i	J j	K k	L l	M m	N n
O o	P p	Q q	R r	S s	T t
U u	V v	W w	X x	Y y	Z z

Laute hören und sprechen wir.

a – e – i – o – u sind **Vokale**.
Wir nennen sie auch **Selbst**laute, weil sie **selbst** klingen.
Die anderen Laute sind **Konsonanten**.
Sie werden auch **Mit**laute genannt, denn sie klingen nicht selbst.
Es klingen noch andere Laute **mit**.

SU Sprache untersuchen

Aus **a**, **o** und **u** können die **Umlaute ä**, **ö** und **ü** werden:	die Hand – die Hände – das Händchen der Ofen – die Öfen – das Öfchen der Fuß – die Füße – das Füßchen
Vokale können lang (_) oder kurz (.) gesprochen werden.	die Ameise – der Affe der Bär – die Äpfel der Esel – die Ente der Igel – der Indianer der Osterhase – der Otter das Öl – die Öffnung die Uhr – das Unterhemd der Überfluss – das Glück
Die Doppellaute **au**, **äu/eu** und **ei/ai** heißen **Zwielaute**. Sie werden immer lang gesprochen.	au: die Maus, das Haus äu: die Bäume, die Säulen eu: der Beutel, die Beule ei: das Kleid, die Kreide ai: der Kaiser, der Mai

Wörter bestehen aus einer oder mehreren **Silben**.

In jeder **Silbe** steckt ein **Selbstlaut**.	Heft, Buch, Stift Tafel, Kreide, malen Tafelschwamm, Bleistifte …

Ich klatsche die Silben, wenn ich ein Wort am Zeilenende trennen muss.

Sprache untersuchen SU

Wortarten

> Wörter für Menschen, Tiere, Pflanzen und Dinge heißen **Nomen (Namenwörter)**. Auch Namen wie *Luzie* und *Feldmann* und Wörter wie *Wunsch* und *Liebe* sind **Nomen**.

SU

Nomen werden am Wortanfang **groß**geschrieben.	**Personen:** *Luzie Feldmann* **Tiere:** *der **H**und, die **K**atze* **Pflanzen:** *der **B**aum, die **A**lge* **Dinge:** *der **T**isch, das **P**apier*
Nomen können einen **Artikel** (Begleiter) haben.	***der** Hund, **die** Alge, **das** Kind* ***ein** Hund, **eine** Alge, **ein** Kind*
Die meisten **Nomen** können in der **Einzahl** (Singular) und in der **Mehrzahl** (Plural) stehen.	*der Wunsch – **die** Wünsche* *die Katze – **die** Katzen* *das Auto – **die** Autos*

Mit **zusammengesetzten Nomen** kann man etwas genauer bezeichnen.

*Eine **Burg** aus **Sand** ist eine **Sandburg**.*

Sie bestehen aus einem **Bestimmungswort** und einem **Grundwort**.
Der Artikel richtet sich immer nach dem Grundwort.

Bestimmungswort   Grundwort
die **Sand**burg

Grundwörter sind immer Nomen.
Bestimmungswörter können sein:

Nomen
Adjektive
Verben

*die **Burg**, der **Stift**, das **Heft***

*der **Sand** → die **Sand**burg*
***bunt** → der **Bunt**stift*
***schreib**en → das **Schreib**heft*

su Sprache untersuchen

Wörter mit den **Endungen** -ung, -nis, -heit und -keit sind immer **Nomen**.	*die Lösung, das Zeugnis, die Freiheit, die Heiterkeit*
Mit den **Endungen** -chen und -lein lassen sich **Nomen** verkleinern.	*die Hand* → *das Händchen* *der Tisch* → *das Tischlein*
Nomen können durch **Personalpronomen** (Fürwörter) ersetzt werden: *ich, du, er/sie/es, wir, ihr, sie*	***Das Kind*** *geht zur Schule.* ***Es*** *geht zur Schule.* ***Jan und ich*** *gehen zur Schule.* ***Wir*** *gehen zur Schule.*
Nomen kommen im Satz in vier verschiedenen **Fällen** vor. Man kann nach den Fällen fragen. 1. **Fall** (Nominativ): „*Wer?*"/„*Was?*" 2. **Fall** (Genitiv): „*Wessen?*" 3. **Fall** (Dativ): „*Wem?*" 4. **Fall** (Akkusativ): „*Wen?*"/„*Was?*"	 → *Der **Hund** bellt.* → *Das Bellen **des Hundes** ist laut.* → *Luzie gibt **dem Hund** Futter.* → *Er füttert **den Hund** mit Fleisch.*
Vor **Nomen** und **Personalpronomen** können **Präpositionen** (Verhältniswörter) stehen. **Präpositionen** mit dem 3. Fall: *mit, nach, bei, von, zu, aus, seit, außer* **Präpositionen** mit dem 4. Fall: *durch, für, ohne, um, gegen* **Präpositionen** mit dem 3. oder 4. Fall: *auf, in, über* **Präpositionen** und **Artikel** werden manchmal zusammengezogen.	*nach der Schule* *durch den Wald* *in der Küche* *Ich spiele **mit** meinem Bruder.* *Ich spiele **mit** ihm.* *Ich bastle **für** meinen Bruder.* *Ich bastle **für** ihn.* *Ich sitze **in** der Küche.* *Ich gehe **in** die Küche.* ***in dem** Haus* → ***im** Haus* ***zu dem** Haus* → ***zum** Haus*

Sprache untersuchen SU

> Wörter, die sagen, **wie** etwas ist, heißen **Adjektive (Eigenschaftswörter)**.

Mit **Adjektiven** kann man etwas genauer beschreiben.	*Das Tier ist **klein**. / das **kleine** Tier* *Die Kiste ist **groß**. / die **große** Kiste*
Adjektive lassen sich meist steigern.	**Grundstufe:** klein **Mehrstufe:** kleiner **Meiststufe:** am kleinsten
Mithilfe von **Adjektiven** kann man etwas vergleichen.	*Jenny ist nicht so **groß** wie ihr Bruder. Er ist **größer** als sie.*
Adjektive können von manchen Wörtern mithilfe der **Endungen** *-ig*, *-lich* und *-isch* abgeleitet werden.	*der Mut* → *mut**ig** zart* → *zärt**lich** die Laune* → *laun**isch***

> Wörter, die sagen, was jemand **tut** oder was **geschieht**, heißen **Verben (Tätigkeitswörter)**.

Verben können in der **Grundform** (Nennform) stehen.	*lernen, feiern, segeln*
Verben können in der **Personalform** (gebeugten Form) stehen.	*ich lerne, du lernst, er/sie/es lernt, wir lernen, ihr lernt, sie lernen*

Wortstamm   Endung

SU Sprache untersuchen

Mithilfe von **Verben** lässt sich verdeutlichen, zu welcher Zeit etwas geschieht. Wir verwenden beim Sprechen und Schreiben verschiedene **Zeitformen**:

Geschieht etwas **gerade jetzt**, verwenden wir das **Präsens** (Gegenwart).

sie lernt, er reist

Geschieht etwas erst in der **Zukunft**, verwenden wir häufig das **Futur**. Es besteht aus zwei Teilen.

sie wird lernen
er wird reisen

Wenn etwas **früher geschah**, verwenden wir das **Präteritum** (Vergangenheit).

sie lernte, er reiste

Um über etwas **Vergangenes** mündlich zu erzählen oder zu berichten, verwenden wir oft das **Perfekt**. Es besteht aus zwei Teilen.

sie hat gelernt
er ist gereist

In den verschiedenen Zeitformen kann sich der **Wortstamm** ändern.

sprechen: er spricht, sprach, hat gesprochen

Wortbausteine verändern die **Bedeutung** von **Verben**.

*laufen → **ver**laufen, **be**laufen, **aus**laufen, **zurück**laufen, **hinaus**laufen, **weg**laufen*

Zusammengesetzte Verben werden im Satz oft **getrennt** geschrieben.

*verlaufen → Es **verläuft** sich.*
*hinauslaufen → Es **läuft** in den Wald **hinaus**.*

Sprache untersuchen SU

Satzarten

Es gibt verschiedene **Satzarten**.
Zu jeder Satzart gehört ein **Satzschlusszeichen**.
Der **Satzanfang** wird immer **groß**geschrieben.

Der **Aussagesatz** endet mit einem **Punkt: .**	*Die Kinder besuchen den Zoo.*
Der **Fragesatz** endet mit einem **Fragezeichen: ?**	*Wo treffen wir uns?* *Treffen wir uns heute?*
Der **Aufforderungsatz** und der **Ausruf** enden mit einem **Ausrufezeichen: !**	*Füttert die Tiere nicht!* *Achtung!*

Wörtliche Rede

Die **wörtliche Rede** gibt Gesprochenes so wieder, wie es gesagt wurde.

Die **wörtliche Rede** steht in **Anführungszeichen:** „ "	*„Wohin gehen wir?" – „In den Zoo."*
Mit einem **Begleitsatz** lässt sich deutlich machen, **wer** spricht und **auf welche Weise** jemand spricht. Der **Begleitsatz** kann **vor**, **nach** und auch **zwischen** der wörtlichen Rede stehen.	*Jule fragt neugierig: „Wohin gehen wir?" – „In den Zoo", antwortet Luca. „Immer nur Zoo! Wie langweilig!", meckert Jule. – „Hast du einen anderen Vorschlag?", erkundigt sich Luca. – „Wir könnten auch mal ins Kino gehen", schlägt Jule vor, „und danach eine Pizza essen."*

SU **Sprache untersuchen**

Der Satz

Durch ein **gebeugtes Verb** (Personalform) wird aus Wörtern und Wortgruppen ein **Satz**. Es wird **Prädikat** (Satzaussage) genannt.

Das **Prädikat** antwortet auf die Frage „*Was tut …?*" oder „*Was geschieht …?*".	Paul (spielt) mit Murmeln. „Was tut Paul?" → Paul (spielt).
Das **Prädikat** kann **einteilig** oder **mehrteilig** sein.	Paul (spielt) mit Murmeln. Paul (hat) mit Murmeln (gespielt).

Satzbausteine, die beim Umstellen immer zusammenbleiben, heißen **Satzglieder**.

Satzglieder können aus einem oder mehreren Wörtern bestehen.	Paul (leiht) Tim Murmeln. Murmeln (leiht) Paul Tim. Der Junge (leiht) seinem Freund die roten Murmeln. Die roten Murmeln (leiht) der Junge seinem Freund.
Das **Satzglied**, das auf die Frage „*Wer?*" oder „*Was?*" antwortet, heißt **Subjekt** (Satzgegenstand). Es steht immer im **1. Fall** (Nominativ).	„Wer (leiht) seinem Freund die roten Murmeln?" → der Junge
Subjekt und **Prädikat** bilden den **Satzkern**. Sie müssen zusammenpassen.	*Paul* (leiht) … *Die Kinder* (leihen) …

Sprache untersuchen SU

Der **Satzkern** sagt oft zu wenig aus. Hier bleibt zum Beispiel offen, *was* der Junge *wem* leiht. Deshalb braucht man **Ergänzungen**.	Paul (leiht) …
Die Ergänzung zum Prädikat heißt **Objekt**.	Paul (leiht) seinem Freund die roten Murmeln .
Objekte können im Satz in verschiedenen **Fällen** stehen.	Paul (leiht) seinem Freund die roten Murmeln .
Mit „*Wem?*" fragt man nach dem **Objekt im 3. Fall** (Dativobjekt).	„Wem (leiht) Paul die roten Murmeln ?" → seinem Freund
Mit „*Wen?*" oder „*Was?*" fragen wir nach dem **Objekt im 4. Fall** (Akkusativobjekt).	„Was (leiht) Paul seinem Freund ?" → die roten Murmeln
Satzglieder, die aussagen, *wo* oder *wann* etwas geschieht, heißen **Orts-** oder **Zeitangaben**.	Im Pausenhof (leiht) Paul seinem Freund vormittags die roten Murmeln .
Nach den **Ortsangaben** fragen wir mit „*Wo?*", „*Woher?*" oder „*Wohin?*".	„Wo (leiht) Paul seinem Freund vormittags die roten Murmeln ?" → im Pausenhof
Nach den **Zeitangaben** fragen wir mit „*Wann?*", „*Seit wann?*", „*Wie lange?*" oder „*Wie oft?*".	„Wann (leiht) Paul seinem Freund im Pausenhof die roten Murmeln ?" → vormittags

RS Richtig schreiben

Tipps und Tricks

Rechtschreibdetektive, aufgepasst!

Wer den **Wortstamm** einer **Wortfamilie** kennt, kann ganz viele Wörter richtig schreiben.

l*ieb*en
ge*lieb*t
die *Lieb*e
*lieb*lich

Kl. 2 Immer drei Wörter gehören zu einer Wortfamilie. Ordne sie und markiere, was in den Wörtern gleich bleibt:

*druck*en, das Spielzeug, ruhen, die Fahrt, der *Druck*er, spielen, die Fahrerin, be*druck*t, die Ruhe, fahren, verspielt, ruhig

Kl. 3/4 Bilde Wortfamilien. Markiere den gemeinsamen Wortstamm:

3 die Arbeit, wohnen, sperren   **4** rollen, das Zeug, die Ehre

ä oder e? äu oder eu?
Kennst du ein verwandtes Wort mit **a** oder **au**?

der B**ä**cker – b**a**cken → ä
tr**äu**men – der Tr**au**m → äu

Kl. 2 Finde ein verwandtes Wort mit **a** oder **au**. Schreibe wie im Beispiel oben:

der Läufer, kälter, die Wäsche, räumen, das Kätzchen, die Sträucher, die Wärme

Manchmal wird **a** zu **ä** und **au** zu **äu**!

Kl. 3/4 Ergänze **ä** oder **e**, **eu** oder **äu**.

3 er l■sst, das B■mchen, die Gl■tte, h■te, der Sch■rz, das Sp■ßchen, die Z■hne, str■en, das F■tt, die L■ferin

4 z■hmen, das S■getier, f■ttig, l■chten, die F■lschung, ger■mig, die R■ttung, das Gem■lde, bez■gen, schl■cht, verst■ndlich, das M■erchen, die Kr■zung

Richtig schreiben RS

| **b, d, g** oder **p, t, k**?
Verlängere die Wörter! | der Die**b** – die Die**b**e ➔ **b**
es na**g**t – na**g**en ➔ **g**
run**d** – run**d**er ➔ **d** |

Kl. 2/3/4

Setze die fehlenden Buchstaben richtig ein:

2 den Ta■ beginnen, Gel■ einzahlen, den Zu■ verpassen, etwas gel■ anmalen, ein Bil■ an die Wan■ hängen, Lau■ in einen Kor■ füllen, durch Schaden klu■ werden

3 einen Ber■ besteigen, bei Vollmon■ schlafwandeln, sich in einem Lan■ frem■ fühlen, eine Bur■ besichtigen, die Zei■ anhalten, im Beruf erfol■reich sein, einen Lau■baum fällen, ein Kunstwer■ schaffen

4 Sein Freun■ freu■ sich aufs Aben■essen. Die Ra■fahrerin bemer■t im Lau■wal■ beißenden Bran■geruch und blei■t am We■ran■ stehen. Das Kin■ lo■t den Hun■, weil er so muti■ ist. Er gi■t sein Wor■, nie mehr zu spä■ zu kommen. Er fra■t uns nach der Uhrzei■ und stei■t in den Bus.

| **ng** oder **nk**?
Verlängere die Wörter! | Sie si**ng**t ein Lied. – si**ng**en ➔ **ng**
Das Schiff si**nk**t. – si**nk**en ➔ **nk** |

Mein Tipp: Im Wörterbuch nachschlagen!

Kl. 3/4

Setze **ng** oder **nk** richtig ein. Schreibe wie im Beispiel oben:

Sie schmi■t sich morgens. Er drä■t sich in den vollen Bus.
Sie de■t darüber nach. Sie zwi■t ihn zu einer Entscheidung.
Die Katze fä■t die Maus. Er beda■t sich für das Geschenk.
Mir geli■t der Kuchen. Der Fahrer le■t das Auto um die Kurve.

RS Richtig schreiben

> **Doppelte Mitlaute, ck** und **tz** können nur nach **kurzem Selbstlaut** stehen.

der Ka**mm** – die Käm-me
sie kä**mmt** – käm-men
Das Gras ist na**ss**. – das nas-se Gras
der Scha**tz** – die Schät-ze
er schä**tzt** – schät-zen
der Schlu**ck** – die Schlu-cke
ihr schlu**ckt** – schlu-cken

Trenne nie **ck**!

Kl. 2

Kurzer oder langer Selbstlaut? Sprich in Silben!
Setze die Mitlaute passend ein:

t / tt: schönes We■er, kapu■es Spielzeug, mu■ig sein
l / ll: ein sti■er Ort, Brötchen ho■en, das vo■e Glas
n / nn: das Spi■ennetz, grü■es Gras, ein so■iger Tag
s / ss: gut aufpa■en, rie■engroß, Nü■e knacken
f / ff: die Ko■er packen, der Vogelkä■ig, die o■ene Tür

Kl. 2/3/4

Finde eine Verlängerung und schreibe sie mit Trennstrich:

2 der Ball, dumm, das Versteck, der Witz, du erschreckst, hell, der Platz, sie schmeckt, es blitzt, nett, er kommt, der Mann

3/4 der Druck, er hasst, der Schreck, gekratzt, der Stock, sie beschützt, er isst, bestimmt, der Einfall, verrückt, komplett

Kl. 3/4

Setze passend ein: **z/tz** oder **k/ck**.

3 eine Ker■e ausblasen, zum Ar■t gehen, nü■lich sein, ein Buch verschen■en, ein wol■enloser Himmel, das Kä■chen stol■ auf etwas sein, Blumen pflü■en

Nach **l, n, r** und **au, ei, eu** steht nie **tz** und nie **ck**!

4 an der Kreu■ung warten, die Blo■flöte, der Gei■kragen, der Da■el, der Spielpla■, die Gartenschau■el, die Verle■ung, die Hundeschnau■e

Richtig schreiben RS

> Der lange **i-Laut** wird meist **ie** geschrieben!

gießen, fließen, schießen
das Pap**ie**r, das Klav**ie**r, das Scharn**ie**r

Kl. 2 Ergänze die Reimwörter:

die Wiese – der R… die Diebe – die L… der Schiefer – der K…
sieben – l… biegen – fl… kriechen – r…

Kl. 2/3/4 Bilde Wortfamilien:

2 **sieg**en, **spiel**en, **lieb**en

3/4 **ziel**en, **lief**ern, **miet**en, **dien**en, **schieb**en

Einmal **ie** – immer **ie**!

Kl. 4 Schreibe zu den Nomen die passenden Verben mit **-ieren**:

das Telefon, die Kasse, der Asphalt, die Probe, die Kopie
★ die Konzentration, die Reaktion, die Notiz, die Korrektur

> Der lange **i-Laut** wird nur manchmal **i** geschrieben!

der T**i**ger, der **I**gel, das Krokod**i**l,
die G**i**raffe, das Kan**i**nchen, das K**i**no,
m**i**r, d**i**r, w**i**r

Kl. 2 Setze die Beispielwörter von oben passend ein:

Die _____ hat einen langen Hals. Der wilde _____ ist gestreift.
Das grüne _____ lebt im Wasser. Im _____ läuft ein neuer Film.
Gehen _____ Pizza essen? Der kleine _____ ist stachelig.
Papa schenkt _____ ein zahmes _____ . Wie geht es _____ ?

Kl. 3/4 Ergänze die fehlenden Endungen: **-in** oder **-ine**.

die Apfels…, der Term…, die Masch…, das Vitam…, die Turb…,
die Kant…, die Mediz…, die Gard…, die Law…, das Benz…,
die Ru…, der Kam…, die Mandar…

RS **Richtig schreiben**

> Der lange **i-Laut** wird <u>selten</u> **ieh** geschrieben!

das V*ieh*
z*ieh*en → er z*ieh*t
sehen → sie s*ieh*t
leihen → sie l*ieh*

Kl. 4

Bilde zu jedem Verb eine Personalform im Präsens oder Präteritum mit **ieh**. Schreibe damit einen Satz.

fliehen, stehlen, empfehlen, wiehern, gedeihen, befehlen, verzeihen, geschehen

> Der lange **i-Laut** wird <u>sehr selten</u> **ih** geschrieben!

*ih*r, *ih*re, *ih*ren, *ih*rem,
*ih*res, *ih*n, *ih*nen, *ih*m

Kl. 2/3/4

Setze die Beispielwörter von oben passend ein:

*Er wartet auf _____ Antwort. → Sie gibt _____ eine Antwort.
Sie bittet _____ um seine Hilfe. → Er leiht _____ sein Auto.
Sie lässt _____ Hund bei ihm. → Er gibt _____ Hund Futter.
Die Nachbarn mögen das laute Bellen _____ Hundes nicht.
→ Sie gibt _____ Ohrstöpsel.*

Meine Nase tr*ie*ft!

Dann brauchst du ein Pap*ie*rtaschentuch!

RS

Richtig schreiben RS

> **Wörter mit hl, hm, hn und hr** nach langem Selbstlaut musst du dir merken!

fühlen – sie fühlt – das Gefühl
zähmen – er zähmt – die Zähmung
belohnen – du belohnst – die Belohnung
fahren – er fährt – die Fahrt

Kl. 2

Finde zu jedem Nomen das passende Verb.
Unterstreiche jeweils den gemeinsamen Wortstamm.

*der Lehrer, die Bahn, die Zahl, der Fehler,
die Kühlung, die Wohnung, der Erzähler*

Kl. 3/4

Bilde zu ausgewählten Verben Wortfamilien.
Unterstreiche jeweils den gemeinsamen Wortstamm.

*ehren, bohren, wohnen, zählen,
dehnen, führen, nehmen, rühren*

> **Wörter mit aa, ee und oo** musst du dir merken!

*das Haar, das Paar, der Staat, der Saal
der See, der Schnee, der Tee, das Meer
das Boot, der Zoo, das Moor, das Moos*

Kl. 2

Wähle oben fünf Nomen aus und bilde die Mehrzahl.

das Haar – die Haare, ...

Kl. 3/4

Finde weitere Zusammensetzungen:

*der Schnee, der Neuschnee, ...
das Boot, der Bootssteg, ...
das Haar, die Haarbürste, ...
der Zoo, ...
der Staat, ...
das Meer, ...*

Aufgepasst!
Das Härchen,
das Pärchen, die Säle!

RS Richtig schreiben

Wörter mit V/v musst du dir merken!

der **V**ogel, der **V**ater, das Kla**v**ier, der **V**ampir
vier, **v**ierzehn, **v**ierzig
vorgestern, die **V**orführung, **v**orlesen
vergessen, das **V**ersteck, **v**erloren

Kl. 2/3/4 Bilde mit ausgewählten Wörtern Wortgruppen oder Sätze:

2 der **V**ogel, **v**oll, der **V**ater, die **V**ase, der **V**ulkan, **v**or, **v**iel

3/4 der **V**erkehr, **v**erlieren, **v**orsichtig, **v**ergessen, **v**orn, be**v**or, **v**ielleicht, **v**orige, das Kla**v**ier, **v**orher, das **V**ersprechen

Wörter mit ß musst du dir merken!

der Flei**ß**, die Stra**ß**e, der Gru**ß**, der Fu**ß**
sto**ß**en, bei**ß**en, flie**ß**en, hei**ß**en
gro**ß**, hei**ß**, sü**ß**, flei**ß**ig
au**ß**en, drau**ß**en

Kl. 2 Bilde zu jedem Nomen die Mehrzahl.
Kontrolliere mit dem Wörterverzeichnis.

die Straße, der Kloß, der Fuß, der Spaß, der Strauß

Kl. 3 Vergleiche mit den Adjektiven.

schneeweiß – so weiß wie Schnee   riesengroß – so …
zuckersüß – so …   bienenfleißig – so …

Kl. 4 Bilde mit den Verben fließen, heißen, gießen, schließen, reißen, beißen, genießen jeweils diese Formen:

schießen – schoss – geschossen   stoßen – stieß – gestoßen

Versuche es auch mit diesen Verben:

★ essen – aß – …   messen – …   lassen – …   sitzen – …

Richtig schreiben RS

> **ACHTUNG!**
> Du sprichst schp und scht, aber du schreibst **Sp**, **sp** und **St**, **st**.

Spaß, **sp**ielen, **sp**itz
Stein, **st**ehen, **st**ark

Kl. 2 Markiere die Wortstämme.
Finde jeweils ein verwandtes Wort:

*spiel*en, streiten, stoßen, sparen, spitzen, stecken, sprechen

Kl. 3/4 Markiere die Wortstämme. Bilde Wortfamilien:

*spritz*en, strahlen, springen, stoppen, ansprechen, stechen

> **ACHTUNG!**
> Du sprichst kw, aber du schreibst **Qu**, **qu**.

der **Qu**ark, das A**qu**arium
quaken, **qu**etschen
quer, be**qu**em

Kl. 2 Bilde zusammengesetzte Nomen:

das Feuer – die **Qu**alle ➔ die Feuer**qu**alle
die Sahne – der **Qu**ark ➔ …
das Auto – das **Qu**artett ➔ …
das Geld – die **Qu**elle ➔ …

*Ferkel **qu**ieken, Frösche **qu**aken, Leute **qu**asseln, aber ich belle!*

Kl. 3/4 Setze die Wörter in der richtigen Form passend ein:

Quadrat, Aquarium, Quelle, quicklebendig, Quirl, quer

Der Fluss misst von der _____ bis zur Mündung 237 Kilometer.
Die Kinder laufen _____ über den Sportplatz zur Turnhalle.
Im Unterricht zeichnen sie _____ und Kreise.
Der Vater verrührt mit dem _____ Eier, Milch und Mehl.
Die Fische im _____ schwimmen _____ hin und her.

RS Richtig schreiben

> **ACHTUNG! Satzanfänge** werden **groß**geschrieben.

Kl. 2/3/4 Setze die Wörter passend ein:

im, jeden, viele, der, morgens

_____ müssen wir pünktlich um 8 Uhr in der Schule sein.
_____ Mittag essen wir in der Schulkantine.
_____ Unterricht endet meist um 14 Uhr.
_____ Sommer gehen wir gerne ins Schwimmbad.
_____ von uns können schon gut schwimmen.

> **ACHTUNG! Nomen** werden **groß**geschrieben.

Hinweise zu Nomen findest du ab Seite 270!

Kl. 2 Unterstreiche die Nomen im Text. Schreibe sie mit ihrem Begleiter in der Einzahl und in der Mehrzahl auf.

In unserem <u>Garten</u> wachsen viele Blumen. Ich mag die gelben Tulpen sehr. Auch die Rosen gefallen mir gut. An dem großen Baum hinter dem Haus hängt eine Schaukel. Manchmal bauen wir auf der Wiese unser Zelt auf. Mein Hund bewacht mich in der Nacht, während ich schlafe.

Kl. 3/4 Schreibe den Text richtig auf. Unterstreiche alle Nomen.

Manchmal übernachte ich in meinem kleinen zelt. Das steht auf der lichtung in dem wäldchen hinter dem haus meiner eltern. Es ist immer sehr aufregend, die nacht dort zu verbringen. Abends krieche ich in meinen schlafsack, um nicht zu frieren. Ein bisschen angst habe ich in der dunkelheit aber doch, auch wenn mein kleiner hund mich bewacht.

> Willst du ganz sichergehen, schaue im Wörterbuch nach!
> Beachte dazu die Hinweise ab Seite 24 und Seite 76.

Englisch

Bild-Wort-Lexikon 288
   My family 288
   My body and my face 289
   My clothes 290
   Colours 291
   Numbers 292
   Opposites 293
   At school 294
   At the zoo 296
   Farm animals and pets 297
   Food 298
   My room 300
   My town 302
   Hello and goodbye 304
   Questions and answers 305
   Seasons 306
   Fantasy 308
   Classroom phrases 310
Wörterverzeichnis 312

My family

grandmother (grandma) grandfather (grandpa) mother (mum) father (dad)

daughter son

cat

dog

My body and my face

My clothes

Colours

white yellow red blue purple black
green pink grey orange brown

My favourite colour is purple.

Numbers

Opposites

At school

At school

At the zoo

Farm animals and pets

Food

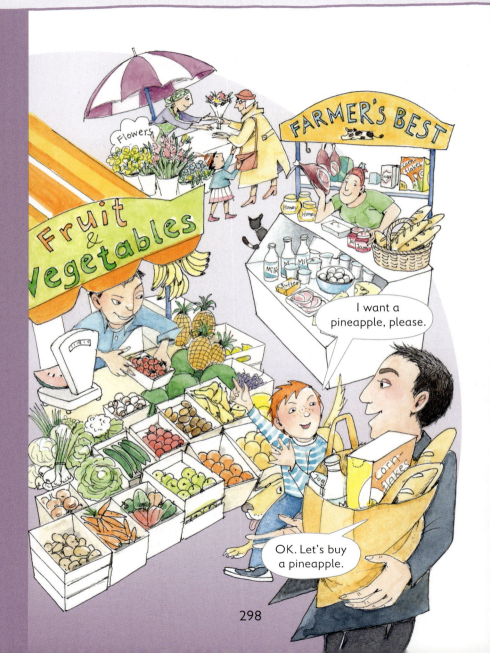

Food

My room

My room

My town

My town

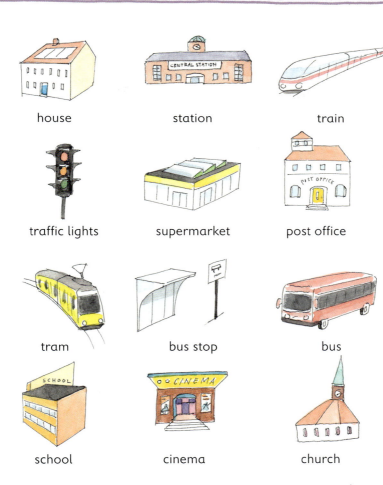

house	station	train
traffic lights	supermarket	post office
tram	bus stop	bus
school	cinema	church
car	bike	policeman

Hello and goodbye

Questions and answers

Seasons

spring
March
April
May

Easter

Christmas

winter
December
January
February

Seasons

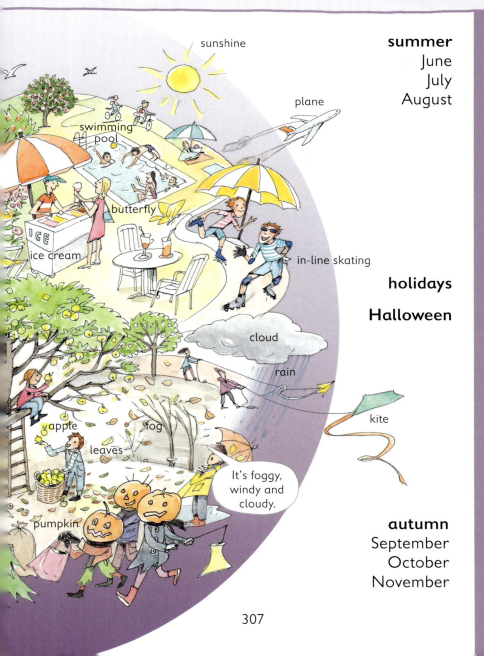

summer
June
July
August

holidays

Halloween

autumn
September
October
November

Fantasy

Fantasy

Classroom phrases

Classroom phrases

Make a circle.

Turn around.

Look at the board.

Draw a cat.

Open your book.

Take out your pencil case.

Wörterverzeichnis Deutsch – Englisch

A a

Abend	evening
acht	eight
Affe	monkey
alt	old
Ampel	traffic lights
Ananas	pineapple
Anorak	anorak
Antwort	answer
Apfel	apple
Apfelsine	orange
April	April
Arm	arm
auf Wiedersehen	goodbye
Auge	eye
August	August
Auto	car

B b

Badeanzug	swimsuit
Badehose	swimming trunks
Bahnhof	station
Banane	banana
Bär	bear
Bauch	tummy
Bein	leg
Bett	bed
Birne	pear
bitte	please
Blätter	leaves
blau	blue
Bleistift	pencil
Blume	flower
Bluse	blouse
braun	brown
Brot	bread
Bruder	brother
Buch	book
Buntstift	coloured pencil
Bus	bus
Bushaltestelle	bus stop
Butter	butter

C c

CD-Spieler	CD player
Computer	computer
Cornflakes	cornflakes

D d

danke	thank you
Delfin	dolphin
Dezember	December
Dienstag	Tuesday
Donnerstag	Thursday
Drachen	kite
drei	three

Wörterverzeichnis Deutsch – Englisch

E e

Ei	egg
eins	one
Eis	ice
Eiskrem	ice cream
Elefant	elephant
elf	eleven
Ellbogen	elbow
Ente	duck
Entschuldigung!	sorry!
Erdbeere	strawberry
Essen	food

F f

Fahrrad	bike
Familie	family
Fantasie	fantasy
Farbe	colour
Februar	February
Fenster	window
Ferien	holidays
Fernseher	television
Finger	finger
Fisch	fish
Flugzeug	(air)plane
Frage	question
Freitag	Friday
Frühling	spring
Füller	pen
fünf	five
Fuß	foot
Fußball	football

G g

Gegenteil	opposite
Geist	ghost
gelb	yellow
Gemüse	vegetables
Gesicht	face
Getränk	drink
glücklich	happy
Grapefruit	grapefruit
grau	grey
groß	big
Großmutter	grandmother, grandma
Großvater	grandfather, grandpa
grün	green
Gurke	cucumber
gut	good, fine

H h

Haar	hair
hallo	hello
Halloween	Halloween
Hals	neck
Hamster	hamster

Wörterverzeichnis Deutsch – Englisch

Hand	hand
Handschuhe	gloves
Haus	house
Haustier	pet
Heft	exercise book
heiß	hot
Hemd	shirt
Herbst	autumn
Hexe	witch
Honig	honey
Huhn	chicken
Hund	dog

I i

Inliner	in-line skates

J j

Jahr	year
Jahreszeit	season
Januar	January
Jeans	jeans
Joghurt	yoghurt
Juni	June
Juli	July

K k

kalt	cold
Känguru	kangaroo
Kaninchen	rabbit
Kartoffel	potato
Käse	cheese
Katze	cat
Kino	cinema
Kirche	church
Kiwi	kiwi fruit
Klassenzimmer	classroom
Klebestift	glue stick
Kleid	dress
Kleidung	clothes
klein	small
Knie	knee
Kopf	head
Körper	body
Kreide	chalk
Krieg	war
Krokodil	crocodile
Kuh	cow
Kürbis	pumpkin

L l

Lampe	lamp
Lebensmittel	food
Lehrer(in)	teacher
lila	purple

Wörterverzeichnis Deutsch – Englisch

Lineal	ruler
links	left
Lippe	lip
Löwe	lion

M m

Mai	May
Marmelade	jam
März	March
Maus	mouse
Meerschweinchen	guinea pig
Milch	milk
Millionär	millionaire
Mittwoch	Wednesday
Möhre	carrot
Mond	moon
Montag	Monday
Morgen	morning
Mund	mouth
Mutter	mother, mum
Mütze	cap

N n

Nachmittag	afternoon
Nacht	night
Nase	nose
nass	wet
Nebel	fog
neu	new
neun	nine
Nilpferd	hippo
Nordpol	North Pole
November	November
Nutztier	farm animal

O o

Obst	fruit
Ohr	ear
Oktober	October
orange	orange
Osterei	Easter egg
Ostern	Easter

P p

Papierflieger	paper plane
Paprika (grün)	green pepper
Pferd	horse
Pilz	mushroom
Polizist	policeman
Postamt	post office
Pullover	pullover

R r

Radiergummi	rubber
Radio	radio
rechts	right

Wörterverzeichnis Deutsch – Englisch

Regal	shelves
Regen	rain
Rock	skirt
rosa	pink
rot	red
Rücken	back

S s

Salat	lettuce
Samstag	Saturday
Sandalen	sandals
Schaf	sheep
Schal	scarf
Schauer	shower
Schere	scissors
Schinken	ham
Schlitten	sledge
Schloss	castle
Schmetterling	butterfly
Schneeball	snowball
Schneeflocke	snowflake
Schneemann	snowman
Schrank	wardrobe
Schreibtisch	desk
Schuhe	shoes
Schule	school
Schüler(in)	pupil
Schultasche	school bag
Schulter	shoulder
schwarz	black
Schwein	pig
Schwester	sister
Schwimmbecken	swimming pool
sechs	six
September	September
Shorts	shorts
sieben	seven
Socken	socks
Sohn	son
Sommer	summer
Sommersprossen	freckles
Sonnabend	Saturday
Sonnenschein	sunshine
Sonntag	Sunday
Spiel	game
Spitzer	pencil sharpener
Stadt	town
Stiefel	boots
Straßenbahn	tram
Strickjacke	cardigan
Stuhl	chair
Supermarkt	supermarket

Wörterverzeichnis Deutsch – Englisch

T t

Tafel	board
Tag	day
Tier	animal
Tiger	tiger
Tisch	table
Tochter	daughter
Tomate	tomato
traurig	sad
trocken	dry
T-Shirt	T-shirt
Tür	door

V v

Vater	father, dad
vier	four

W w

Wecker	alarm clock
Weihnachten	Christmas
Weihnachtsbaum	Christmas tree
weiß	white
Wellensittich	budgie
Wetter	weather
Winter	winter
Woche	week
Wolke	cloud

Z z

Zahl	number
Zahn	tooth
Zauberer	wizard
Zehe	toe
zehn	ten
Zeit	time
Zeitschrift	magazine
Zimmer	room
Zitrone	lemon
Zoo	zoo
Zucker	sugar
Zug	train
Zunge	tongue
zwei	two
Zwiebel	onion
zwölf	twelve

Lösungen zu den Aufgaben

Lösungen zu den Aufgaben der Seiten 26 bis 37:

31 Obst, Ofen, Ohr, Oktober, Oma, Onkel, Opa, Ostern

11 Alina, Birsen, Claudia, Emma, Femi, Galina

15 April, Dezember, Januar, Mai, Oktober, September
★ April, August, Dezember, Februar, Januar, Juli, Juni, Mai, März, November, Oktober, September

12 Irina, Karin, Leyla, Marie, Olga, Pia

19 Ball, Dorf, Ferien, Gemüse, Hand, Jahr, Mädchen, Puppe, Radio, Zahn

22 EIS, KINO, LEHRERIN, NAMEN, ORT, PAPA, ZUG
Lösungswort: SONNTAG

13 Richard, Sandro, Tom, Uwe, Vadim, Xaver, Yücel

27 Finger 46, Bauch 39, Kopf 52, Bein 40, Fuß 47, Rücken 61, Zeh 73

18 Auto, Bett, Fuß, Gespenst, Haus, Katze, Luft, Mund, Name, Papa, Wind, Zimmer

28 Augen 39, Ohren 53, Hals 49, Haare 49, Mund 56, Zunge 73, Nase 57

46 Alle Wörter außer „scheu" und „notwendig" stehen im zweiten Wörterverzeichnis.

29 Augen, Bauch, Bein, Finger, Fuß, Haare, Hals, Kopf, Mund, Nase, Ohren, Rücken, Zeh, Zunge

39 Alle Wörter außer „unter" und „obwohl" werden großgeschrieben.

43 ausprobieren, probieren 59; bepflanzen, pflanzen 58; mithelfen, helfen 49; abfliegen, fliegen 46; verzaubern, zaubern 73; vorlesen, lesen 54; durchkämmen, kämmen 51; auftauchen, tauchen 66

45 blau 41, gelb 47, rosa 61, rot 61, schwarz 63, grau 48, grün 48, weiß 70, braun 41

34 Hand – Huhn, Seife – Stift

49 Alle Wörter außer „Finger" und „Würfel" werden mit V oder v geschrieben.

30 Ecke, Eimer, Eltern, Ente, Erde, Esel, Eule

14 Dietrich, Huber, Jäger, Neumann, Quinten, Zimmermann

33 Rakete, Regal, Ring, Sandale, Seife, Sofa, Stern, Wald, Wetter, Wind, Woche, Wunsch

Lösungen zu den Aufgaben der Seiten 78 bis 85:

22 die Ausnahme, der Nerv, der Motor, die Ecke, zentral, die Pumpe, das Leiden, die Buche, leer, sich vergnügen, das Salz

4 „Kupfer" muss nach „Krokus" stehen.

6 Bank, Barsch, Batterie, Christ, Dame, Deich, Dialekt, Dieb, Dynamo, Fessel, Fett, Feuer

10 We 236, Br 106, Vo 233, Di 112, Kl 156, He 144, Schw 205, Ro 194, Es 122

5 Das Wort „passen" muss vor „Quark" stehen, „rund" nach „Rummel".

17 auszählen, zählen 243; wegschmeißen, schmeißen 202; ankämpfen, kämpfen 153; einreiben, reiben 192; ausbrüten, brüten 107; einfangen, fangen 124; losrennen, rennen 193; dranbleiben, bleiben 105

1 dabei, dadurch, dafür, daheim, damit, daneben, darum, davon

18 schnitt, schneiden 202; kann, können 160; ging, gehen 133; empfohlen, empfehlen 119; aß, essen 123; wusch, waschen 236; brachte, bringen 107; gesessen, sitzen 209; schwieg, schweigen 205; gezwungen, zwingen 247

9 D 110, Y 242, E 116, M 169, I 149, T 219, L 164, U 225

19 ausgeritten, reiten 193; entschied, entscheiden 120; verglich, vergleichen 230; besprach, besprechen 102; maß, messen 173; durchlief, laufen 165; erschrocken, erschrecken 122; vergisst, vergessen 230; gekannt, kennen 155; weggeworfen, werfen 238

2 Backe, baden, Bagger, Bahn, bald, Banane, Barren, Bast, Bauer, Bayern

ABC-*Freunde*

Wörterbuch für die Grundschule 1 – 4

Erarbeitet von
*Stefan Nagel, Gerhard Sennlaub, Christine Szelenko,
Edmund Wendelmuth †, Ruth Wolt*

Neu bearbeitet von *Christine M. Kaiser*

Redaktion: *Christine M. Kaiser*
Umschlaggestaltung und Layoutkonzept: *Corinna Babylon*
Layout und technische Umsetzung: *Corinna Babylon*
Illustrationen: *Uta Bettzieche, Barbara Schumann, Tanja Székessy*

www.cornelsen.de

Alle Drucke dieser Auflage sind inhaltlich unverändert
und können im Unterricht nebeneinander verwendet werden.

© 2013 Cornelsen Schulverlag GmbH, Berlin
© 2018 Cornelsen Verlag GmbH, Berlin

Das Werk und seine Teile sind urheberrechtlich geschützt.
Jede Nutzung in anderen als den gesetzlich zugelassenen Fällen
bedarf der vorherigen schriftlichen Einwilligung des Verlages.
Hinweis zu §§ 60a, 60b UrhG: Weder das Werk noch seine Teile
dürfen ohne eine solche Einwilligung an Schulen oder in Unterrichts-
und Lehrmedien (§ 60b Abs. 3 UrhG) vervielfältigt, insbesondere kopiert
oder eingescannt, verbreitet oder in ein Netzwerk eingestellt oder sonst
öffentlich zugänglich gemacht oder wiedergegeben werden.
Dies gilt auch für Intranets von Schulen.

Druck: Parzeller print & media GmbH & Co. KG, Fulda

1. Auflage, 8. Druck 2020	1. Auflage, 5. Druck 2020
Ausgabe ohne CD-RCM	Ausgabe mit CD-ROM
ISBN 978-3-06-083102-9	ISBN 978-3-06-083216-3

PEFC zertifiziert
Dieses Produkt stammt aus nachhaltig
bewirtschafteten Wäldern und kontrollierten
Quellen.

www.pefc.de

PEFC/04-31-1308

Liebe Lehrerinnen und Lehrer, liebe Eltern,

der *Nachschlagetrainer* auf CD-ROM trainiert intensiv das Nachschlagen im *Wörterbuch* selbst. So sind die Nachschlageübungen nicht am Computer zu lösen, sondern erfordern das gleichzeitige Nachschlagen im Wörterbuch. Damit wird die Nutzung des Wörter*buches* automatisiert und ein selbstverständlicher Arbeitsgang für die Kinder.

Ihr Grundschulteam